迈向生命的觉悟

——走近庄子 慰藉心灵

张金升 著

·北京·

内容提要

本书从浅处入手介绍庄子和《庄子》，便于人们对庄子及《庄子》建立直观的印象，引起人们对庄子的兴趣，解除"庄学难治"的畏难心理，同时增强人们研读《庄子》的信心。本书分为上、中、下三篇，上篇为庄子素描，以通俗的语言和人们易接受的讲故事的形式展开，使人们能够接近庄子，对庄子及《庄子》形成比较立体而非抽象的感知；中篇为庄子的思想体系要览，是在上篇的基础上，从十八个方面介绍《庄子》的主要思想体系，需要有一定兴趣和耐心研读，如果上篇能够成功建立起读者对庄子的立体感知和研读庄子的兴趣，就能够顺利将中篇读下去；下篇为感想与杂谈，是作者结合实际谈的一些读《庄子》体会，共二十余则，比较接地气，也容易引起读者共鸣。

本书与以往的庄学研究著作不同，作者以非常通俗的方式与读者分享庄子和《庄子》研究的心得，其中有一些独到的见解，对于人们在生活、工作中调整自己的心态有所裨益。这也是学习《庄子》的目的之一。本书可作为《庄子》的入门读物。

图书在版编目（CIP）数据

迈向生命的觉悟：走近庄子 慰藉心灵 / 张金升著. -- 北京：中国水利水电出版社，2018.1（2022.9重印）
ISBN 978-7-5170-6304-9

Ⅰ. ①迈… Ⅱ. ①张… Ⅲ. ①道家②《庄子》－研究 Ⅳ. ①B223.55

中国版本图书馆CIP数据核字(2018)第018702号

策划编辑：杨庆川　责任编辑：陈　洁　特约编辑：王　曦　封面设计：梁　燕

书　名	迈向生命的觉悟——走近庄子 慰藉心灵 MAIXIANG SHENGMING DE JUEWU—— ZOUJIN ZHUANGZI WEIJIE XINLING
作　者	张金升　著
出版发行	中国水利水电出版社 （北京市海淀区玉渊潭南路1号D座　100038） 网址：www.waterpub.com.cn E-mail：mchannel@263.net（万水） 　　　　sales@mwr.gov.cn 电话：(010)68545888（营销中心）、82562819（万水）
经　售	全国各地新华书店和相关出版物销售网点
排　版	北京万水电子信息有限公司
印　刷	天津光之彩印刷有限公司
规　格	170mm×240mm　16开本　14印张　251千字
版　次	2018年3月第1版　2022年9月第2次印刷
印　数	2001—3001册
定　价	48.00元

凡购买我社图书，如有缺页、倒页、脱页的，本社营销中心负责调换

版权所有·侵权必究

前　　言

一、庄子、《庄子》之奇

庄学素称难治。一是在它的恢诡谲怪，二是在它的扑朔迷离，三是在它的玄妙高远。

庄子确实有才。正是由于有才，才要尽情地展示自己。庄子展示自己的方式与众不同，他采取的恰是恢诡谲怪的途径，要让人不那么容易看懂。本来先秦的文言就不是大众的语言，要有很高的文化修养才能掌握和运用，庄子又用了一些古怪的词语，很多还是庄子自造的词语。庄子同时代或早于庄子的百家学者的著作，其语言风格尽管各不相同，但用词造句的规律却大同小异。唯有庄子，独辟蹊径，专用怪词，或造一些似是而非的词，故意与别人不同，想来庄子同时代的人去读庄子的文章，也不是那么轻松吧。我们今人去读《庄子》，根本无法真正理解，所以治庄者大都是推理和猜测。

庄子及其思想，在他那个时代绝对是非主流的。从同时代的人都不曾谈及他（荀子是个例外，也仅有寥寥数语）、后又被长期冷落、汉代司马迁已难于对其考证、魏晋之前五六百年少有人注意等情况看，庄子时代，他不太被人认可，或者说人们都排斥他，而庄子孤傲，并不随顺众人。庄子认为"天下为沈浊，不可与庄语"，自己真切的思想不被认同且难于表达，故用"寓言""重言""卮言"所谓的"三言"来言说，以"谬悠之说，荒唐之言，无端崖之辞"（《天下》）为掩护，故意使自己的著述扑朔迷离。

当然，庄子的恢诡谲怪也强化了他的扑朔迷离，而他的扑朔迷离也使他更加恢诡谲怪。

庄子是千古奇人，《庄子》是千古奇书，庄学是千古奇学。"古来谈哲学以老、庄并称，谈文学以庄、屈并称。……他的思想本身便是一首绝妙的诗。"（《闻一多全集·古典新义》）谈及散文和雄辩，则以孟、庄并举。"庄周雄辩，数千年一人而已。"（邵尧夫）清代著名文学批评家金圣叹称《庄子》为"天下第一奇书"，居"六才子书"之首。（六才子书指《庄子》《离骚》《史记》《杜工部集》《水浒传》《西厢记》）鲁迅先生叹为"晚周诸子之作，莫能先也"。宋代思想家叶适评价庄子道："自周之书出，世之悦而好之者四焉：好文者资其辞，求道者意其妙，泊俗者遣其累，奸邪者济其欲。"当代文化大家王蒙先生称："庄子是中国历史上的不二奇才。《庄子》一书，是世界上独一无二的奇书。"可以说，正是由于一个"奇"

字，使得它对中国哲学史、思想史、文化史，都产生了巨大的影响。庄子实在是一位旷代哲人，许多哲人认为甚或孔子、老子都难于与之比肩。

庄学是博大精深的，涵盖范围极其广泛，其哲学思考的深度又是常人难以企及的，以至于各个时代的哲人都能从中找到对自己有用的思想，但又绝难把握庄学思想的全貌，这也使得庄学更加富有魅力。庄子是极富远见的哲学巨人，他的预见不断地被历史发展所证实。庄子对自然的尊重，历史上人们多以为只是出于无为，但近代以来工业化发展带来的环境问题、生态问题、能源资源问题，甚至伦理问题等，进一步验证了庄子的远见卓识。人们往往在遇到具体问题时才理解庄子的有关阐述，但还是难以整体把握。庄子思想的高深，正像爱因斯坦的相对论一样，人人都可以说自己"了解了"或"部分明白了"，而物理学家中真正懂得相对论的人也没有几个，其实古往今来，真正懂得庄子的恐怕一个也没有。

学者往往从不同的角度对庄子的思想进行研究。一部《庄子》，成就了多少文人雅士行云流水一般逍遥的人生。

二、庄学之用

"无用之用"是《庄子》中的重要思想之一。在常人看来，《庄子》一书非但难懂，而且虚无缥缈、不切实际。人生在世，是要入世的，并且要积极入世才能有所作为，实现自我价值和社会价值。而庄子主张出世，提倡无为，因此入世的人很难按照庄子的指引去行动。另外，若要出世，庄子的方法又是非常理想、非常极端的，常人根本难以望其项背。故而很多人面对庄学，虽觉其异常美妙，但也只能"望洋兴叹"、望而却步、知难而退，认为庄子的思想无用或难用。

其实，庄学是有大用的，只是这个大用非常人所能轻易企及，若想得此大用非下苦功夫不可。庄学理想的大用我们暂且不谈，在此我们只讲一点儿接地气的，就是庄学可以让我们迈向生命的觉悟，获得生命的智慧。

生命的觉悟为人生十大奢侈品之首[①]，极不易得，学习《庄子》有助于我们去参透生命，因为整部《庄子》，无论是逍遥、齐物、养生，还是人间世、德充符、大宗师、应帝王，都是围绕着生命展开的。生命的觉悟，有几个要点：①看透生死，视"死生为一条"；②自然无为；③达到天人合一。其中的看透生死最重要，没有这一条，就达不到自然无为和天人合一。

今天从另一种角度谈"生命的觉悟"，就是明白生命过程、要活得明白，用《庄子》中的话讲就是要有"真人真知"。真人真知，就是生命的觉悟。生命的觉悟有

---

① 美国华盛顿邮报评选的人生十大奢侈品：1. 生命的觉悟；2. 一颗自由、喜悦与充满爱的心；3. 走遍天下的气魄；4. 回归自然，有与大自然连接的能力；5. 安稳而平和的睡眠；6. 享受真正属于自己的空间和时间；7. 彼此深爱的灵魂伴侣；8. 任何时候都能真正懂你的人；9. 身体健康，内心富有；10. 能感染并点燃他人的希望。

四层：①虚怀任物顺其自然；②清心寡欲；③等同生死；④天人合一。

有了生命的觉悟就能够"安时而处顺"，就是说，享受偶然而得的生命（和所得），坦然自然地对待那常态的必然到来的又是非常合理正常的死亡（和所失）。按这样的思维对待生和死（以及所得和所失），就能够"哀乐不能入"，也就是说，外界的任何搅扰都不能影响到你，不单是"哀"可伤身，"乐"也可伤身，在庄子看来，七情六欲都是伤身害性的。不被外物影响，你就能够寿终正寝，从"道"的层面讲，这是生命过程最好的结局——怡然自得地回归自然。人受七情六欲的影响，会受尽折磨和伤害，庄子认为这是自然之天给人们施加的枷锁，使人遭受倒悬之苦，就像基督教的"原罪"一样。如果能够"安时而处顺"，也就能够"哀乐不能入"了，这就等于古代圣贤所说的"古之所谓悬解"，解除了倒悬之苦，人们就能无处不逍遥。大自然的规律是不可抗拒的，你只能去顺应它。但顺应的方式有两种，一种是承认大自然的规律，主动地、乐观地、愉快地去顺应它，在清醒的状态下去顺应它；另一种是被动地、悲观地、痛苦地去顺应它，在陷入昏迷之后仍看不透、丢不下，搞得狼狈不堪，在不情不愿中无可奈何地被顺应。两相对照，还是修道的人洒脱、有福。

达到生命的觉悟的最大益处就是拥有生命的智慧。智慧的最大作用是不被物质世界和精神世界所迷惑，因而没有烦恼和困扰，而不是仅仅看清楚了这个世界。生命的智慧是多方面的，略举几点：①拥有智慧，不被迷惑，不受欺骗，不乱方寸，不入歧途；②承认和接受这个世界的不完美，承认和接受自我感觉到的种种遗憾或不随心，承认和接受这个世界的多样性；③不与井蛙语海，不与夏虫语冰，不与曲士语道；④拥有智慧，就要懂得要"以鸟养养鸟"而不"以己养养鸟"（《庄子·至乐》《庄子·达生》），"以鸟养养鸟"，就是因地制宜、因时制宜、因人制宜，就是具体问题具体分析，就是办事不拘泥，就是不教条，就是处事机动灵活，就是按客观规律办事；⑤拥有智慧就要学会理解和宽容，对人对事不苛求。做事要把握时机（"时"也是《易经》中的重要范畴），做人要灵活机智不拘泥，做教育工作就要因材施教。生命的智慧很多，诸如此类，不一而足。

获得生命的觉悟，就能进入精神自由之境域。身体的自由是重要的，精神的自由更加重要。达到了生命的觉悟，就得到了精神的自由，不被外物所累，追求心灵的安宁。精神自由了，就可以进入高尚之境界，不以物喜，不以己悲，但行好事，莫问前程。

三、目前庄学研究的困境

西晋郭象的《庄子注》可谓庄学研究的圭臬，但后人却发现郭注中越来越多的"以庄子注郭"现象以及诸多常识性的错误；钱穆大师的《庄老通辨》可谓笔力雄奇，但可惜里面也有许多的偏见陋见；闻一多先生的《古典新义》，被郭沫若称为"前无古人,后无来者",其中的《庄子》则是闻一多先生用其心浇灌的学术之花,可谓治学严谨,但其中也有一些因过于注重考证而成为画蛇添足之笔(如,解析《逍遥游》中"汤之问棘"一句,闻一多将与逍遥无关的《列子·汤问》中关于有极无极的一句话引入);近代陈鼓应先生的《庄子今注今译》是一个相对较好的版本,但其中也有诸多讲不清的地方甚或一己之见;现代中国哲学史家、王船山研究创始人和权威王孝鱼先生的《庄子内篇新解·庄子通疏证》,在笔者看来,由于他的武断和偏见,致使书中出现了太多低级的错误,几近不忍卒读;当代文化大家王蒙先生的《庄子的享受》中有许多真知灼见,但也免不了武断地讲了一些常识性错误而造成笑话。近年出版的许多庄学著作,甚而有不少是毫无可取之处或少有可取之处的,这就是庄学研究的现状和所面临的困境。

　　庄学难治,而庄学又是人们研究的热点,尤其是近几十年,有关庄子的著述层出不穷,但质量高的却并不多见,使得庄学研究和著述陷入一片乱象。甚至一些大家在进行庄学研究时,偶或陷入歧途。最近十几年,笔者读了六十余种古人和今人的有关庄子研究的著作,坦率地说,古人的研究成就较大但也有不足,否则也不会有后人的孜孜以求,而今人的研究则大多缺乏深度,可能与当下社会的浮躁和某些作者的不肯下苦功有关,一些作者功夫下得倒是颇深,但却往往是先设靶子,然后广为求证,对不利于自己论点的资料尽量回避,也会出现只见树木不见森林、一叶障目不见泰山的窘象。另外,笔者以为,大多数治庄的人文学者没有理科背景和科学思维,这也是导致其作品质量不高的一个重要原因。

　　古来的大学问家都是文理兼修的。从古希腊、中国春秋战国时代到近现代,无不如此。古希腊第一个哲学家、古代朴素唯物主义的鼻祖泰勒斯,同时他也是古希腊的著名天文学家、数学家;古希腊著名的数学家、发现勾股定理的毕达哥拉斯,同时也是古希腊的唯心主义鼻祖、著名神学家,甚至被称为最神秘的哲学家;被誉为远见卓识,前无古人,后无来者的古希腊著名哲学家德谟克利特,是第一个提出原子论的伟大科学家;古希腊三哲人苏格拉底、柏拉图、亚里士多德,他们在科学上的造诣更是无人可比肩。苏格拉底是古希腊最有智慧的人;柏拉图是著名的数学家和天文学家;亚里士多德则是无与伦比的科学巨人,拥有众多著作。发现浮力定律和杠杆原理的古希腊著名数学家和物理学家阿基米德,同时也是著名的哲学家。墨家学派的创始人墨翟,其科学思想或许比亚里士多德还要深刻,同时代的工匠鼻祖鲁班甚至都败在了墨翟的手下。尽管孔子反对学生樊迟学稼稿,但孔子自述"吾少也贱",其实孔子什么都干过、什么都懂,所以才能精通"六艺",才能成为"万世宗师"。鲁迅先生是近代以来中华民族最伟大的精神导师,这或许得益于早年从医和学习科学的训练(当今那些攻击鲁迅的人,比鲁迅同时代攻击他的人更加可笑,因那时的人们可能由于观点的不同而攻击鲁迅,还能站在自己的角度讲出几分道理,而现今的攻击鲁迅者则完全是出于无知和浅薄)。

因此，为了文化的传承，为了庄学的研究，为了使社会科学人文学家真正起到引领人们思想意识的作用，文理兼修是很重要的。未来真正意义上的思想大师必定是科学造诣极深的人文工作者。

四、抛砖引玉的尝试

本书作者并非社会科学工作者，更非庄学研究专家，只是基于几十年的思考和积累，将自己对庄子和《庄子》的一些认知总结出来，愿与读者分享。本书有以下几个特点。

1. 基本出发点是，将庄子和《庄子》这样非常难于理解的人和书，从浅处入手进行解析，使人们便于理解，也增加人们去了解庄子和《庄子》信心，然后由浅入深讨论对《庄子》思想体系的认识和体会，循序渐进地解读庄子。

2. 以将逻辑思维和形象思维相结合的方式解读庄子。笔者经历过几十年严格的科学思维训练和实践，同时有四十多年难以割舍的对人文科学和知识的思考，解读《庄子》时尽量做到既严谨又奔放，尽量避免片面和不科学的问题。

3. 吸收各家成果，反复斟酌，广泛思考，深入考究，尽量回到庄子生活的历史语境去解读，虽不能说对《庄子》的解读非常圆满（本书仅涉及了庄学研究中极小的一部分），但至少可以免去前人认知上的一些舛误。

4. 以几十年人文思考的积累和对世界、人生和哲学的认知，去理解和研究庄子，尽量避免片面性，更不去做"设定靶子，再去考订"的文章。在思考过程中，随时准备推翻已有的认知，不做先入为主的奴隶，把还原客观作为唯一的准则，这也算是"以知识储备为刍狗"吧。

最后，以一首打油诗与读者共勉：

生命觉悟皆参透，
缘督为经逍遥游。
行年六十六十化，
路漫漫兮孜孜求。
有道有为有弗为，
无怨无悔无愧疚。
知者知足知不足，
笑古笑今笑春秋。

作者谨识
2017 年 10 月

目　　录

前言

上篇　庄子印象　印象《庄子》 ···································· 1
　一、空前绝后的庄子 ··· 2
　二、《庄子》庄子——庄子的"自传"——《庄子》中的庄子 ········ 8
　三、庄子《庄子》——史上第一篇学术史论文　《天下》篇——庄子说《庄子》 ··· 19
　四、解读《庄子》的锁钥——"三言"——独特的言说方式 ·········· 22
　五、直言不讳——以庄子名义直接论道及锋芒毕露的与惠施之辩 ····· 29
　　（一）不留情面巧施辩 ··· 29
　　（二）慷慨激昂赞吾"师"——直言大道 ·························· 34
　六、只可走近　很难走进——初识庄子 ··························· 41
　　（一）读《庄》笔记　庄子随想 ································· 41
　　（二）庄子评述　评述《庄子》 ································· 50
　　（三）《庄子》名篇推介 ······································· 59
　七、《秋水》译释 ··· 65
　　（一）题解 ··· 65
　　（二）要点例举 ··· 67
　　（三）释读 ··· 68
　八、庄子年谱 ··· 78
中篇　庄子的思想体系要览 ··· 81
　一、道论——自然之道　无为之道 ································ 81
　　（一）道家源流及其派别 ······································· 81
　　（二）老子、庄子之自然思想 ··································· 82
　　（三）道为大宗师 ··· 83
　　（四）道通为一 ··· 85
　　（五）道的普遍性 ··· 86
　　（六）道的神妙 ··· 86
　　（七）道无为而无不为 ··· 86
　　（八）道的困境 ··· 87
　　（九）修道 ··· 87
　　（十）文学家的庄子论道 ······································· 91

（十一）道论与认识论——《秋水》···91
二、游世思想　逍遥人生···92
　　（一）逍遥与无待···92
　　（二）《逍遥游》的几种境界和表现···92
　　（三）逍遥游是目的··92
　　（四）应帝王也要"逍遥"··93
　　（五）"逍遥"与"游世"··94
　　（六）"逍遥"与无用自保··94
　　（七）逍遥——戏谑生命的卑微···95
三、齐同哲学··95
四、认识论——"吾生也有涯，而知也无涯"——《秋水》·······························97
五、理想人格···98
　　（一）最高境界的人格——真人、神人、圣人、至人——全才····················98
　　（二）理想人格的快乐——至乐··100
六、修为之法——内省　心斋··101
　　（一）庄子修养身心的方法，在于去四"六害"，明"十事"，进而心斋·········101
　　（二）一志——集虚——心斋···102
　　（三）修为之方···102
　　（四）坐忘··103
七、达观思维——超脱　洒脱　飘逸···103
　　（一）达观到至乐··103
　　（二）达观到永远··104
　　（三）达观的表现就是安顺···104
八、生死观念··105
　　（一）生死观念，"尽年"··105
　　（二）气聚则生，气散则死，始卒若环，莫得其伦······························106
　　（三）善生善死···106
　　（四）生死自然，四时行也···106
　　（五）安时而处顺　视死如归···108
　　（六）死无生人之累　南面王乐···108
　　（七）纯任自然···109
　　（八）视死亡为至乐　以安顺态度面对死亡·······································111
九、贵生思想··111
　　（一）重生贵生···111
　　（二）为了贵生而让王··113

- 十、养生理论······116
  - （一）终其天年而不中道夭······116
  - （二）养生须养形，更要养神······116
  - （三）与儒家生命哲学的比较······119
  - （四）不以帝王之业害养生······120
  - （五）养生理论的名篇——《养生主》······120
  - （六）庄子养生理论的重要论题······121
- 十一、痛苦意识······125
- 十二、隐者庄子——作为隐者的思想家——出世入世······129
- 十三、生命进化······131
  - （一）《秋水》······131
  - （二）《寓言》······131
  - （三）《至乐》······132
  - （四）《知北游》······133
  - （五）《天运》······134
  - （六）《齐物论》中的"庄周梦蝶"······134
- 十四、宇宙观念······135
- 十五、科技发展与预测······137
- 十六、乌托邦之幻······139
- 十七、世界观 人生观 价值观······140
  - （一）世界观······140
  - （二）人生观······141
  - （三）价值观······145
- 十八、出世入世 与时俱化 乘物游心寓诸庸 物物而不物于物······145
  - （一）处事观······145
  - （二）如何做人······146
  - （三）识人术······147
  - （四）乘物以游心，与时俱化······147
  - （五）出世入世······148

下篇 《庄子》感想与杂谈······150

- 一、《老子》晚出于《庄子·内篇》刍议······150
- 二、摆脱人生的困境······155
  - （一）人生之"茫"······155
  - （二）人生所受"外内之刑"及"人道之患"与"阴阳之患"······156
  - （三）如何免除外刑······157

（四）如何免除内刑 ··· 157

三、《庄子》中几处歧义句的解析 ·· 159
  （一）关于"以明" ··· 159
  （二）关于"妙道之行" ··· 161
  （三）关于"为善无近名，为恶无近刑" ····························· 162
  （四）关于"可以养亲" ·· 163
  （五）关于"始也吾以为其人也，而今非也" ······················· 164

四、言者风波也——听到别人背后议论自己怎么办 ······················· 165
  （一）"言非吹也" ··· 165
  （二）"言者风波也" ·· 165
  （三）传言多"溢"，"凡溢之类妄，妄则其信之也莫" ············ 165
  （四）哪个人前不说人，哪个人后无人说 ·························· 166
  （五）宽容最重要 ·· 166

五、生命的觉悟 ·· 167
  （一）打通生死观，"以死生为一条"（《庄子·德充符》）······· 167
  （二）一切顺其自然 ··· 167
  （三）天人合一，"独与天地精神往来而不敖倪于万物" ·········· 167

六、再谈生命的觉悟——活得明白——庄子论真人真知 ················· 168

七、三谈生命的觉悟——安时而处顺 ······································· 171

八、七律·觉悟 ··· 173

九、生命的智慧 ·· 173
  （一）成为至德之人 ··· 174
  （二）拥有人生智慧，不被外物困扰，不争是非 ·················· 174
  （三）进入精神自由之境域 ·· 175

十、自然的复魅 ·· 176

十一、《于丹〈庄子〉心得》管窥管议 ····································· 178

十二、物质和意识的哲学思考 ··· 180

十三、庄子之"游" ··· 182

十四、庄子《逍遥游》探讨 ·· 185

十五、"吹万不同"的"人籁""地籁""天籁"及"言非吹也" ······· 188
  （一）关于"三籁" ··· 188
  （二）慎言慎听 ·· 189

十六、在老庄哲学背景下和现实生活背景中应追求怎样的生活状态 ··· 190

十七、老庄之道和荀子之儒随想 ·· 191

十八、《列子》与《庄子》何为伪书献疑 ·································· 193

十九、《庄子》非一人一时之作的明证——语句重出 …………………… 196
二十、也谈《庄子》是尊孔还是反孔 …………………………………… 200
二一、顺其自然与循序渐进 急于求成与揠苗助长 ……………………… 206
二二、《庄子·天下》篇论百家为何不言儒家 …………………………… 207
主要参考书目 ……………………………………………………………… 210

上篇　庄子印象　印象《庄子》

老子之后约三百年，有庄子，他是道家的代表、道家的集大成者。他被称作哲人、伟人、奇人、思想家、哲学家、文学家，更有人把他比作德国的哲学家、诗人尼采，说他是个"疯子"，他说的话、写的文章，当时就没有人听得懂、看得明白，更不要说后人了。因为看不懂和"疯"，很长一段时期人们并不关注他。但他毕竟有学问，五百年后他为人们所热捧，逐渐形成"庄学"，研究者恒河沙数，却没有一个人能够真正完全懂他，以至于"庄学难治"已成定论。本书是《庄子》心得，同时探讨如何读庄子——其人其书。

联系庄子读《庄子》，透过《庄子》看庄子。

庄子其人和《庄子》其书，是不可分割的，二者有着密切的关联性，但另一方面，二者又有区别。庄子一生，清贫乐道，不求闻达，隐迹僻壤，率意孤行，生平资料极少，且年代久远，真假难辨。《庄子》一书的许多篇章被认为并非庄子所作，甚至有一些被认为背离庄子基本思想太远而疑为非庄门学派作品。《庄子》书中，由于自然大化之道的不可言说（"无言"）而又不得不说（"言无言"），以及庄子时代面临的险恶社会环境和狭窄生存空间，庄子"以天下为沈浊，不可与庄语"，故而"以谬悠之说，荒唐之言，无端崖之辞"铺陈，"以卮言为曼衍，以重言为真，以寓言为广"，采取"三言"的形式以实现"言无言"的宗旨，使得庄文茫昧恍惚、参差吊诡。由于庄子其人的扑朔迷离和《庄子》其书的复杂艰涩，给后人研究庄子和《庄子》带来极大困难，"庄学难治"，诚不为虚言。

作为哲学著作，庄子之道"至博、至大、至深、至玄，而其指归则至约也"（近人李大防《庄子王本集注·内篇总论》）。又有人指出："三十三篇之中，反复十余万言，大旨不外明道德、轻仁义、一死生、齐是非、虚静恬淡、寂寞无为而已矣"（林云铭《庄子因·庄子总论》）。庄子的哲学思想与其散文，是互为表里、相辅相成的、相得益彰的，其哲学思想借助散文表现得更加玄虚；而其散文，又借助其虚无之道，描写得更加超脱和缥缈。

庄学研究，从技术路线上来说，可以提出五种：其一，庄子其人研究；其二，《庄子》其书研究；其三，根据对庄子其人的整体把握去研究《庄子》其书，或曰庄子的《庄子》；其四，根据对《庄子》其书的整体把握去反观庄子其人，或曰《庄子》的庄子；其五，庄子加《庄子》，人书合一，综合研究。这五种研究技术路线，不易以简练的术语表达，姑且称为"庄子《庄子》庄子"。

一、空前绝后的庄子

人们对庄子（约前369—约前286）的生平所知甚少，同时代或先秦诸子的著作中很少提到他，但荀子（约前313—约前238）是个例外，《荀子·解蔽》中对庄子的思想有过简略而精准的概述（"庄子蔽于天而不知人"），至汉代也只有司马迁（约前145—约前90）在《史记》中对庄子生平有过简要描述。《庄子》书名，初载于《汉书·艺文志》[①]中《诸子略·道家》一章，"《庄子》五十二篇。名周，宋人。"（未详列《庄子》篇名）再以后一直到魏晋之前（期间曾有"数十家"注《庄》者，但都佚失[②]），再也没有人注意过庄子及其思想。魏晋以来，人们开始关注庄子（崔譔、

---

① 《汉书·艺文志》，简称《汉志》，是《汉书》十志之一。是我国现存最早的目录学文献。东汉班固（32—92）整理撰写，该书中《诸子略·道家》一章，将西汉末年刘向、刘歆父子所著的《七略》进行删减整理并新加入《七略》成书后刘向、扬雄、杜林三家在西汉末年所完成的著作。《庄子》篇目，载于《汉书·艺文志》书中"七略"之"诸子略"里的"道家"："《庄子》五十二篇。名周，宋人。"（未详列篇名）所载《庄子》篇目由汉初刘安及其门客编定后经刘向父子校订。

　　刘向（约前77—前6），原名更生，字子政，祖籍沛郡（丰邑）（今属江苏徐州（丰县））人。刘向是著名经学家、目录学家、文学家；其整理编辑的《战国策》对后世的影响很大。刘向的散文主要是秦疏和校雠古书的"叙录"，较著名的有《谏营昌陵疏》和《战国策叙录》，叙事简约，理论畅达、舒缓平易是其主要特色。同时，曾校阅皇家藏书，撰成中国最早的目录学著作《别录》。另外著有《新序》《说苑》《烈女传》《五经通义》《山海经》（与其子刘歆共同编订）等。

　　《七略》，西汉成帝河平三年（前26年），杰出的学者刘向、刘歆（约前50—23）父子受命主持了我国历史上第一次大规模整理群书的工作。在每一部书整理完毕时，刘向便撰写一篇叙录，记述这部书的作者、内容、学术价值及校雠过程。这些叙录后来汇集成了一部书，这就是我国第一部图书目录《别录》。刘向死后，刘歆继续整理群书，并把《别录》各叙录的内容加以简化，把著录的书分为六略，即六艺略、诸子略、诗赋略、兵书略、术数略、方技略，再在前面加上一个总论性质的"辑略"，编成了我国第一部分类目录著作《七略》。七略分为辑略，六艺略，诸子略，诗赋略，兵书略，术数略，方技略七部。《庄子》五十二篇著录于"诸子略"之"道家"篇内，"道家"篇列于"诸子略"的第二，仅次于"儒家"之后。将诸子略列为仅次于六艺略的第二大类，说明了对诸子的重视。

② 从现存的史料看，淮南王刘安曾给《庄子》作过注，有《庄子要略》《庄子后解》两书（均佚），说明汉武帝时庄子已得到重视。但在此之前，已有人称引庄子，如《吕氏春秋·有始览·去尤》就有"庄子曰"的字样，可惜仅是孤证的例子而已。由此说明，自《庄子》成书至汉初，确系流传过，不过影响不大而已。

向秀①、司马彪、孟氏、李颐、郭象等家），西晋郭象②（约252—312）是历史上最有影响力的一位《庄子》注释者，由向秀注"述而广之"，别成一书，"儒墨之迹见鄙，道家之言遂盛焉"。后向秀注本佚失，仅存郭注，流传至今，但此时去庄子的时代已有五六百年，人们对庄子生平的描述难免掺杂了一些臆测，对庄子思想的理解也会伴有些许误解。流传下来的今本《庄子》三十三篇，其中内篇七篇，外篇十五篇，杂篇十一篇。③

　　后人对庄子的了解主要是根据司马迁的《史记·老子韩非列传》以及《庄子》中有关庄子事迹的描述。司马迁是一位博学而严谨的史学家，他的《史记》应该被看作是信史（唐初以前的典籍可信度都是很高的）。尽管如此，近代还是有一些学者（如梁启超、冯友兰、钱穆等）怀疑司马迁对庄子描述的真实性，主要是怀疑司马迁据以撰写《老子韩非列传》所参考文献资料的可靠性，其实这一点怀疑的依据十分不足，甚或未免有点荒唐。至于《庄子》中关于庄子轶事的描写，由于《庄子》一书"寓言十九""重言十七"的特点，因此人们不予采信，倒也是在情理之中。但不要忘了，《庄子》一书还有"卮言日出"的特点（即所有的语言都是真诚的），"寓言""重言"是借助他人、古人、圣人以增加气势，而对于自己，却绝对没有"寓言"的必要，因此《庄子》中关于庄子的描述，大体应该是真实的，这也许就是"寓言十九"之外的"十一"。至于《庄子》中其他的"寓言""重言"，尽管附会的成分居多，但也并不一定全是子虚乌有，这需要参考其他古籍进行甄别。

　　《荀子·解蔽》中提到庄子：

庄子蔽于天而不知人。……由天谓之道，尽因矣。

译文：庄子局限于只知自然的作用而不知人的力量。……从自然的角度来谈道，就全谈些因循依顺了。

　　《史记·老子韩非列传第三④》记庄子：

---

① 向秀（约227—约272年），字子期，魏晋竹林七贤之一（竹林七贤指嵇康、阮籍、山涛、向秀、刘伶、王戎及阮咸），撰《庄子隐解》，发明庄子奇趣，深得《庄子》神髓，时人以为庄周不死矣。
② 郭象（约252—312），字子玄，西晋玄学家。河南洛阳人。好老庄，善清谈。太尉王衍每云："听象语，如悬河泻水，注而不竭。"反对有生于无的观点，认为天地间一切事物都是独自生成变化的，万物没有一个统一的根据。
③ 郭象的《庄子》辑本，当时流传的一些篇目并未全部辑录。后来《类书》中，如《艺文类聚》中，就辑录了不少佚文。
④ 《老子韩非列传》，司马迁《史记》中列出的篇章名，后人多称之为《老庄申韩列传》。盖司马迁认为老子是道家的代表，韩非是法家的集大成者，司马迁并不拟给庄周单独立传，而是列在《老子韩非列传》中老子之后，实则是《老子本传》的"附记"。有人把这种"附记"性质作为《本传》看待，故将其擅改称《老庄申韩列传》，似不大精确。

庄子者，蒙人也，名周。周尝为蒙漆园吏，与梁惠王、齐宣王同时。其学无所不窥，然其要本归于老子之言。故其著书十余万言，大抵率寓言也。作渔父、盗跖、胠箧，以诋訿孔子之徒，以明老子之术。畏累虚、亢桑子之属，皆空语无事实。然善属书离辞，指事类情，用剽剥儒、墨，虽当世宿学不能自解免也。其言洸洋自恣以适己，故自王公大人不能器之。

楚威王闻庄周贤，使使厚币迎之，许以为相。庄周笑谓楚使者曰："千金，重利；卿相，尊位也。子独不见郊祭之牺牛乎？养食之数岁，衣以文绣，以入大庙。当是之时，虽欲为孤豚，岂可得乎？子亟去，无污我。我宁游戏污渎之中自快，无为有国者所羁，终身不仕，以快吾志焉。"

译文：庄子是蒙地人，名叫周。他曾经担任过蒙地漆园的小吏，和梁惠王、齐宣王是同一时代的人。他学识渊博，涉猎、研究的范围无所不包，他的学术要旨却本源于老子的学说。他撰写了十余万字的著作，大多是托词寄意的寓言。他写的《渔父》《盗跖》《胠箧》是用以诋毁孔子学派的人，而以表明老子学说为目的。《畏累虚》《亢桑子》一类的，都空设言语，没有实事。可是庄子善于行文措辞，描摹事物的情状，用来攻击和驳斥儒家和墨家，即使是当世博学之士，也难免受到他的攻击。他的语言汪洋浩漫，纵横恣肆，以适合自己的情志，所以那些王公大人等，都无法使庄子为自己所用。

楚威王听说庄周贤能，派遣使臣带着丰厚的礼物去聘请他，答应他出任楚国的宰相。庄周笑着对楚国使臣说："千金，确是厚礼；卿相，确是尊贵的高位。您难道没见过祭祀天地用的牛吗？喂养它好几年，给它披上带有花纹的绸缎，把它牵进太庙去当祭品，在这个时候，它即使想做一头自由的无人看顾的小猪（不像牛马等大牲畜那样受重视），难道能办得到吗？您赶快走开吧，不要玷污了我。我宁愿在小水沟里身心愉快地游戏，也不愿被国君所束缚。我终身不做官，让自己的心志愉快。"

司马迁说庄子是蒙人，可是未曾明言蒙属何国。汉人多认为蒙属宋国。《史记》庄子本传司马贞索隐引刘向《别录》云："宋之蒙人也。"这是现存史料中最早说庄子为宋国人的记载。东汉说庄子为宋人者较多。战国时的宋国属地至西汉大致封属梁国，所以有些书上称庄子是"梁漆园吏"，注意这里的梁不同于战国时期的（魏）梁。后面一段叙述的庄子轶事，与《庄子》中涉及礼聘庄子的两则故事有关联（见后文"庄子的'自传'"），是两则故事的综合，叙事大同小异。

《庄子》一书中关于庄子的记述，除了与惠施之辩七则，大瓠之用与不龟手之药、樗树之用（《逍遥游》）、有情无情（《德充符》）、"儒墨杨秉四，与夫子为五"（《徐无鬼》）、无用之用与侧足而垫之（《外物》）、"始时所是，卒而非之"（《寓言》）、濠梁之辩（此篇涉及庄子行迹）（《秋水》），以及直接以庄子名义谈论大道的庄周梦蝶（《齐物论》）、庄子论"吾师乎"（《天道》）、庄子论仁（《天运》）、公孙龙闻庄子语（《秋水》）、庄子论道在屎尿（《知北游》）、庄子论为政（《则阳》）、庄子论"神者不胜，至人不留行"（《外物》）、庄子论知与言（《列御寇》）等八段篇目之外，叙述庄子行迹的文字共有十六则（含与惠施的濠梁之辩），《秋水·宁做自由之龟》《秋水·权贵如腐鼠》《秋水·濠梁之辩（子非鱼安知鱼之乐）》《至乐·庄子丧妻》《至乐·髑髅托梦》《山木·有用与无用》《山木·是贫穷不是潦倒》《山木·螳螂捕蝉黄雀在后》《田子方·鲁少儒士》(以上九则见于《庄子·外篇》)、《徐无鬼·匠石运斧》《外物·庄周借粟》《说剑·庄子受命说剑》《列御寇·小人曹商舐痔得车》《列御寇·得车者遭其睡》《列御寇·欲为孤豚》《列御寇·庄子将死》(以上七则见于《庄子·杂篇》)。

综合上述资料（资料的详细解读参见后文），可对庄子绘一幅粗略的肖像：

庄子，名周，字子休，战国时宋国蒙人（今河南商丘东北，另说安徽蒙城、山东东明），后世道家尊为南华真人。据马叙伦考证，庄子大概生于周烈王七年（前369），卒于周赧王二十九年（前286）（据闻一多考订为前375－前295），与孟子大概是同一时代的人，与梁惠王、齐宣王同时，为战国中期人。庄子曾做过管理漆园的小吏，但时间不长。庄子才华横溢，但终身不仕，一生清寒贫苦。著书十万余言，大多是寓言。他一生淡泊名利，主张修身养性、清静无为。庄子继承和发展了老子的"道法自然"观点，主张齐物我、齐是非、齐生死、齐贵贱；主张精神上的逍遥自在；主张应融入万物之中与宇宙相终始；提倡人的精神要顺从自然的法则，要安时而处顺；要求重视内在德性的修养，德性充足，生命自然流注出一种自足的精神力量。庄子有着通达的生死观，他的哲学是一种生命的哲学。

庄子一生主要活动在社会下层，他生活很苦。有人讥讽他"处穷闾厄巷，困窘织屦，槁项黄馘"（《列御寇》），就是说其住在偏僻陋巷里靠打草鞋为生，脖子枯瘦，脸色发黄。庄子曾有一次去见魏惠王，穿的是粗布的补丁衣服，用麻线系的草鞋（《山木》）。还有一次庄子穷到没有饭吃，去向朋友借粮（《外物》）。庄子经常在河边垂钓以补家用（《秋水》等）。

庄子的时代，人主都很重视"士"。即便是大而无当、不切实际、不着边际、一无所用的言论，只要与众不同而自成一说，都会受到尊重。因此尽管各国的君主不会采纳孔孟之徒的主张，他们也在各地受到很高的礼遇。始于春秋五霸之首齐桓公并维系了百年之久的稷下学宫[①]就是这样一个尊重知识、可以随意发表各色

[①] 稷下学宫，又称稷下之学，战国时期田齐的官方承办、私家主持的高等学府，始建于田齐桓公（一说齐威王初年，前356年左右）。稷下是齐国国都城门，位于齐国国都临淄（今山东淄博市）稷门附近。

齐宣王之时，在稷下扩置学宫，招致天下名士，儒家、道家、法家、名家、兵家、农家、阴阳家等百家之学，会集于此，自由讲学、著书论辩。

战国中后期各主要学派的重要人物，如荀子、宋钘、尹文、鲁仲连、田巴、貌说、邹奭，几乎都来到过稷下，《史记》描述当时的盛况："宣王喜文学游说之士，自邹衍、淳于髡、

议论（不治而论，甚或是不利于统治者的言论）的官方机构，战国中后期包括一些自视清高的人，如荀况等人，都曾去稷下学宫游学并领取资助。但庄子，尽管很多时候一贫如洗，却不愿去博取名声并得到衣食无忧的待遇，表现了他"独与天地精神往来"的特质①。

田骈、接舆②、慎到、环渊之徒七十六人，皆赐列第，为上大夫。不治而议论，是以齐稷下学士复盛，且数百千人……"。

稷下学宫是中国官学的滥觞，在某种程度上又促进了私学的发展。

由于稷下学宫集中了一大批知名学者，因此便出现了《管子》等一大批著作。冯友兰认为《管子》一书"就是稷下学术中心的一部论文总集"。

稷下学宫最有名的两个人是孟子和荀子。两人都曾在稷下学宫任职，荀子在齐襄王时期曾三为"祭酒"。学宫延续至齐襄王的儿子末代齐王田建时期方才衰弱，此后稷下学宫未能得到进一步发展。稷下学宫直到秦始皇统一中国的时候才消失，和田齐政权存在时间基本一致。

秦朝设有七十员博士官的制度，据说是沿用了齐国稷下学宫的传统；而且，秦的著名博士叔孙通（为汉朝制订朝礼，朝礼制定后，刘邦曾经说："吾乃今日知为皇帝之贵也。"）就号称"稷下生"。稷下学宫本身有很多功能，其成员既可以充当政府的智囊团，又著书立说进行学术研究，由于广收门徒，还起到了很好的教育效果，可以说是一所非常成功的大学。

战国时期，三晋纷乱，楚则保守落后；秦虽是新兴，文化未盛；齐几乎始终领导文化潮流。而中国自秦以后的各种文化思潮，差不多都能从稷下学宫找到源头。如统治中国几千年的儒学，基本上是孟、荀两派理论的交替使用；再如邹衍的阴阳五行学说，一直在中国盛行，并且是中医学的理论基础；此外还有在汉朝早期流行的黄老思想。在中国几千年历史中，稷下学宫学术氛围之浓厚，思想之自由，成果之丰硕，都是独一无二的。稷下学宫的历史地位，从稷下学宫的施行方针及其成果意义来看，稷下学宫完全可以说是世界历史上真正的第一所大学，第一所学术思想自由、百家争鸣、学科林立的高等学府。

① 庄子不去稷下学宫或许还有其他原因，公元前 386 年，姜子牙开创的姜氏齐国被田和统治，即历史上著名的"田氏代齐"，对于这次"篡位"，一直以来很少听到批评的声音，甚至很少有人以"篡位"称呼此事。对此庄子有句辛辣的评论道"彼窃钩者诛；窃国者为诸侯，诸侯之门而仁义存焉。"（《庄子·外篇·胠箧》）而齐桓公为田氏第二代齐君，或许这是庄子耻于到田氏的齐国去的原因之一。

② 晋皇甫谧《高士传·陆通》："陆通，字接舆，楚人也。好养性，躬耕以为食。楚昭王（约公元前 516—前 489 在位——引者注）时，通见楚政无常，乃佯狂不仕，故时人谓之楚狂。孔子（公元前 551—前 479 年——引者注）适楚，楚狂接舆游其门曰：'凤兮凤兮，何如德之衰也！来世不可待，往世不可追也。……方今之时，仅免刑焉，福轻乎羽，莫之知载，祸重乎地，莫之知避，已乎已乎……'孔子下车，欲与之言，趋而避之，不得与之言。《论语·微子》中的记载：楚狂接舆歌而过孔子曰："凤兮凤兮！何德之衰？往者不可谏，来者犹可追。已而，已而！今之从政者殆而！"孔子下，欲与之言。趋而辟之，不得与之言。在《庄子·人间世》中亦有类似记载。唐李白有"我本楚狂人，凤歌笑孔丘"之句。按以上

至少以下几个事实是可以肯定的：第一，庄子生活穷苦清贫；第二，在有可能做官和做清客改变生活状况的情形之下，庄子坚持他清苦的隐者生活；第三，庄子在理论上又赞同一种一切无所谓的游世态度，与他坚持隐者操守的做法表面上刚好矛盾，这表明庄子思想深处某种不容易说清楚的复杂性。这几个事实，对于我们解读庄子那些词句跳跃、风格奇诡的文章，有很重要的参考意义。

庄学素称难治。学者往往从不同的角度对庄子的思想进行研究。

庄子实在是一位旷时代的大哲人，许多哲人认为甚或孔、老都难于与之比肩。

《庄子》行文奇特，千古不见。"以天下为沈浊，不可与庄语，……独与天地精神往来而不敖倪于万物，……彼其充实不可以已，上与造物者游，而下与外死生、无终始者为友。其于本也，弘大而辟，深闳而肆；其于宗也，可谓稠适而上遂矣。虽然，其应于化而解于物也，其理不竭，其来不蜕，芒乎昧乎，未之尽者"（《天下》）。

庄子对整个中国哲学乃至世界哲学的影响都是非常大的。《庄子》的玄妙无人能比。

> 忽前忽后，忽东忽西；
> 汪洋洸恣，飘忽不定；
> 散乱无形，有机统一；
> 只可想象，不可模仿；
> 广大宏阔，独步古今；
> 一人千面，千人千看；
> 嬉笑怒骂，皆成文章；
> 毫无章法，人莫能及。

这就是庄子。

庄子的思想是博大的，也是独特的，独特得难于以常理理解。

古往今来，有几人敢说真的懂得庄子？

说法，接舆应是春秋末年人，且是隐士，"凤歌笑孔丘"时（约公元前 516—前 489 楚昭王在位年间）至少应有 20 岁，至齐威王初年（前 356），如果在世的话，年龄至少应为 180 岁（按《史记》，接舆曾入稷下学宫），按现在的常识是不可能的。或者是古人长寿（彭祖寿八百），或者是司马迁《史记》或先秦其他古籍记载有误。

二、《庄子》庄子——庄子的"自传"——《庄子》中的庄子

庄子本未留下任何自传之类的资料，关于庄子生平，只能从司马迁的《史记》中的记述和《庄子》中提到的庄子所经历的事情来了解，再加上一些人们根据反映在《庄子》中的"庄子思想"所作的推测。司马迁去古未远，当时流传一些庄子的传说和轶事。司马迁很严谨，不可靠的事情不去记述评说，因此《史记》应作为信史，但其中对庄子的描述也只寥寥数语；《庄子》中提到庄子的篇章，可能不尽出自庄周本人，或许大多出自庄子后学和门人，但毕竟是关于庄子的最早史料，因此是研究庄子生平的重要依据；至于依据"庄子思想"的"考订"故事，则由于庄子思想"一人千面，千人千看"的特点，见仁见智，恐不足为据。

关于《庄子》，尽管有"寓言十九，重言十七"的特点，但更有"卮言日出"的特质，卮言中有寓言和重言，而书中关于庄子的记载，或许就是实实在在、纯正无暇的卮言。《庄子》中带有自传性质的一些段落，应该可以作为研究庄子生平的重要依据，这部分正是在此意义上，姑且称为"庄子的'自传'"。

《庄子》中关于庄子的记述，主要有庄子与惠施之辩七则（含与惠施的濠梁之辩），以庄子名义论道的文章八段，叙述庄子行迹的文字十六则（含与惠施的濠梁之辩），而只有这十六则故事，直接涉及庄子的轶事和生平。值得一提的是，此十六则均出自外篇（九则）和杂篇（七则），而内篇中未见一则，学人多认为内篇为庄子自撰无疑，而外篇、杂篇多为后学托庄子之名而撰，但无论如何，外篇、杂篇仍有"卮言日出"的特质，因此仍应重视。十六则故事，其中《秋水》三则，《至乐》二则，《山木》三则，《田子方》一则（以上九则出自外篇），《徐无鬼》一则，《外物》一则，《说剑》一则，《列御寇》四则（以上七则出自杂篇）。分述如下。

1. 庄子钓于濮水，楚王使大夫二人往先焉，曰："愿以境内累矣！"庄子持竿不顾，曰："吾闻楚有神龟，死已三千岁矣，王巾笥而藏之庙堂之上。此龟者，宁其死为留骨而贵乎？宁其生而曳尾于涂中乎？"二大夫曰："宁生而曳尾涂中。"庄子曰："往矣！吾将曳尾于涂中。"（《秋水》）

庄子钓于濮水　宁做自由之龟：庄子（因家贫）在濮水边（原属山东濮县，今为河南范县）钓鱼（以贴补家用），楚威王（前339—前329在位）派两位大夫前去表示尊请之意："楚王想烦劳先生，愿将国内的政事托付给您。"庄子手持着钓竿，头也不回地说："我听说楚国有个神龟，死时已三千岁了，楚王把它用绸缎包好收在竹箱里，珍藏在庙堂之上。如果为这个龟打算，它是情愿死了留骨而贵呢，还是宁愿活着拖着尾巴在泥巴里自由地爬呢？"二位大夫说："宁愿活着拖着尾巴在泥巴里爬。"庄子说："你们请回吧，我也愿意拖着尾巴在泥巴里爬。"

简评：此事大约发生在楚威王即位初年，楚威王雄心大略，励精图治，广揽人才，欲聘庄子为相。庄子置楚国相位的尊贵权位于不顾，一是出于无为信念，二是追求精神自由和人格独立。此则故事在司马迁《史记·老子韩非列传》中有所叙述，为司马迁所叙庄子轶事的一部分，情节大同小异（参见上述）。

2. 惠子相梁，庄子往见之。或谓惠子曰："庄子来，欲代子相。"于是惠子恐，搜于国中三日三夜。

庄子往见之，曰："南方有鸟，其名为鹓鶵，子知之乎？夫鹓鶵发于南海而飞于北海，非梧桐不止，非练实不食，非醴泉不饮。于是鸱得腐鼠，鹓鶵过之，仰而视之曰：'吓！'今子欲以子之梁国而吓我邪？"（《秋水》）

视权贵如腐鼠：庄子的老朋友惠施做了梁惠王的宰相，庄子前去看望他。有人对惠施说："庄子来，他的才能高，是要取代你的相位。"于是惠施恐慌起来，急欲晤探其意，便在城里搜寻庄子，搜了三天三夜而未得。

庄子前去见他，说："南方有一种鸟，名叫鹓鶵（yuān chú）（鸾凤之属），你知道吗？这个鹓鶵啊，从南海出发，飞往北海，途中不是尊贵的梧桐树它不停下来休息，不是高洁的竹子的果实它不吃，不是纯净甘美的泉水它不喝。一只鸱鹰得到一只腐烂的死老鼠，鹓鶵刚好飞过（鸱鹰恐怕鹓鶵要抢夺它的腐鼠），就（一边按护着腐鼠，一边）仰头怒视，大喊一声：'吓！'如今你也想因你的（腐鼠般的）梁国相位来'吓'我吗？"

简评：庄子自比凤凰，不愿与权贵同流合污，根本不把梁国的相位放在眼中。庄子视富贵浮名如腐鼠赘疣，认为为官权所累是殉之甚者，避之唯恐不及。

3. 庄子与惠子游于濠梁之上。庄子曰："儵鱼出游从容，是鱼之乐也。"惠子曰："子非鱼，安知鱼之乐？"庄子曰："子非我，安知我不知鱼之乐？"惠子曰："我非子，固不知子矣；子固非鱼也，子之不知鱼之乐，全矣！"庄子曰："请循其本。子曰'汝安知鱼之乐'云者，既已知吾知之而问我。我知之濠上也。"（《秋水》）

濠梁之辩 子非鱼安知鱼之乐：庄子与惠施在濠水桥上游赏。庄子说："儵（tiáo）鱼（白条鱼）悠闲从容地在河里游着，这是鱼的快乐啊！"惠施说："你不是鱼，怎么（哪里）知道鱼的快乐呢？"庄子说："你不是我，怎么知道我不知道鱼的快乐呢？"惠施说："我不是你，固然不知道你的感受；但你不是鱼，那么你不知道鱼的快乐，也是肯定无疑的了。"庄子说："还是请回到你原来发问的话题来谈。当你说'你（是）怎么（哪里）知道鱼的快乐'时，就是说你已经知道我知道鱼的快乐而问我（是在哪里知道的），那么我告诉你，我就是在濠水的桥上知道的啊。"

简评：庄子与惠施在濠水的桥上游赏，围绕是否可以知道鱼之乐展开辩论，此即著名的"濠梁之辩"，庄子认为鱼在水中自由自在地游是快乐的，反映庄子追求自由的思想。这是与惠施之辩七则中唯一一则有地点信息的，故列入庄子的行迹之列。此处庄子其实是偷换了概念，但重要的是此则故事反映了庄子齐一是非的思想，在论辩技巧上，庄子用的是，既然你可以懂得我的感受，我也可以知道鱼的感受。

以上三则，在《秋水》篇中是紧挨着的。

4. 庄子妻死，惠子吊之，庄子则方箕踞鼓盆而歌。惠子曰："与人居，长子、老、身死，不哭亦足矣，又鼓盆而歌，不亦甚乎！"庄子曰："不然。是其始死也，我独何能无概然！察其始而本无生，非徒无生也而本无形，非徒无形也而本无气。杂乎芒芴之间，变而有气，气变而有形，形变而有生，今又变而之死，是相与为春秋冬夏四时行也。人且偃然寝于巨室，而我嗷嗷然随而哭之，自以为不通乎命，故止也。"（《至乐》）

庄子丧妻 鼓盆而歌：庄子的妻子死了，惠施来吊丧，看到庄子像簸箕一样两脚伸直岔开坐在地上敲着瓦盆唱歌。惠施说："你与妻子生活了一辈子，她为你生儿育女，如今年老身死，你不伤心哭泣也就罢了，还敲着瓦盆唱起歌来，未免太过分了吧？"庄子说："不是这样的。她刚死的时候，我何尝不哀伤悲痛呢？可是仔细一想，她当初原本就没有生命；非但没有生命，而且没有形体；非但没有形体甚至原本就不曾聚成元气。在恍惚迷离、若有若无之间，才变化而有了元气，元气变化而有了形体，形体变化而有了生命，如今又由生变化到死，这种变化如同春夏秋冬四时运行一样自然。现在她正安然地睡在天地的巨室之中，而我却哀伤悲痛哭个不停，我以为那样做是不通达自然大化的生命之道的，所以就不哭了。"

简评：庄子的妻子死了，他不但不痛哭反而鼓盆而歌，因为庄子认为死是人生的解脱，如若哭个不停则是不通达自然大化的生命之道。这则故事反映了庄子齐一生死的思想，生死若环，循环往复，生和死没有根本的区别，同是自然大化中的一环，庄子视死如归，并且认为归去后更能安然宁静，因此如果不便庆贺，至少没有什么可悲伤的。

5. 庄子之楚，见空髑髅，髐然有形，撽以马捶，因而问之，曰："夫子贪生失理而为此乎？将子有亡国之事，斧钺之诛而为此乎？将子有不善之行，愧遗父母妻子之丑而为此乎？将子有冻馁之患而为此乎？将子之春秋故及此乎？"于是语卒，援髑髅，枕而卧。夜半，髑髅见梦曰："子之谈者似辩士，视子所言，皆生人之累也，死则无此矣。子欲闻死之说乎？"庄子曰："然。"髑髅曰："死，无君于上，无臣于下，亦无四时之事，从然以天地为春秋，虽南面王乐，不能过也。"庄

髑髅（dú lóu）托梦 人生如遭受牵累的浮云：庄子到楚国去，途中遇见一个骷髅，虽然已经干枯但仍呈现出人头颅的形状，庄子用马鞭从旁侧敲，问道："先生是因为贪图享乐背离养生之道而致死去的呢？还是遭遇亡国之祸被斧钺砍头而至如此呢？还是因为行为不端怕连累父母妻儿的名誉而自杀的呢？还是因为你贫穷受冻受饿而死的呢？还是你享尽天年，寿数已尽而自然死去的呢？"庄子说完，拉过骷髅当做枕头枕着睡去了。半夜里，骷髅托梦于庄子说："听你先前的话真像一个善于辩论的人。但是，你所说的那些都是活人所要费心考虑的患累，死了就没有这些牵累了。你想听听人死后的快乐吗？"庄子说："当然愿意了。"骷髅说："人死了的世界，上无君王，下无臣子，也没有一年四季的操劳，从容安逸地与天地同在，即便是南面为王的快乐，也不能胜于此。"庄子不相信，说："我让掌管生死之神再造你的形

子不信,曰:"吾使司命复生子形,为子骨肉肌肤,反子父母、妻子、闾里、知识,子欲之乎?"髑髅深矉蹙頞曰:"吾安能弃南面王乐而复为人间之劳乎!"(《至乐》)

体,恢复你的骨肉肌肤,把你的父母、妻子、宗族邻里、朋友和你的知识都返给你,你愿意吗?"髑髅紧皱眉头,显出愁苦的样子,说:"我怎么能舍弃南面为王的快乐而重新回到人间去遭受劳苦呢!"

简评:通过庄子与骷髅头的对话,说明人间所经历的一切烦心之事,活着所要考虑的种种是非,只不过都是过眼烟云,实际上是毫无意义的。这则故事中,庄子将"生"看作是一次劳苦繁累的旅程,"死"方是卸下负担的彻底解脱,因而轻松快乐。

6. 庄子行于山中,见大木,枝叶盛茂,伐木者止其旁而不取也。问其故,曰:"无所可用。"庄子曰:"此木以不材得终其天年。"

夫子出于山,舍于故人之家。故人喜,命竖子杀雁而烹之。竖子请曰:"其一能鸣,其一不能鸣,请奚杀?"主人曰:"杀不能鸣者。"

明日,弟子问于庄子曰:"昨日山中之木,以不材得终其天年;今主人之雁,以不材死。先生将何处?"庄子笑曰:"周将处乎材与不材之间。材与不材之间,似之而非也,故未免乎累。若夫乘道德而浮游则不然。无誉无訾,一龙一蛇,与时俱化,而无肯专为;一上一下,以和为量,浮游乎万物之祖,物物而不物于物,则胡可得而累邪!此神农、黄帝之法则也。若夫万物之情,人伦之传,则不然。合则离,成则毁,廉则挫,尊则议,有为则亏,贤则谋,不肖则欺,胡可得而必乎哉!悲夫!弟子志之,其唯道德之乡乎!"(《山木》)

有用与无用 处乎材与不材之间 自然无为随世浮游 与时俱化无肯专为 物物而不物于物:庄子和弟子在山中行走,看见一棵大树,枝叶非常茂盛,而伐木的人在它旁边却不去砍伐。庄子问其原因,伐木的人答道:"因为材料不好,没有用处。"庄子对弟子说:"这棵树正是因为没有用处才能够享尽它的自然寿命啊。"

庄子从山中出来,在朋友家中住下,朋友见了庄子很高兴,命童仆杀一只鹅来款待他。僮仆问:"一只鹅会叫,另一只不会叫,请问杀哪一只呢?"主人说:"杀那只不会叫的。"

第二天,弟子问庄子:"昨天山中的大树,因为无用而得以保全天然的年寿,今天主人家的鹅又因为无用而被杀掉。请问先生将如何自处呢?"庄子笑道:"我或将处于有用和无用之间吧?但我是这样看的,处于有用和无用之间,好像接近于大道,其实不然,还是无法避免受到拖累。如若心怀道德顺应自然而随世浮游,则就不受"有用""无用"之累了。这样既没有赞誉也没有诋毁,时而像龙一样腾飞,时而像蛇一样蛰伏,顺随时间的推移而变化,而不偏执于某一方面;时进时退、时曲时伸,一切以和顺为原则;遨游在万物的初始状态(即无何有之乡),主宰外物而不被外物所役使,如此怎会受外物牵累呢!这是神农和黄帝的处世法则。至于万物的情状和人类伦理的传统就不是这样,有聚合就有分离,有成功就有毁坏,棱角锐利而刚正就会受到挫折,尊显就会受到非议,有作为就可能有亏败,贤人可能遭人谋算利用,无能则受人欺侮,怎么可以固执于一端呢!可悲啊!弟子们记住,若要免于物累,只有去顺从自然无为的道德法则啊。"

简评：通过庄子与他的弟子在出行过程中遇到的两件事情，围绕有用无用（即有为无为）说明处事的道理。庄子认为"有为"是戕害生命的，纯粹"无为"有时也不能免于拖累，只有顺应大道、与世委蛇才能全生。"大木不材无用为用"的思想，在《人间世》篇中即有运用，此则进一步表明，无用也有致害之虞，于是又提出"材与不材之间"的设想，但这还不能完全免于物累和祸患，最后指出唯有自然无为、与时俱化才是正途。

7. 庄子衣大布而补之，正縻系履而过魏王。魏王曰："何先生之惫邪？"

庄子曰："贫也，非惫也。士有道德不能行，惫也；衣弊履穿，贫也，非惫也，此所谓非遭时也。王独不见夫腾猿乎？其得楠梓豫章也，揽蔓其枝而王长其间，虽羿、蓬蒙不能眄睨也。及其得柘棘枳枸之间也，危行侧视，振动悼栗。此筋骨非有加急而不柔也，处势不便，未足以逞其能也。今处昏上乱相之间，而欲无惫，奚可得邪？此比干之见剖心徵也夫！"（《山木》）

庄子衣大布而补之 是贫穷不是潦倒：庄子穿着打着补丁的粗布麻衣，鞋子破得要用麻绳在中间系扎才能穿在脚上，以这样的穿戴去拜访魏惠王。魏王说："先生为何这般疲惫困顿潦倒呢？"

庄子说："是贫穷，不是疲困。士人有道行而不能推行，是疲困；衣服破旧，鞋子损坏，这是贫穷，而不是疲困。（然而这世上大有疲困的人，）这便是所谓的生不逢时啊。大王难道没有看到过那善于跳跃的猿猴吗？它们生活在楠树、楸树、樟树等高大乔木的树林里，抓住藤蔓似的小树枝自由自在地跳跃而称王称霸，即使是神箭手羿和蓬蒙，也很难瞄准射中它们；可是它们到了柘、棘、枳、枸等带刺的灌木丛中，就小心谨慎，左顾右盼，内心震颤恐惧发抖，这并不是由于筋骨紧缩有了变化而不再灵活，实在是外在的环境对它们不利，难以施展它们的本领啊。（现如今确有许多士人不仅贫穷，更重要的是陷入疲困，）如今士人处于昏君乱臣的时代，要想不受疲困，怎么可能呢？比干被剖心便是明证啊！"

简评：通过庄子与魏王的谈话，表达了庄子贫贱不移的品格。庄子认为，面对黑暗的现实，自己宁愿清贫受苦，也不愿去钻营投机、刻意有为而背离大道。庄子在此鞭挞现实社会的黑暗。但此处叙述有些矛盾，前面庄子讲自己并不疲困，后面却大谈疲困，最后指出疲困是由于世道不公，这种讲法似乎前后脱节。或许庄子要讲的是，自己无为，所以不受疲困，然而士人怀救世之心而不能有为，故遭受疲困，这都是昏君乱臣造的孽。

8. 庄周游于雕陵之樊，睹一异鹊自南方来者，翼广七尺，目大运寸，感周之颡而集于栗林。庄周曰："此何鸟哉，翼殷不逝，目大不睹。"褰裳躩步，执弹而留

螳螂捕蝉 黄雀在后：庄周在雕陵的栗园里游玩，看见一只怪异的鹊鸟从南边飞了过来，它的翅膀有七尺宽，眼睛有一寸长，翅膀碰到庄周的前额，落在栗林中。庄周想："这是什么鸟啊？翅膀大却不远飞，眼睛大却不看东西。"便提起衣角悄悄跟了过去，拿着弹弓静静地等待

之。睹一蝉，方得美荫而忘其身；螳螂执翳而搏之，见得而忘其形；异鹊从而利之，见利而忘其真。庄周怵然曰："噫！物固相累，二类相召也！"捐弹而反走，虞人逐而谇之。

庄周反入，三日不庭。蔺且从而问之："夫子何为顷间甚不庭乎？"庄周曰："吾守形而忘身，观于浊水而迷于清渊。且吾闻诸夫子曰：'入其俗，从其令。'今吾游于雕陵而忘吾身，异鹊感吾颡，游于栗林而忘真。栗林虞人以吾为戮，吾所以不庭也。"（《山木》）

时机打鸟。这时看到一只蝉因为在浓密的树荫下感到舒适而忘记了自身的安危；一只螳螂隐蔽在树叶后准备偷袭蝉，螳螂见有所得而忘记了自己的形体；那只鹊紧随其后，准备捕捉螳螂，看到可以捉到螳螂而忘记了自己的真实处境（撞了人而又处于被捕杀的危险中）。庄周见此突然感到惊恐："啊！万物原来是这样互相牵累，又彼此招引的啊。（我也可能正遭暗算和误会吧？）"于是扔掉弹弓往回走，看管栗园的人，以为他偷栗子，在后面追赶着责骂。

庄周回来后，一连三天不开心。弟子蔺且问他："先生近日何故突然心情很不好呢？"庄周说："我守护形体而忘却了自身的本真，看多了混浊的水而对深渊的清净之水却感到迷惑了。并且我从先生那里听说：'到一个地方，就要随从那里的习俗和禁忌。'现今我在雕陵游玩便忘却了自身的处境，怪异的鹊鸟用翅膀碰到我的额头，在栗林中游玩又忘记了自身的真性，以至看守栗园的人责骂我，所以我很不愉快。"

简评：庄子在雕陵的栗园里游玩，通过贪图舒适的蝉、一心捕蝉的螳螂、只见螳螂的黄雀、贪得打鸟的游人、跟踪防范的看园人这样一个链条，揭示世情的复杂和人情的险恶。此则故事提醒人们不要得意忘形，不要守形而忘真，忘却了自身的本真，就会不免于累。

9. 庄子见鲁哀公。哀公曰："鲁多儒士，少为先生方者。"庄子曰："鲁少儒。"哀公曰："举鲁国而儒服，何谓少乎？"庄子曰："周闻之，儒者冠圜冠者，知天时；履句屦者，知地形；缓佩玦者，事至而断。君子有其道者，未必为其服也；为其服者，未必知其道也。公固以为不然，何不号于国中曰：'无此道而为此服者，其罪死！'"

于是哀公号之五日，而鲁国无敢儒服者。独有一丈夫，儒服而立乎公门。公即召问以国事，千转万变而不穷。

鲁多儒服而少儒士：庄子拜见鲁哀公。鲁哀公说："鲁国有很多儒士，但很少有学习先生你的道术的。"庄子说："鲁国的儒士很少。"哀公说："全鲁国的人都穿儒服，怎么说儒士很少呢？"庄子说："我听说，儒士戴圆帽的通晓天时；穿方鞋的知晓地理；用五色丝带穿玉玦来作佩饰的遇事能作决断。君子有这种学养的，不一定穿相应的服装；穿某种服装的，不一定有相应的学养。您肯定认为我说的不对，那么为什么不在国内下一道命令：'没有相应的学问和本事而穿相应儒服的，以死罪论处。'"

于是哀公发布了这个号令五天以后，鲁国便几乎没有人敢穿儒服了。只有一个人穿着儒服站在朝门的外面。哀公立即召见，并问以国事，无论多么复杂的问题都难不住他。

庄子说："整个鲁国只有一个儒士，能说很多吗？"

庄子曰："以鲁国而儒者一人耳，可谓多乎？"（《田子方》）

简评：庄子到鲁国见到鲁哀公（或别的鲁国君主），讨论了大道不一定被众人所理解的问题，穿儒服的不一定是有真才实学的智士能人，世事浮躁，应拨开现象的外衣去观察事物的真相。此则故事表明有真才实学不在外表，掌握真道也不在形式。其学真，一人不为少；其学伪，虽多亦无益。另外，庄子与魏惠王、齐威王同时，生活于鲁哀公后一百二十年，此言鲁哀公者，或者是寓言重言之属，或者是传抄之舛误。

10. 庄周送葬，过惠子之墓，顾谓从者曰："郢人垩慢其鼻端，若蝇翼，使匠石斫之。匠石运斤成风，听而斫之，尽垩而鼻不伤，郢人立不失容。宋元君闻之，召匠石曰：'尝试为寡人为之。'匠石曰：'臣则尝能斫之。虽然，臣之质死久矣。'自夫子之死也，吾无以为质矣，吾无与言之矣。"（《徐无鬼》）

匠石运斧 在于配合默契：庄子送葬，途经惠子的坟墓，回头对跟随的人说："郢（yǐng）地（楚国国都）有个人鼻尖上沾了点白灰，像苍蝇翅膀那样薄而小，让匠石给他削下来。匠石挥动斧头带动风声呼呼作响，嗖的一声随意砍去，白灰削尽，而鼻子一点也没有伤着，郢人从容站着，面不改色。宋元君听说此事，把匠石叫来说：'试着为我砍一次。'匠石说：'我确实曾经砍掉过鼻尖上的白灰。但是，那个信任我并与我配合默契的人早就死了。（没有这样的默契配合，我是不能做成那样的事的。）'自从惠子死了以后，我就没有配合默契的知心人了，我也就没有可以畅谈辩论的人了！"

简评：惠子死后，庄子经过惠子的墓地，感叹自从惠子死了以后，自己就没有知己了，就没有可以畅谈辩论的人了。此则故事记述了庄子与惠施的深厚友谊以及对其深切的怀念，也写出了庄子注重真性相契、不以门户之见对人的自然诚正的品性。由此知庄子死于惠施之后。

11. 庄周家贫，故往贷粟于监河侯。监河侯曰："诺。我将得邑金，将贷子三百金，可乎？"

庄周忿然作色曰："周昨来，有中道而呼者。周顾视车辙，中有鲋鱼焉。周问之曰：'鲋鱼来！子何为者耶？'对曰：'我，东海之波臣也。君岂有斗升之水而活我哉？'周曰：'诺。我且南游吴越之王，激西江之水而迎子，可乎？'鲋鱼忿然作色曰：'吾失我常与，我无所处。吾得斗升之水

庄周借粟：庄周家中贫穷，去向监河侯借粮。监河侯说："可以。我年底将会收获封地的租赋税金，到时借给你三百金，行吗？"

庄周生气地变了脸色说："我昨天来的时候，半路上听到呼叫声。我回头看到车辙里有一条鲫鱼在挣扎。我问它：'鲫鱼啊，你来这里干什么？'鲫鱼说：'我是东海水族的臣子，你能用一斗一升的水救活我吗？'我说：'行。我会到南方游说吴越两国的君王，请他们引发西江之水来迎接你，可以吗？'鲫鱼脸色一沉，生气地说：'我失去了经常赖以生存的水，已无容身之处。我只要得到斗升的水就能活命，而你竟然说出这样的话，还不如趁早到卖干鱼的市场去找我呢！'"

然活耳，君乃言此，曾不如早索我于枯鱼之肆！'"（《外物》）

简评：庄子家里揭不开锅，不得不向一个自认为有点交情的监河侯去借粮，以解燃眉之急，监河侯却说要到年底收上租税来才能借给他。远水岂能解得近渴，虚伪的监河侯纯粹是在应付庄子。此则故事再次说明庄周家中清贫，尖锐地讽刺了世情淡薄和人情虚伪。同时说明了顺其自然、依其本性的必要（时机是最重要的）。

12. 昔赵文王喜剑，剑士夹门而客三千余人，日夜相击于前，死伤者岁百余人，好之不厌。如是三年，国衰，诸侯谋之。

太子悝患之，募左右曰："孰能说王之意止剑士者，赐之千金。"左右曰："庄子当能。"

太子乃使人以千金奉庄子。庄子弗受，与使者俱往见太子，曰："太子何以教周，赐周千金？"太子曰："闻夫子明圣，谨奉千金以币从者。夫子弗受，悝尚何敢言！"

庄子曰："闻太子所欲用周者，欲绝王之喜好也。使臣上说大王，而逆王意，下不当太子，则身刑而死，周尚安所事金乎？使臣上说大王，下当太子，赵国何求而不得也！"太子曰："然。吾王所见，唯剑士也。"庄子曰："诺。周善为剑。"

太子曰："然吾王所见剑士，皆蓬头，突鬓，垂冠，曼胡之缨，短后之衣，瞋目而语难，王乃悦之。今夫子必儒服而见王，事必大逆。"庄子曰："请治剑服。"

治剑服三日，乃见太子。太子乃与见王，王脱白刃待之。庄子入殿门不趋，见王不拜。王曰："子欲何以教寡人，使太子先。"曰："臣闻大王喜剑，故以剑见王。"王曰："子之剑何能禁制？"

庄子论剑说赵文王：从前，赵文王喜好剑术，剑士纷纷投靠在他的门下，食客达三千余人，他们在赵文王面前日夜相互比试剑术，每年死伤的剑客有百余人，而赵文王依然喜好剑术，兴趣从来不曾减少。这样过了三年，国力日益衰退，各国诸侯都在谋算怎样攻打赵国。

太子悝十分忧虑，召集左右幕僚说："谁能够说服赵王停止比试剑术，就赏赐他千金。"左右幕僚说："庄子能够担当此任。"

太子于是派人恭敬地给庄子送去千金。庄子不接受，跟随使者一道前往拜见太子说："太子有什么见教，赐给我千金的厚礼？"太子说："听说先生通达贤明，敬赠千金不敢言赐，就当是送给先生犒劳先生的随从。先生不愿接受，我还敢说什么呢！"

庄子说："听说太子要用我，意欲断绝赵王对剑术的喜好。假如我对上游说赵王，出言冒犯而违逆了赵王的心意，对下不但不能完成太子的意愿，而且一定会遭受刑戮而死去，我要这千金有什么用呢？假如我对上能说服赵王，对下能完成太子的心愿，在赵国这片土地上，我有什么要求难道还得不到满足吗！（我可以答应太子去尝试游说大王）"太子说："您说得对。但是我父王所接见的，只有剑士。"庄子说："好的，我也善于运用剑术。"

太子说："不过我父王所要见的剑士，全都头发蓬乱、鬓毛突出、帽子低垂，帽缨粗壮，上衣后短，横眉瞪眼，谈吐怪异，看到这样的人，大王才高兴。如今先生如果（'必儒服'。此'必'为假使意。如'三人行必有我师焉'，解为'如果'更合理）穿儒服去会见赵王，事情一定会弄糟（'必大逆'。此'必'为注定意，与前一'必'不同）。"庄子说："请给我准备剑士的服装。"

三天后剑服裁制好了，于是庄子面见太子。太子就带庄子一道拜见赵王，赵王拔出利剑，等待着庄子。庄子从容进殿，不行儒家见王而趋之礼，见到赵王也不跪曰："臣之剑，十步一人，千里不留行。"王大悦之，曰："天下无敌矣！"

庄子曰："夫为剑者，示之以虚，开之以利，后之以发，先之以至。愿得试之。"王曰："夫子休，就舍待命，令设戏，请夫子。"

王乃校剑士七日，死伤者六十余人，得五六人，使奉剑于殿下，乃召庄子。王曰："今日试使士敦剑。"庄子曰："望之久矣。"王曰："夫子所御杖，长短何如？"曰："臣之所奉皆可。然臣有三剑，唯王所用，请先言而后试。"王曰："愿闻三剑。"曰："有天子剑，有诸侯剑，有庶人剑。"

王曰："天子之剑何如？"曰："天子之剑，以燕谿石城为锋，齐岱为锷，晋魏为脊，周宋为镡，韩魏为夹，包以四夷，裹以四时，绕以渤海，带以常山，制以五行，论以刑德，开以阴阳，持以春夏，行以秋冬。此剑直之无前，举之无上，案之无下，运之无旁。上决浮云，下绝地纪。此剑一用，匡诸侯，天下服矣。此天子之剑也。"

文王芒然自失，曰："诸侯之剑何如？"曰："诸侯之剑，以知勇士为锋，以清廉士为锷，以贤良士为脊，以忠圣士为镡，以豪桀士为夹。此剑直之亦无前，举之亦无上，案之亦无下，运之亦无旁。上法圆天，以顺三光；下法方地，以顺四时；中和民意，以安四乡。此剑一用，如雷霆之震也，四封之内，无不宾服而听从君命者矣。此诸侯之剑也。"

王曰："庶人之剑何如？"曰：

拜。赵王说："阁下有何术是可以让我来领教的，而且让太子先作引荐。"庄子说："我听说大王喜好剑术，特地以剑术来参见大王。"赵王说："阁下的剑术怎样能克敌制胜呢？"庄子说："我的剑术，十步之内可杀一人，行走千里也不会受人阻留。"赵王听了大喜，说："那真是天下无敌了！"

庄子说："击剑的要领是，有意把弱点显露给对方，再用有机可乘之处引诱对方，后于对手发起攻击，却能抢先击中对手。希望有机会能试试我的剑法。"赵王说："先生暂回馆舍休息等待通知，我安排好击剑比武后，再请先生出面比试剑术。"

赵王于是让剑士们比武较量了七天，死伤六十多人，从中挑选出五六人，让他们拿着剑在殿堂下等候，这才召请庄子。赵王说："今天可让剑士们跟先生论剑比武了。"庄子说："我已经盼望很久了！"赵王说："先生所使用的宝剑，长短如何？"庄子说："我的剑术长短都适应。不过我有三种剑，任凭大王选用，请让我先作些说明然后再行比试。"赵王说："愿意听听你介绍三种剑。"庄子说："有天子之剑，有诸侯之剑，有百姓之剑。"

赵王说："何谓天子之剑？"庄子说："天子之剑，以燕谿的石城山为剑锋，以齐国的泰山为剑刃，以晋国和卫国作剑脊，以周王畿和宋国作剑环，以韩国和魏国作剑柄；用中原以外的四境来包扎，用四季来围裹，用渤海来缠绕，用恒山来作剑穗系带；靠五行之气来统驭，靠刑律和德教来教化论断，遵循阴阳的变化而进退，遵循春秋的时令而持守，遵循秋冬的到来而运行。这种剑，向前直刺而无所阻挡，高高举起无物可遮拦，按剑向下所向披靡，挥动起来旁若无物，向上割裂浮云，向下斩断地维，向上一指闪电雷鸣，向下一挥山崩地裂。这种剑一旦启用，可以匡正诸侯，使天下人全都顺服。这就是天子之剑。"

赵文王听了茫然若有所失，说："诸侯之剑如何？"庄子说："诸侯之剑，以智勇之士作剑尖，以清廉之士作剑刃，以贤良之士作剑背，以忠诚圣明之士作剑环，以豪杰之士作剑柄。这种剑，向前直刺也无所阻挡，高高举起也无物可遮拦，按剑向下也所向披靡，挥动起来也旁若无物；对上效法于天而顺应日月星辰；对下取法于地而顺应四时之序；居中则顺和民意而安定四方。这种

"庶人之剑，蓬头突鬓，垂冠，曼胡之缨，短后之衣，瞋目而语难，相击于前，上斩颈领，下决肝肺。此庶人之剑，无异于斗鸡，一旦命已绝矣，无所用于国事。今大王有天子之位而好庶人之剑，臣窃为大王薄之。"

王乃牵而上殿。宰人上食，王三环之。庄子曰："大王安坐定气，剑事已毕奏矣。"于是文王不出宫三月，剑士皆服毙其处也。（《说剑》）

剑一旦使用，就好像雷霆震撼，四境之内没有不顺服而听从国君号令的。这就是诸侯之剑。"

赵王说："百姓之剑又怎么样呢？"庄子说："百姓之剑，全都头发蓬乱、鬓毛突出、帽子低垂、帽缨粗壮、上衣后短、横眉瞪眼、谈吐怪异。在人前相互争斗刺杀，上能斩断脖颈，下能剖裂肝肺。这就是百姓之剑，跟斗鸡没有什么不同，顷刻间命尽气绝，对于国事就什么用处也没有。如今大王拥有称霸天下的地位却喜好百姓之剑，我私下里认为应为大王感到痛悔。"

赵文王听完，拉着庄子的手来到殿上。御厨摆上膳食，赵王心绪仍不能平静，绕着坐席惭愧地一圈圈转。庄子说："请大王安坐，平心定气，剑术之事我已呈奏完毕。"于是赵文王三月没出宫门（见剑士），剑士们都在自己的住处自刎而死。

简评：此则寓言说的是庄子游说赵文王放弃荒唐的斗剑游戏，重做一个励精图治的君王的故事。整篇《庄子·说剑》只讲了这一个故事。这个故事所阐述的意旨，与庄子一贯主张的无为思想，似乎不太合拍，因此一些学者十分肯定地将《说剑》与《渔父》以及《天下》列为庄子后学之作，或谓《说剑》和《渔夫》两篇本不是道家著述。此篇或为庄子后学或他家的寓言重言，似不应作为庄子生平的依据。但此篇气势恢宏、一气呵成、妙语连珠、回味悠长，通篇透着才气和霸气。

《庄子》非一人一时之作，难免前后有不一致的地方，但作为庄学传人，其基本思想不应有太大差异，而在这一点上，《庄子》前后也有抵牾的地方。庄子基本思想是无为，但《说剑》则倡有为。如果说《让王》《盗跖》《渔父》已不类庄子之文，那么《说剑》就更非庄子之文了。篇文中确有"庄子"其名，但《说剑》里的庄子已不是倡导无为无己、逍遥顺应、齐物齐论的庄子，完全是一个说客，即战国时代的策士形象，而内容也完全离开了《庄子》的主旨。此篇中的庄子颇似纵横家形象，所述颇类纵横家言，故历来多数学者将其视为纵横家作品。或者，应该看作是假托庄子之名的策士之文。

13. 宋人有曹商者，为宋王使秦。其往也，得车数乘。王说之，益车百乘。反于宋，见庄子，曰："夫处穷闾阨巷，困窘织屦，槁项黄馘者，商之所短也；一悟万乘之主而从车百乘者，商之所长也。"

小人曹商 舐痔得车：宋国有个叫曹商的人，受宋王命出使秦国。去的时候，宋王赏他几辆车子。至秦而获秦王欢心，秦王又赏他百辆车子。曹商回到宋国，见到（家住陋巷面黄肌瘦正在打草鞋的）庄子说："住在偏僻狭窄的小巷，贫困到靠自己编织麻鞋度日，饿得面黄肌瘦，这是我所做不到的；一旦面见万乘君主使其觉悟，庄子曰："秦王有病召医，破痈溃痤者得车一乘，舐痔者得车五乘，所治愈下，得车愈多。子岂治其痔邪，何得车之多也？子行矣！"（《列御寇》）

庄子说："秦王有病宣召医生，凡是能破败脓疮的可得一辆车子，能舔舐痔疮的可得五辆车子，所治的病越是低下，得的车子越多。阁下莫非是给秦王治痔疮了吧，要不怎么得了那么多车子呢？你趁早走吧！"

简评：庄子才高但历来不愿为有国者所羁，也非常看不惯战国时期某些国君和政客奸诈无耻的所作所为。曹商靠游说君主得到赏赐，在庄子面前炫耀并讥讽庄子不随世沉浮，庄子则辛辣地讥讽靠摇唇鼓舌博取富贵无异于替人舔舐痔疮，不知羞耻反而洋洋自得。这个故事讽刺以卑劣手段获取富贵者的厚颜无耻，亦寓有表现"小夫之知"浅隘的意思。

14. 人有见宋王者，锡车十乘，以其十乘骄稚庄子。庄子曰："河上有家贫，恃纬萧而食者，其子没于渊，得千金之珠。其父谓其子曰：'取石来锻之！夫千金之珠，必在九重之渊而骊龙颔下。子能得珠者，必遭其睡也。使骊龙而寤，子尚奚微之有哉！'今宋国之深，非直九重之渊也；宋王之猛，非直骊龙也。子能得车者，必遭其睡也。使宋王而寤，子为齑粉夫！"（《列御寇》）

世情凶险　不要得意忘形：有一个人去见宋王，宋王赏赐他十辆车子，他便以此在庄子面前炫耀。庄子说："河边上有一户家境贫穷靠编织芦苇器具为生的人，有一次他儿子潜入河的深渊，得到一颗价值千金的珍珠。而父亲却对儿子说：'拿石头来把它砸碎吧！价值千金的珍珠，一定是在九重深渊黑龙的颔下，你能得到它，肯定是黑龙睡着了。假如当时黑龙醒来，你就要被残食无余了'现在宋国处境的险恶，更甚于九重深渊；宋王的凶残，更甚于黑龙。你能从宋王那里得到车子，也一定是正好碰上宋王一时头脑发热，假使宋王醒过神来，你必定会粉身碎骨啊！"

简评：庄子指出得到君主的赏赐，也必然会增加自身的拖累。此段庄子意在讽刺势利小人得意忘形、不知祸患、不谙世情凶险。

15. 或聘于庄子，庄子应其使曰："子见夫牺牛乎？衣以文绣，食以刍菽，及其牵而入于太庙，虽欲为孤犊，其可得乎！"（《列御寇》）

欲为自由的小野牛：有人礼聘庄子做官，庄子回答使者说："你见过用于祭祀的牛吗？它被披上织有花纹的锦绣，喂它上等的草料和大豆，可是等到牵入太庙用于祭祀，这时纵然它再想做一头无人看顾而自由的小野牛，还有可能吗？"

简评：此则故事是又一则与司马迁《史记·老子韩非列传》中所叙庄子轶事有关的记载，为司马迁所叙事的一部分，情节大同小异。反映庄子不为有国者所羁的志向。

16. 庄子将死，弟子欲厚葬之，庄子曰："吾以天地为棺椁，

以天地为棺椁：庄子将要死的时候，弟子们想厚葬他。庄子说："我以天地为棺椁，用日月作双璧，把星辰

以日月为连璧，星辰为珠玑，万物为赍送。吾葬具岂不备邪？何以加此！"弟子曰："吾恐乌鸢之食夫子也。"庄子曰："在上为乌鸢食，在下为蝼蚁食，夺彼与此，何其偏也。"（《列御寇》）

当作珠玑，万物都是我的陪葬品，我的随葬物品还不完备吗？为什么还要增加呢？"弟子们说："我们怕乌鸦和老鹰啄食先生的遗体。"庄子说："葬在地面上会被乌鸦和老鹰吃掉，埋在地下会被蝼蛄和蚂蚁吃掉，把乌鸦和老鹰的食物夺过来交给蝼蛄和蚂蚁，不也太偏心了吗！"

简评：此则故事表明庄子对生死的达观态度。生死齐一，视死如归。死后再用很多东西作陪葬，纯粹是浪费，一无所用，并且还有违大道。"万物皆种也，以不同形相禅，始卒若环，莫得其伦，是谓天均。天均者，天倪也。"（《寓言》）生和死本来是无尽的循环，而且说不清它们的先后顺序。由生到死这一生命过程中，人有七情六欲和物质需求，但要遵循自然大道去行事；由死到生这一段万事都是空的，什么也用不着，还要陪葬干什么？

第14、15、16三则故事在《庄子》原文中是紧挨着的。

以上十六则故事，或可看作庄子的自述，与司马迁的描述互参，再参照庄子的思想体系研究，可勾勒出庄子生平的轮廓。

三、庄子《庄子》——史上第一篇学术史论文
《天下》篇——庄子说《庄子》

《庄子》一书很难懂，让人捉摸不透。《庄子》最后一篇外篇《天下》篇，在《庄子》一书中居于后序或总序的位置。本篇的主旨是评述先秦时期几个主要的学术流派，故被视为最早的一篇中国学术史论文，具有极高的学术价值。其中对庄子自身学派的评述是《庄子》一书的准则，明确说明了《庄子》殿堂中的总体境界，坦诚地分析了庄家学派的思想，这里的《庄子》不再扑朔迷离。阅读《庄子》，首先要读《天下》篇，这有助于整体把握《庄子》一书。

关于《天下》篇的作者，历来争议颇多，很多学者认为不是庄子本人所著，但近人张默生先生根据该篇的超高水准及其与内七篇文体思想论辩之风的契合，而断定《天下》篇非庄子本人莫能为之。正如马叙伦先生指出的，除庄子外，"很难找出另外一个人，有这样精通一个时代的学术，更有这样的大手笔"（《庄子天下篇述义序》）能够写出像《天下》篇这样的文章。无论该篇的作者是谁，该篇中对庄子学派的评述，都是对庄子思想的最早的、最精准的、最中肯的、最权威的分析，我们姑且称之为"庄子说《庄子》"。

《天下》篇通过对战国时期几个主要学派的简要分析评判，层层递进，阐述

自然大化之道术的化境，其中第六部分（第七章）论道家之庄派，是对庄学特征的精准总结和分析，也是整部《庄子》的一个总说明，因此对全面把握《庄子》非常重要。这一章中，说庄子学派同别家别派一样，也是古已有之的，并未声明自家是承传自关尹和老聃，可知混老庄为一体不甚妥当。在这章中，夫子自道《庄子》一书"结构严谨""风格诡怪""内容充实""余味悠长"。论其功效，则"下可调谐人生"，"上能憬悟天道"，由此观察，庄周实乃狂狷之人。此章对于庄周一派，于其语言风格、精神旨趣、性格特征等更是给予高度的肯定，赞其"其理不竭"，"未之尽者"。

《天下》篇共十章分为七个部分，以下详解涉及庄子学说的第六部分。

芴漠无形，变化无常，死与生与，天地并与，神明往与！芒乎何之，忽乎何适，万物毕罗，莫足以归。古之道术有在于是者，庄周闻其风而悦之。以谬悠之说，荒唐之言，无端崖之辞，时恣纵而不傥，不以觭见之也。以天下为沈浊，不可与庄语，以卮言为曼衍，以重言为真，以寓言为广。独与天地精神往来而不敖倪于万物，不谴是非，以与世俗处。其书虽瑰玮而连犿无伤也，其辞虽参差而諔诡可观。彼其充实，不可以已，上与造物者游，而下与外死生、无终始者为友。其于本也，弘大而辟，深闳而肆；其于宗也，可谓稠适而上遂矣。虽然，其应于化而解于物也，其理不竭，其来不蜕，芒乎昧乎，未之尽者。

译文：恍惚宁寂、空虚广漠而没有行迹，随物变化而无常规，生来啊，死归啊，都是与天地共存的，都是与神明一同往来的。茫茫然不知要往哪里去，飘飘然不知哪里是归程，万事万物都包含在内，仍不足以涵盖归真。古来的道术有属于这方面的，庄周接触到这种学术思想就很喜欢。以深远不可捉摸的虚谬话语，广大不可测度的虚幻言论，漫无边际的虚空说辞，进行思想的表达，时常恣意发挥而不偏执，也从不秉持偏倚的见解。在庄周看来，整个天下是污浊的，天下人都是昏沉糊涂玩世不恭的，不能用庄重而严谨的言辞来与他们谈论道。所以用称为无心之言的卮言依势循理铺陈推衍，借重大家信服的耆艾之言表述真理真情，用假托于物的寓意之言来广为阐发自然事理。独自和天地精神相往来，却又不自高自大傲视万物，不拘泥于此是彼非，以此为原则对待世间万物。他的著述虽然笔力宏大、奇伟不凡，但能与物宛转随和无伤事理；其言辞虽变化多端、或实或虚，却趣味卓异、引人入胜。其思想内容充实丰富，难以穷尽，他上与"造物者"自然大化同游，下与超越生死、把世界看作无始无终的人做朋友。对于道的根本，他的阐述宏大广阔而通达透辟，意义深远而博大；对于道的宗旨，他的讲述可以说是调适妥贴而上达于至理大道。虽然这样，他还是顺应事物变化而理解万物，他阐述的大道之理没有穷竭，往来不断，不离于道，没有痕迹。他的思想茫昧恍惚，深不可测，难以言表，没有尽头。

在《天下》篇里，庄子明明白白地对各家学说进行了一次严正的批评，甚至连他自己也批评了一番。不过他是主张道体一元论的，他所提出来的"道"字，只是代表真理的一种符号，真理是不可见、不可闻、不可把握的，而又是无所不在、无所不有的。所以要认识整个宇宙间的真理，只有排除私见，丧却自我，不要自私用智，完全因任自然，才可物我无间，而与大自然泯合为一，自然即我，我即自然，活泼泼地体验出一个道体来，才算深深地认识了宇宙间的真理。惟其如此，所以凡是在真理上只见其偏不见其全的，他都认为是"方术"，而不是"道术"；凡依靠自己的聪明才力，扭天别地去硬干的，他都认为是偏狭妄为的"与人为徒"而不是遵循大道的"与天为徒"。在《天下》篇中，开篇可认为是对儒家学派的描述（有人认为儒家是一综合派别），结尾是对惠施名家学派的记述和评判。他把墨翟、禽滑厘列为一派，认为他们是专靠人力、离道最远的人；他把宋钘、尹文列为一派，认为他们外荣辱、寡情欲，比前一派略有进步；他把彭蒙、田骈、慎到列为一派，认为他们无建己之患、无用智之累，比宋钘一派更接近于道；他把老聃、关尹列为一派，认为他们对于道之精粗体用均能洞澈，始许为博大真人；最后把自己独标一派，俨然描画出一个活泼泼的道体来，而他自己就是这个活泼泼的道体的代表，换句话说，庄周就是具体的道，道就是抽象的庄周。必至如此地步，始可说："语大，天下莫能载焉；语小，天下莫能破焉"（《中庸》）。

当然，我们也可以从另外的角度看待和分析《天下》篇，或许能够还原战国末期庄子学说的真实地位和境况。《天下》篇中对关尹、老子评价甚高，并无一句批评，誉之为"古之博大真人哉！"庄子评价自己，未尝认为自己能赶上或超越老子，对老子之学，觉得难以超越似乎也没有必要去照着做，因此还不如我行我素，乘物以游心，独与天地精神往来，而不敖倪于万物。《天下》篇评述自家一派的一段文字，开始是对庄学源流和基本思想的高度概括，基本抓住了庄学的特征（"芴漠无形，变化无常，死与生与，天地并与，神明往与！芒乎何之，忽乎何适，万物毕罗，莫足以归。"）。后面是对庄学的进一步描述，前部似自嘲（"以谬悠之说，荒唐之言，无端崖之辞，时恣纵而不傥，不以觭见之也，以天下为沈浊，不可与庄语"），或许也反映了时人对庄学的态度；中间是真情流露的自叙（"以卮言为曼衍，以重言为真，以寓言为广。独与天地精神往来而不敖倪于万物，不谴是非，以与世俗处。其书虽瑰玮而连犿无伤也，其辞虽参差而諔诡可观。彼其充实，不可以已，上与造物者游，而下与外死生、无终始者为友。"），比较客观；后部则是气壮山河的期许，也是庄子对自己定下的崇高追求（"其于本也，弘大而辟，深闳而肆；其于宗也，可谓稠适而上遂矣。虽然，其应于化而解于物也，其理不竭，其来不蜕，芒乎昧乎，未之尽者。"）。

按庄子的性格和言辞，想来庄子在当时并不受人欢迎。时人或称老子为智者，深沉玄奥；或称庄子为疯子，疯言疯语。或许在当时，《庄子》怪论为人不齿（或可印证孟子耻于谈庄子）[①]。

四、解读《庄子》的锁钥——"三言"——独特的言说方式

《庄子》文章，离奇怪诞，不可以常理理喻。清朝林云铭曾说："庄子行文，变幻无穷，难以解读。其因出于庄子思想核心——绝对自由精神，'汪洋恣肆以适己'，'忽而叙事，忽而议论，以为断而未断，以为续而非续，以为复而非复，只见云气空濛，往返纸上，顷刻之间，顿成奇观。'"

一般人认为，《庄子》的文章恍兮惚兮，来无影，去无踪，神妙无比，玄妙难测，神出鬼没，难以捉摸。历来注《庄子》的人，自郭象以下，数百余家，公说婆说，见仁见智，各有所长，各有所失。别的子书，大门是开着的，只要你肯花费工夫去游览，不难见到它的宗庙之美，百官之富；《庄子》则不然，它的大门是关着的，而且还上了锁，从远处望去，只能见到云烟树影和隐隐约约的几座楼台，至于真实的境地怎样难，就不是站在门外的人所能想望而知的了。

解读经典，一般先要明白哲人说了什么，然后要了解哲人为什么这样说。解读《庄子》，则要先明白庄子为什么这样说，然后才可明白庄子究竟说了什么。

读《庄子》，要把握住《庄子》的原文，尽量回到庄子生活的历史语境中，分析各家的意见，融会贯通，深入钻研。另外，研究《庄子》也有要诀，就是寻获《庄子》的钥匙。《庄子》的钥匙，就藏在杂篇的《寓言》篇和《天下》篇里。要准确解读《庄子》，首先要通过《寓言》篇掌握开启《庄子》殿堂的钥匙，然后通过《天下》篇探察《庄子》殿堂的真情实貌，有了这些基础，方能悠闲自在地欣赏《庄子》。《天下》篇是钥匙的准则，《寓言》篇是钥匙的构造和用法。钥匙的准则，明确说明了《庄子》殿堂中的总体境界，为解读《庄子》立下一个标杆；钥匙的构造和使用，主要是所谓的"三言"，即寓言、重言和卮言，集中论述了庄子著作中"三言"的内涵及运用，即详尽说明了开锁的方法。此部分乃《庄子》一书的凡例。

庄子本人将其论道说理的文字分为寓言、重言、卮言三类。"三言"的论述主

[①] 古代"子"是一种尊称。先秦只有荀子和庄周本人提到"庄子"，关锋说他是"老鼠上天平——自称"。庄周朋友不多，当时学术界的名人只有惠施与他交往、辩论，"庄子当时也无人宗之，他只在僻处自说。"（朱熹《朱子语类》卷一百二十五）

要集中在《寓言》篇里。"寓言"本是篇首二字，确也反映了通篇的主旨。该篇主要论述寓言、重言、卮言，这"三言"是《庄子》写作上的主要表现手法。全篇分七个部分，其中第一部分是全篇的主体和重点，其余六部分都是围绕第一部分进行进一步阐释，其中的寓言和道理是从不同角度来表现中心意旨的。下面主要详解该篇第一部分。

第一部分至"天均者天倪也"，准确论述了寓言、重言和卮言，同时指出宇宙万物从根本上说是齐一的、等同的，辨析事物的各种言论说到底是毫无意义的，是非彼此的争论也是不符合客观事理的，要么不如忘言不言，要么随顺而言不留成见，日日变化更新。第一部分又分为两层，第一层为第一段至"所以穷年"，是"三言"的原则论述，即为《庄子》的解读方法；第二层为第二段至"天均者天倪也"，论述符合自然大化之道的无言之言，是对"三言"内涵的引申。

第一层：

寓言十九，重言十七，卮言日出，和以天倪。寓言十九，藉外论之。亲父不为其子媒，亲父誉之，不若非其父者也。非吾罪也，人之罪也。与己同则应，不与己同则反；同于己为是之，异于己为非之。重言十七，所以已言也，是为耆艾。年先矣，而无经纬本末以期年耆者，是非先也。人而无以先人，无人道也。人而无人道，是之谓陈人。卮言日出，和以天倪，因以曼衍，所以穷年。

译文：书中寓言（借人借物寓意的话）占十分之九，重言（借重圣哲或长者的话）占十分之七，卮言（不执于定见的话）时常出现、天天变化、天天更新，与自然的分际（自然的本来面貌）相吻合。"寓言"在书中十居其九，乃假托别的事物（并借助于事物的实际）来论说，犹如父亲不能为自己的儿子说媒一样，父亲夸赞自己的儿子总不如别人称赞更可信。（无奈而采取这种间接方式，绕着弯子说话，）那不是我的过错，那是人们（易于猜疑自以为是）的过错。（人们的误区是，）和自己见解相同就应和，和自己的见解不同就反对；与自己的思想相符就肯定，与自己的思想不符就否定（这些都是不合自然之道的）。"重言"在书中十居其七，意在止息争论、遏制那些不合大道的话，引用的都是长老寿考者之言。（但并不是年龄大说的就对，）年岁虽长而没有和年寿相称的经理世事纵横终始的德才，就枉为年长，不能称为长者、不能居于先导地位。年长之人而无引导他人的才识，便是缺了为人之道。一个人缺乏为人之道，就叫做陈腐无用之人。"卮言"在书中随处可见，与自然的分际相吻合，依此遵循无尽的大道发展变化，所以能够依循自然不受打扰损伤，不致中道夭折而能尽其天年。

第二层：

不言则齐，齐与言不齐，言与齐不齐也，故曰无言。言无言，终身言，未尝言；终身不言，未尝

译文：如果不发言论，则事理本来就是齐同一致的，自然没有是非，一旦发生言论就会有分歧。均齐的自然之理和试图分辨事物是非的言论总是有所不同（"不齐"），有心为之的言论与客观均齐的自然之理总是不一致的，既然如此，便有"无言"

不言。有自也而可，有自也而不可；有自也而然，有自也而不然。恶乎可？可于可；恶乎不可？不可于不可。物固有所然，物固有所可。无物不然，无物不可。非卮言日出，和以天倪，孰得其久！万物皆种也，以不同形相禅，始卒若环，莫得其伦，是谓天均。天均者天倪也。

的主张，"无言"即不发表有心之言或不发表有悖于自然规律的言论，如要发表言论，只能发表无有成见、符合事理的言论或符合自然规律的言论，这就是"言无言"。人的言论并不能改变大自然的规律，所以即便一辈子在说，也等于什么都没有说，因为事实的真相并没有改变；反之，即便一辈子不说，事理客观存在，也不能说是未作言论，因为大自然本身就时刻对外昭示着一切。只要遵守无言的主张，说与不说都是一样的、齐一的。说"可以"的有其理由，说"不可以"的也有其理由；说"对"的有其道理，说"不对"的也有其道理；怎么是对？对有对的道理；怎么是不对？不对有不对的道理；什么是可以的？可以有可以的道理；什么是不可以的？不可以有不可以的道理。万物本来就有它的正确性，万物本来就有它的肯定性。没有任何事情不存在正确的方面，没有任何事情不存在应当肯定的方面。只有不执一见、随物推移、天天更新的言论，才能与自然的分际、万物的区分相吻合，才能与天地共存而持久啊！万物都可以看作是发端的种子和开始，彼此间以不同的形式相互替代，首尾衔接如环，不见端绪，这便是自然均平之理，自然的均平也就是自然对万物的区分、自然的本来面目、自然的适宜关系。

所谓"寓言"，庄子说："寓言十九，藉外论之。亲父不为其子媒，亲父誉之，不若非其父者也。非吾罪也，人之罪也。与己同则应，不与己同则反；同于己为是之，异于己为非之。"意思是说，"寓言"的表现形式在《庄子》一书中占了十分之九，其要旨在于借外部之事物来论述本质真理。藉外论之，以"寓言"说真理，其效果远好于直书己见。

"重言"又是什么呢？庄子说："重言十七，所以已言也，是为耆艾。年先矣。而无经纬本末以期年耆者，是非先也。人而无以先人，无人道也。人而无人道，是之谓陈人。"就是说，"重言"者，是借重于耆艾之言。古时"五十曰艾""六十曰耆"（《礼记·典礼上》）。《荀子》言："耆艾而信，可以为师。"所以，尊重耆艾之言是当时社会的普遍倾向。

"卮言"指的是什么呢？庄子说："卮言日出，和以天倪，因以曼衍，所以穷年。"卮，是一种古代盛酒的圆形器具。郭象注曰："夫卮，满则倾，空则仰，非持故也。况之于言，因物随变，唯彼之从，故曰'日出'。日出，谓日新也，日新则尽其自然之分，自然之分尽，则和也。"由此可见，卮言乃随物而变，非言者胸中所固有之物，即言出随物，故亦合于自然之分，也就是所谓"和以天倪"。

《寓言》开篇即指出"寓言十九，重言十七，卮言日出"。所谓寓言，即寄托寓意之言，或谓意在此而言于彼。《庄子》阐述道理和主张，常假托于故事人物（不仅仅是动物），寓言的方法正是《庄子》语言表达上的一大特色。所谓重言，即借助先哲时贤之言（或谓重复之言，重复耆艾之言，并且庄子往往就某一问题从各个角度反复论说）。所谓卮言，即无有成见之言，完全符合自然面貌的言论。"寓言十九"是说寓言在书中十居其九，"重言十七"是说重言在书中十居其七，"卮言日出"是说卮言在书中随处可见、通篇都是。寓言中有重言，重言中有寓言，寓言和重言又同时都是卮言，所以上述说法在计算上并无矛盾。寓言、重言、卮言虽是三种文体，然在书中却是浑然一体、不可分割。

庄子在《天下》篇中说："以天下为沈浊，不可与庄语。以卮言为曼衍，以重言为真，以寓言为广。""以天下为沈浊，不可与庄语"，可见他自己已承认，其卮言、重言、寓言不是庄重的话了，只因天下人都沉溺于污浊，不认识正面的真理，才不得已出此下策而采取间接方式论说，其实他又何尝愿意绕着弯子说话呢？然而，唯其发明了此"下策"，才成就了"三言"，也成就了庄子。细考"三言"产生的社会背景，主要是天下沉迷浑浊，在此环境中既然不能用庄重、实在的言辞来谈论，就只能自然而然地稍加推衍、点拨、引导、阐发。由于"天下沉浊"，真切的见解不能直说，只能借助于"三言"发声，在庄子看来，是真理受到了委屈，但现实如此，他也无可奈何。"以卮言为曼衍，以重言为真，以寓言为广。"以"卮言"自然流遍天地，作无心之言；以"重言"重复或借重古人或先哲、耆艾之言而阐述真理、求实寻真；以"寓言"广泛地象征事物，说明道理。

言在彼而意在此，就叫做寓言。因人与人常常有争胜的心理，假如你有一种真理，无论怎样真切，同辈的人总是不肯接受。大凡人的好胜都是人与人比较而产生的，人与下等动物就不争胜，"复仇者不折镆干，虽有忮（zhì）心者，不怨飘瓦，是以天下平均"（《达生》），人与下等动物既无所好恶，则下等动物的是是非非就可得到客观评价了，既然得到客观评价，真理就不会被淹没。动物或其他事物就是寄寓的对象，借助寄寓之言以说法，这正是寓言的功用。庄子的寓言，正是在这样的处境下说的。他有时借河伯（河神）和海若（海神）谈道，有时借云将（云神）和鸿蒙（太初元气）说法，甚至鸥鸦狸狌、山灵水怪，无一不可演为故事，来表达自己的哲学观念。但要知道，无论哪则寓言，必然有个庄子藏在里面，只要明了寓言中的庄子，也就懂得庄子的哲学了。

《庄子》一书，"寓言十九，藉外论之"，自己所说往往很难说服别人，借助于寓言的形式，以增强说服力。全书有近二百则大大小小的寓言，而且都是以"谬悠之说，荒唐之言，无端崖之辞"写成的。"庄子往往不是用一种正面阐述或写实的方法来表述他的思想,而是以超现实的虚构、神奇怪异的想象、荒诞不稽的言辞编造出荒诞的寓言故事,将他的真实思想,寄寓在这些虚妄的寓言故事之中"(褚斌杰《先秦文学史》)。这是"诗意的语言",只有用这种诗意的语言,才能解决"道"之"不可说('道不可言')"而又"不得不说"的语言困境,以达到"即言即道"的语言自由境界,从而最终完成"说'不可说'"的哲学使命。另外,"寓言"的原始意义为"寓诸言",其内涵是"寓之于言",是一种寄托之言、寄寓之言,利用这种寓言阐述自己的观点,便于别人接受,或者用于规避、止息别人的争辩和议论。庄子的"寓言"与当今所说的"寓言"本不是一回事。

重言是借助古先圣哲或当时名人的话来压抑时论的。世人皆"与己同则应,不与己同则反",所以不能用自己的口讲自己的话,他常借助一些虚构的小故事,请古代或者当代的一些名人来讲话。庄子固然不崇拜先贤名人而是借着偶像说话。他有时借重黄帝,有时借重老聃,有时借重孔子,历史上的人物不够用,他便另造出许多古代的"乌有先生"(我们现在认为的某些"乌有先生"或许实有其人,只不过是早已失传),让他们谈道说法、互相辩论,或褒或贬,没有一定,但是每一个场合中都必然隐藏着一个庄子。你明白了某一古人的见解错误,你自己就当反省,看看有无同样的错误;你服膺了某一古人的理论正确,哪知道这正确的理论,正同于庄子的所见?

自黄帝、老聃至牛溲马勃,无一不是庄子行文的材料,他要用你为他充任什么,你就不得不随着他的意思变作什么。就拿孔子来说,在《庄子》中可说有数种人格:有时他把孔子抬得高高在上,作了庄子自身的代表;有时把孔子放到和老聃、关尹差不多的地位;有时把孔子还原到本来面目,时常受老聃和其他先贤教导;有时贬低孔子,说他愚昧无知、不通大道;甚至有时他大骂孔子,说他假借《诗》《礼》的文句去盗发坟墓。庄子对孔子如此,对其他的大部分古圣贤哲亦莫不如此。《庄子》中的许多"寓言""重言",只可当做庄子这一派的哲学思想看,而不能当作信史史料。

卮是漏斗,卮言就是漏斗式的话。漏斗之为物,空而无底,注水即漏,滴水不存。卮言的取义,就是无成见之言,正有似于漏斗。另外,卮为酒器,是自然中正、蔓衍流遍之言,就像倒酒随便倒,倒出随便流,自然流畅。再者,酒后之言往往不加修饰、缺乏逻辑、缺乏有心的思考,是直白简单的言语。因此后人往往以"卮言"作为自己说话或行文的谦辞。"卮言"是替大自然宣泄声音的,也可以说是一部大自然的传声机,大自然让他说他就说,不让他说他就不说,他自己说道:"言无言,终身言,未尝言;终身不言,未尝不言。"意即,他所说的,并不是出自个人成见，是大自然叫他说，他不能不说，其实说也等于不说，因为对大自然没有什么增益；反过来，就是他终身不说，而大自然的四时行焉，百物生焉，还不是同样地昭示大众吗？这种意思，在《寓言》篇中解释得很详细，在《齐物论》中说得更明白，他看到当时的百家争鸣，儒墨各有自己的是非标准，以是其所是，而非其所非，实在无聊至极。以真理言之，本无所谓是非，无所谓善恶，无所谓贵贱高下等区别。他们妄分是非善恶贵贱高下，完全是由于自私用智，为成见所固蔽。所以庄子要齐一物论，首先主张"丧我"，只要把我见破除，一以自然之是非为是非，则物固有所然，物固有所可，无物不然，无物不可了。庄子的卮言正是期合于这种天然的端倪，顺着大化的流行而代为立论，所以很像漏斗的注水而毫无成见。要知道《庄子》全书，无一不是卮言，寓言和重言全包含在卮言之中，所以说是"三位一体"。明白于此，则庄子的荒唐之言、无端崖之辞，才不是瞎说乱道、野马无归，他是诙谐中寓有十分的严肃、恣意处却有极端的谨慎，这其中用心良苦，体现出庄子文章的精妙，需要很高的技巧。

关于"天倪""曼衍""穷年"，《庄子》中出现过两次。一是在《齐物论》中，"化声之相待，若其不相待，和之以天倪，因之以曼衍，所以穷年也。""待"字在此处是等待、依凭、依赖、相对待的意思。任何事物都是相对待而存在的，"其分也，成也；其成也，毁也。凡物无成与毁，复通为一"（《齐物论》）。事物没有质的规定性，此一事物与彼一事物之间没有本质的差别，事物本来就不分彼此，或者说，不同的事物可以通过道而混同为一，因此任何事物又是没有任何相对待的。"化声之相待，若其不相待"说的是，自然的本性是齐一的，"未始有物""未始有封""未始有是非"，"化声"（人籁，有物、有封、有是非的东西）的万事万物，是有联系相互依存相对存在的，又是毫无关联的，因此要齐同万物。具体怎么办呢？应该"和之以天倪，因之以曼衍，所以穷年也。"二是在《寓言》中，"卮言日出，和以天倪，因以曼衍，所以穷年"。此处"卮"（通"巵"），《子略》云："圆酒器也"。王穆夜云："夫卮器满则倾，空则仰，随物而变，非执一守古者也"。"卮言"意指随物而变，没有成心成见，符合事物本性，按实际情况发表的言论。"日出"即日新之意，或曰通篇皆是"卮言"。这样的卮言的特性和作用就是"和以天倪，因以曼衍，所以穷年"。"天"即自然，"倪"即端倪；"天倪"即天然之端倪（自然的分际、自然对万物的区分）或曰自然的本来面貌、本性原貌，自然的分际是无物无封无是非混同齐一的；《寓言》中说，"万物皆种也，以不同形相禅，始卒若环，莫得其伦，是谓天均。天均者天倪也。"天均（或称天钧），即天倪，是指自然均平之理，这里还是万物齐一的意思。"因"，任也，"曼衍"，无极之变化也,"穷"尽也,言以此尽其天年也。"和以天倪,因以曼衍,所以穷年",与自然的分际相协调(合于自然的本性原貌),与无极的变化相因应(借此顺应着自然原貌而无成心成见地无意地随意地去发挥和发展),这样便能与大化相始终了(尽其本性符合大自然的规律而生灭)。

一个很难用言语讲清楚的道理,或很难用言语传达的意境,借用一则精妙的寓言就可以让人领悟,而领悟的程度全在于人的智慧。这就是《庄子》,先秦第一境界高妙、叙事说理皆有所长的人生智慧。《庄子》这本书,被李白称誉为"开浩荡之奇言",被黄震推崇为"千万世诙谐小说之祖",金圣叹的《十才子书》在选出中国的十大杰出文学名著时,就首列《庄子》。

道不可言,言则必失,说出来就不是自然之道的本来面貌了,因此谓之"无言";而又不得不言,谓之"言无言"。不可言说而又不得不说,这就是大化之道所面临的语言困境。从道的层面讲,说了不符合自然大道的话就是"言",不说违背自然大道的话就是"无言",只说符合自然大道的话就是"言无言"。庄子借助"寓言""重言""卮言"等"道言"的言说方式克服了语言困境,获得了语言自由,形成了"寓真于诞,寓实于玄"(清刘熙载《艺概·文概》)、"犹河汉而无极也"(《逍遥游》)之汪洋恣肆、宏辟深邃的语言浪漫风格,达到了"芴漠无形,变化无常……以谬悠之说,荒唐之言,无端崖之辞,时恣纵而不傥,不以觭见之也。……其书虽瑰玮而连犿无伤也,其辞虽参差而諔诡可观。……其于本也,弘大而辟,深闳而肆;其于宗也,可谓稠适而上遂矣。"(《天下》)的语言自由境界(参见刁生虎《庄子的生存哲学》)。

"三言"在庄子的哲学体系中,第一是作为突破语言困境的载体,"道不可言,言而非也","故曰无言"。"无言"即不发表有成见之言,但庄子又要论道说理,因此必须"言无言",即只说无有成见之言,要解决"言无言"的语言困境,只能借助"三言";第二是作为释道的载体,"三言"既是作为突破言与道之困境的手段,那么"三言"自然而然也就成为了庄子释道的载体。"三言"在先秦古籍中不多见,《庄子》首用,可以认为"三言"是庄子的发明,对后世的文学创作具有深远影响。"三言"为庄子独创,成为一种特殊的文体,人们也唯有借助"三言",才能理解庄子,正确解读"三言",是走进庄子世界的关键。

综上所述,"寓言""重言""卮言"正概括了《庄子》全书的表现形式。而在其材料运用方面,《庄子》之内篇是整部《庄子》的核心,内篇组织严密,自成体系。所谓"内篇虽参差旁引,而意皆连属",各个部分都有内在联系;"内篇虽洋溢无方,而指归则约",说明其全部内容都关联于一个核心。《庄子》之外篇、杂篇，均以一定的模式或倾向来表现出与内篇的内在联系。

五、直言不讳——以庄子名义直接论道及锋芒毕露的与惠施之辩

前已述及，庄子其人和《庄子》其书都很难捉摸、扑朔迷离，除了荀子"庄子蔽于天而不知人"的一句评论和司马迁在《史记》中的282字简要叙述为人们奉为圭臬外，庄子《寓言》篇中的"三言"、《天下篇》中对庄学的有关论述、《庄子》中记述庄子行迹的十六则故事也可以作为研究庄子生平和思想的重要参考。除上述之外，《庄子》中还有一些文字直接反映了庄子思想的信息（被认为未采用"三言"的扑朔迷离的言说方式），这就是与惠施之辩七则——大瓠之用与不龟手之药、樗树之用（《逍遥游》）、有情无情（《德充符》）、"儒墨杨秉四，与夫子为五"（《徐无鬼》）、无用之用与侧足而垫之（《外物》）、"始时所是，卒而非之"（《寓言》）、濠梁之辩（此篇涉及庄子行迹）（《秋水》），以及直接以庄子名义谈论大道的七段篇目——庄周梦蝶（《齐物论》）、庄子论"吾师乎"（《天道》）、庄子论仁（《天运》）、庄子论道在屎尿（《知北游》）、庄子论为政治民（《则阳》）、庄子论"至人不留行""得意而忘言"（《外物》）、庄子论知与言（《列御寇》）等。

（一）不留情面巧施辩

在春秋战国诸子百家中，名家以善于辩论著称（与能言善辩的纵横家有交集），名家的著名代表，除了公孙龙之外，可能就是惠施了，而从资料上看，惠施的成就和声望都应该在公孙龙之上。在此盛名之下，惠施遇到了庄子，真是棋逢对手、将遇良材，因此两人惺惺相惜、莫逆于心，经常在一起探讨问题、交流思想，虽然两人观点不同，却实实在在是知己好友，与伯牙钟子期、管仲鲍叔牙之交相比毫不逊色，这在《庄子》一书中有明确的记述（参见本书"庄子的'自传'"有关内容）。可见只有惠施和庄子的心是相通的。但在《庄子》中描述的与惠施七则辩论里，庄子和惠施总是针锋相对、寸步不让，而且总是庄子大获全胜，而惠子每每理屈词穷。

1. 大瓠之用与不龟手之药（《逍遥游》）

惠子谓庄子曰："魏王贻我大瓠之种，我树之成而实五石，以盛水浆，其坚不能自举也；剖之

译文：惠子对庄子说："魏王送给我大葫芦的种子，我种下后结出的葫芦大得可以容纳五石。用它来盛水，它却因质地太脆无法提举。切开它当瓢，又大而平浅无

以为瓢，则瓠落无所容。非不呺然大也，吾为其无用而掊之。"庄子曰："夫子固拙于用大矣。宋人有善为不龟手之药者，世世以洴澼絖为事。客闻之，请买其方百金。聚族而谋曰：我世世为洴澼絖，不过数金；今一朝而鬻技百金，请与之。客得之，以说吴王。越有难，吴王使之将；冬与越人水战，大败越人，裂地而封之。能不龟手一也，或以封，或不免于洴澼絖，则所用之异也。今子有五石之瓠，何不虑以为大樽而浮于江湖，而忧其瓠落无所容？则夫子犹有蓬之心也夫！"

译文：法容纳东西。这不可谓不大，因为它无用，我把它砸了。"庄子说："你真不善于使用大的物件。宋国有个人善于制造防止手冻裂的药，他家世世代代都以漂洗丝絮为职业。有个客人听说了，请求用百金来买他的药方。这个宋国人召集全族人商量说：'我家世世代代靠这种药从事漂洗丝絮，一年所得不过数金；现在一旦卖掉这个药方马上可得百金，请大家答应我卖掉它。'（族人同意就把药方卖了）。这个客人买到药方，就去游说吴王。那时正逢与越国打仗，吴王就命他为将，在冬天跟越国人展开水战，（吴人用了不龟手之药战斗力大增），大败越人，吴王就割地封侯来奖赏他。同样是一剂防止手冻裂的药方，有人靠它得到封疆列侯，有人却只会用于漂洗丝絮，这是因为使用方法不同啊。现在你有可容五石的大葫芦，为什么不把它系在身上作为腰舟而浮游于江湖呢？却担忧它大而无物可容纳，可见你的心地过于浅陋狭隘了！"

简评：惠子批评庄子的道论大而无用；庄子反驳惠子不懂大道、不懂得用大道来指导去达到精神自由的彼岸。此则故事告诫人们，任何事物都有它的用处，关键是你从哪个角度去观察，如何发挥其应有的作用。

2．樗树之用（《逍遥游》）

惠子谓庄子曰："吾有大树，人谓之樗。其大本拥肿而不中绳墨，其小枝卷曲而不中规矩，立之途，匠者不顾。今子之言，大而无用，众所同去也。"庄子曰："子独不见狸狌乎？卑身而伏，以候敖者；东西跳梁，不辟高下；中于机辟，死于罔罟。今夫斄牛，其大若垂天之云。此能为大矣，而不能执鼠。今子有大树，患其无用，何不树之于无何有之乡，广莫之野，彷徨乎无为其侧，逍遥乎寝卧其下。不夭斤斧，物无害者，无所可用，安所困苦哉！"

译文：惠子又对庄子说："我有棵大树，人们都叫它'樗（chū）'。它的树干疙瘩盘结，不符合绳墨取直的要求，它的树枝弯弯扭扭，也不适应圆规和角尺取材的需要，虽然生长在道路旁，就在人们眼前，木匠连看也不看。现今你的言谈，大而无用，大家都会鄙弃它的。"庄子说："先生你没看见过野猫和黄鼠狼吗？低着身子匍伏于地，等待那些出洞觅食或游乐的小动物。一会儿东，一会儿西，跳来跳去；一会儿高，一会儿低，上下窜越，（非常灵活且有雕虫小技。）不曾想到落入猎人设下的机关，死于猎网之中。再看那牦牛，庞大的身体就像天边的云，比之野猫和黄鼠狼它的本事可大了，不过不能捕捉老鼠，但能免于被猎人扑捉，你能说它无用吗？。如今你有这么大一棵树，却担忧它没有用处，怎么不把它栽种在什么也没有生长的地方，栽种在无边无际的旷野里，悠然自得地徘徊于树旁，优游自在地躺卧于树下。大树不会遭到刀斧砍伐，也没有什么东西会去伤害它。没有派上什么用场，哪里又会有什么困苦呢？"

简评：惠子又批评庄子的思想不符合人们的要求、不符合现实的要求，因而会被人们所摒弃。庄子说了一个寓言，意思是迎合世俗的需求、投机取巧，最终会落得很惨的下场，死无葬身之地；懂得大道的人，虽然不会用雕虫小技获取小利，但他们却可以得到一生的平安，永远的安宁。

3. 有情无情（《德充符》）

惠子谓庄子曰："人故无情乎？"庄子曰："然。"惠子曰："人而无情，何以谓之人？"庄子曰："道与之貌，天与之形，恶得不谓之人？"惠子曰："既谓之人，恶得无情？"庄子曰："是非吾所谓情也。吾所谓无情者，言人之不以好恶内伤其身，常因自然而不益生也。"惠子曰："不益生，何以有其身？"庄子曰："道与之貌，天与之形，无以好恶内伤其身。今子外乎子之神，劳乎子之精，倚树而吟，据槁梧而瞑。天选子之形，子以坚白鸣。"

译文：惠子对庄子说："人原本就是没有情的吗？"庄子说："是的"。惠子说："一个人假若没有情，为什么还能称作人呢？"庄子说："道赋予人容貌，天赋予人形体，怎么能不称作人呢？"惠子说："既然已经称作了人，又怎么能够没有情？"庄子回答说："这并不是我所说的情呀。我所说的无情，是说人不因好恶而致伤害自身的本性，常常顺任自然而不刻意追求'延年益寿'。"惠子说："不追求延年益寿，靠什么来保有自己的身体呢？"庄子回答说："道赋予人容貌，天赋予人形体，（这是很自然的事情，顺从自然就行了，反过来不服从大自然的安排而汲汲以求会适得其反），可不要因外在的好恶而致伤害了自己的本性。如今你外露你的心神，耗费你的精力，靠着树干勉力吟咏，忙得只能凭依几案闭目假寐（如此辛苦更不要谈养生了）。自然授予了你形体，你（不去爱惜）却以'坚''白'的诡辩伤害身体，反而自鸣得意！"

简评：这是庄子与惠子就是否应淡然处世而进行的讨论。惠子批评庄子对世事太冷漠，近乎无情。庄子认为，也可以说人应该"无情"，但这里的"情"指的是对身外之物过多关注，若对身外之物过多用"情"，则非但无益反而有害，庄子批评惠子不去关注内在的大道而只热心于诡辩术，搞得自己身心俱疲损害了健康，不去反思却自鸣得意。

4. "儒墨杨秉四，与夫子为五"（《徐无鬼》）

庄子曰："射者非前期而中，谓之善射，天下皆羿也，可乎？"惠子曰："可。"庄子曰："天下非有公是也，而各是其所是，天下皆尧也，可乎？"惠子曰："可。"

庄子曰："然则儒墨杨秉四，与夫子为五，果孰是邪？或者若鲁遽者邪？其弟子曰：'我得夫子

译文：庄子说："射箭的人不预先设定目标而射中某物，就称他是善于射箭，那么普天下就都是羿那样善射的人，可以这样说吗？"惠子说："可以。"庄子说："天下没有共同认可的正确标准，却各以自己认可的标准为正确，那么普天下就都是尧那样圣明的人，可以这样说吗？"惠子说："可以。"

庄子说："那么儒家郑缓、墨翟、杨朱、公孙龙四家，跟先生你一道便是五家，到底谁是正确的呢？或者都像

之道矣，吾能冬爨鼎而夏造冰矣。'鲁遽曰：'是直以阳召阳，以阴召阴，非吾所谓道也。吾示子乎吾道。'于是为之调瑟，废一于堂，废一于室，鼓宫宫动，鼓角角动，音律同矣！夫或改调一弦，于五音无当也，鼓之，二十五弦皆动，未始异于声而音之君已。且若是者邪？"

惠子曰："今夫儒墨杨秉，且方与我以辩，相拂以辞，相镇以声，而未始吾非也，则奚若矣？"

庄子曰："齐人蹢子于宋者，其命阍也不以完，其求鈃钟也以束缚，其求唐子也而未始出域，有遗类矣！夫楚人寄而谪阍者；夜半于无人之时而与舟人斗，未始离于岑而足以造于怨也。"

是周初的鲁遽那样吗？鲁遽的弟子说：'我学得了先生的学问，我能够在冬天用千年燥灰生火烧鼎做饭在夏天制出冰块。'鲁遽说：'这只不过是用具有阳气的东西来招引出具有阳气的东西，用具有阴气的东西来招引出具有阴气的东西罢了，不是我所倡导的学问。我告诉给你我所主张的道。'于是当着大家调整好瑟弦，放一张瑟在堂上，放一张瑟在内室，弹奏起这张瑟的宫音而那张瑟的宫音也随之应合，弹奏那张瑟的角音而这张瑟的角音也随之应合；两张瑟所发出的音调完全相同。（鲁遽以此表明他的道术比弟子的道术高明，实际上也是以阳招阳以阴招阴、调类相同的缘故啊。）如果将其中任何一根弦改了调，就使两张瑟的五音不和谐，弹奏起来，二十五根弦都发出震颤、发出和声。尽管有了共鸣（并未产生杂音），但主音已经没有了，如此就不会鼓宫宫动，鼓角角动了。（鲁遽也是自欺欺人并没有异于常人的真道）。而你恐怕就是像鲁遽那样自以为是的人吧？"

惠子说："如今儒家郑缓、墨翟、杨朱、公孙龙，他们正跟我辩论，以言辞相互指责，用声望相互压制，却从不曾认为自己是不正确的，那么将会怎么样呢？"庄子说："齐国有个人使自己的儿子滞留于宋国避难，为了不让其擅自回来就把儿子砍了脚成为残废做守门人；他获得一只青铜钟觉得很有用，唯恐破损而包了又包、捆了又捆，反而一无所用；他寻找远离家门的儿子，却未尝走出村子的范围，（这些都是只重形式不重实质、只讲手段不论结果，最后与初心背道而驰，）就像辩论的各家忘掉了自己的本真一样！楚国有个人需要寄居别人家而又怒责守门人；半夜要坐船但船家不在，走出门来迁怒于船家又跟船家打了起来，还不曾离开岸边就又结下了怨恨。（这都是在做一些阻碍实现自己目的的事情，自以为是，其实都错了啊！）"

简评：庄子在这里，通过几个稀奇古怪的故事，来批判先秦诸子道家以外的各派"各是其所是"，攻击别人，自以为是，坐井观天，其实都是非常可笑的。自己正在做的事情和自己想做的事情矛盾，自己以为所拥有的真理与自己说出的话矛盾，声言自己掌握大道而行动却与大道背道而驰，实际上是自己和自己过不去。另外，我们也要好好审视自己，看看自己有没有这样的毛病。有没有寄居在别人屋子里有求于人，却和那个与己没有利害关系但自己现在需要依赖的人大吵大闹？有没有因爱孩子，为让其避祸而把自己孩子的脚剁了去守门？有没有把自己最宝贵的东西束之高阁，使之一无所用？

5. 无用之用与侧足而垫之（《外物》）

惠子谓庄子曰："子言无用。"庄子曰："知无用而始可与言用矣。天地非不广且大也，人之所用容足耳，然则厕足而垫之，致黄泉，人尚有用乎？"惠子曰："无用。"庄子曰："然则无用之为用也亦明矣。"

译文：惠子对庄子说："你的言论没有用处。"庄子说："懂得没有用处才能够跟他谈论有用。大地不能不说是既广且大了，人所用的只是脚能踩踏的一小块罢了。然而，只留下脚踩踏的一小块其余无用的全都挖掉，一直挖到黄泉，那一小块土地对人来说还有用吗？"惠子说："当然没有用了。"庄子说："如此说来，（有用的一小块要靠其余无用的土地来支撑，）无用之为大用的道理也就很明白了。"

简评：任何事情都不是孤立的，庄子要向惠子说明的是，很多有用的东西，实际上是靠貌似"无用"的东西的支撑才发生作用的，没有这些貌似"无用"的东西，所谓有用的东西根本不能发挥作用，从这个层面上讲，这些作为支撑的"无用"的东西，其实起着至关重要的作用。自然之道、无为之道，正是宇宙的真理，看似空洞无用，实则是一切客观事物的基础和准则。

6. "始时所是，卒而非之"（《寓言》）

庄子谓惠子曰："孔子行年六十而六十化，始时所是，卒而非之，未知今之所谓是之非五十九非也。"

惠子曰："孔子勤志服知也？"庄子曰："孔子谢之矣，而其未之尝言。孔子云夫？受才乎大本，复灵以生。鸣而当律，言而当法。利义陈乎前，而好恶是非直服人之口而已矣。使人乃以心服而不敢蘁立，定天下之定。已乎已乎！吾且不得及彼乎！"

译文：庄子对惠子说："孔子活了六十岁而六十年来每年都会寻求进步改变自己，当初肯定的，后来可能又会否定，不知道现今所认为是对的，是否是五十九岁时所认为不对的？"

惠子说："孔子勤于励志而善用心智。"庄子说："孔子是拒绝励志用智的，他只是不曾这样说过罢了。孔子说过吗？（孔子认为）人从自然天道禀受才智，恢复灵性而有生机。发出的声音合于乐律，说出的话语合于法度。如果将利与义同时陈列于人们的面前，进而分辨好恶与是非，这仅仅只能使人口服罢了。要做的是使人们能够内心诚服，而且不敢有丝毫违逆，从而确立天下的定规。罢了罢了，我还真是比不上他呢！"

简评：庄子往往随意安排古人的角色，在其他寓言中，孔子大多作为虚伪无知的人被加以讽刺。此则寓言中，庄子将孔子摆在一个至人圣人的位置，表示十分佩服孔子，这是庄子的"重言"。庄子赞赏孔子能够与时俱化，惠子认为这是由于孔子勤奋努力对智慧孜孜以求的结果，庄子则认为惠子对孔子的认识太片面、太表面。孔子的与时俱化是他得道的表现，孔子早就摈弃处心积虑地寻求智慧了，孔子禀受了自然大道的灵机，言谈举止无不恰到好处。庄子或许在批评惠子老是用智谋夸夸其谈、表现自己的是非好恶，那样只能使人口服。我们需要的则是使人们内心诚服。

7. 濠梁之辩（《秋水》）

此篇涉及庄子行迹，前文已述，参见本书"庄子的'自传'"有关内容。

（二）慷慨激昂赞吾"师"——直言大道

《庄子》一书，由于"天下沈浊，不可与庄语"，故而多用"谬悠之说，荒唐之言，无端崖之辞"，因此在绝大多数情况下不得不采取"以卮言为曼衍，以重言为真，以寓言为广"的"三言"方式，完成庄周代大自然宣道的使命。但是，在一些需要庄子亲自出现的场合，庄子却是直言不讳、旗帜鲜明的。

固然整部《庄子》都是阐述"道"的，除了大部分以"寓言""重言"的形式谈"道"以外，还有一部分是直接谈"道"的，这一部分还可分为无人称的论说和庄子直接出现的论说。无人称的论说重在从理论上、逻辑上进行阐述，偏重于形而上的思辨（如"方生方死，方死方生""天地一指也，万物一马也""有未始夫未始有始也者……有未始夫未始有无也者"）；庄子直接出现的论说重在阐明道理让人明白，偏重于形而下的抒发和例举（如"庄周梦蝶""道在屎尿"）。

1. 庄周梦蝶（《齐物论》）

昔者庄周梦为蝴蝶，栩栩然蝴蝶也，自喻适志与，不知周也。俄然觉，则蘧蘧然周也。不知周之梦为蝴蝶与，蝴蝶之梦为周与？周与蝴蝶，则必有分矣。此之谓物化。

译文：过去庄周梦见自己变成蝴蝶，飞得轻快自如的一只蝴蝶，感到多么愉快和惬意啊！忘记了自己原本是庄周。突然间醒过来，惊惶不定之间方知原来自己是庄周。不知是庄周梦中变成蝴蝶呢，还是蝴蝶梦中变成庄周呢？庄周与蝴蝶那必定是有区别的（但仍可以通过梦境相互变化）。这可叫做物、我的交合与变化。

简评：这是一则非常著名的寓言，短小精悍。庄子梦中幻化为栩栩如生的蝴蝶，忘记了自己原来是人，醒来后才发觉自己仍然是庄子。究竟是庄子梦中变为蝴蝶，还是蝴蝶梦中变为庄子，实在难以分辨。后遂以"庄周梦蝶、庄周化蝶、蝶化庄生、蝴（胡）蝶梦、蝶梦、梦蝴（胡）蝶、梦蛱蝶、梦蝶、化蝶、蝶化、化蝴蝶、蝴蝶庄周、庄周蝴（胡）蝶、蝶为周、周为蝶、漆园蝶、南华蝶、庄蝶、庄生蝶、庄叟蝶、枕蝶、蝶入枕、庄周梦、庄叟梦、庄梦、蘧蘧梦、梦蘧蘧、梦蘧、梦栩栩、栩栩蘧蘧、蘧蘧栩栩、蝶蘧蘧"等写虚幻、睡梦之态；亦用以写蝶。抛开虚幻与否，庄子借此说明万物之间是可以相互转化的（"物化"），这就是庄子所说的"道"。

"庄周梦为蝴蝶，庄周之幸也；蝴蝶梦为庄周，蝴蝶之不幸也"（清张潮《幽梦影》）。不是吗？庄周化为蝴蝶，从喧嚣的人生走向逍遥之境，是庄周的大幸；而蝴蝶梦为庄周，从逍遥之境步入喧嚣的人生，恐怕就是蝴蝶的悲哀了。（或者，蝴蝶梦庄周也是蝴蝶的选择和向往呢，不能一概而论。）

"庄周梦蝶"是庄子借由其故事所提出的一个哲学论点，其探讨的哲学课题是"作为认识主体的人究竟能不能确切地区分真实和虚幻？"在这里，庄子提出一个哲学问题——人如何认识真实。如果梦足够真实，人没有任何能力知道自己是在做梦。在一般人看来，一个人在醒时的所见所感是真实的，梦境是幻觉，不真实的。庄子却以为不然。虽然，醒是一种境界，梦是另一种境界，二者是不相同的；庄周是庄周，蝴蝶是蝴蝶，二者也是不相同的。在庄周看来，他们都只是一种现象，是道运动中的一种形态，一个阶段而已。

2. 庄子论"吾师乎"（《天道》）

庄子曰："吾师乎，吾师乎！齑万物而不为戾，泽及万世而不为仁，长于上古而不为寿，覆载天地、刻雕众形而不为巧。此之谓天乐。故曰：'知天乐者，其生也天行，其死也物化。静而与阴同德，动而与阳同波。'故知天乐者，无天怨，无人非，无物累，无鬼责。故曰：'其动也天，其静也地，一心定而王天下；其鬼不祟，其魂不疲，一心定而万物服。'言以虚静推于天地，通于万物，此之谓天乐。天乐者，圣人之心以畜天下也。"

译文：庄子说："我的宗师啊！我的宗师啊！它碎毁万物不算是暴戾，恩泽施及万世不算是仁爱，生长于远古不算是寿延，覆天载地、雕刻众物之形不算是智巧"，这就是（与自然和谐的）天乐。所以说：通晓天乐之道的人，活在世上顺应自然的运行，离开人世追随万物的变化。平静时跟阴气一样宁寂，运动时跟阳气一样活泼。因此，认识到天乐之道的人，不会引起天的怒怨，不会受到人的非难，不会遇到外物的牵累，不会遭到鬼神的责备。所以说：'这样的人，行动时像上天自然运行般苍劲雄健，静止时犹如大地一样安稳和顺，内心安定专一就能德和天下统御万方；这样的人，鬼魔不会来作祟，神魂不会出现疲惫，内心专一安定就使万物无不折服归附。这些话就是说把虚空宁静之道推及于天地，通达于万物，这就叫天乐。所谓天乐，就是以圣人的道心对待天下。

简评：这是庄子对"大道"的赞美。庄子称大道为自己的宗师，是唯一值得他效法遵循的真理。这种大道，无所不能，但都是无心为之，既不能因成就万物被赞美也不能因毁灭万物受谴责，与自然和谐就是它的宗旨，或者叫"天乐"。人们了解和遵循与自然和谐的天乐原理，就不会受到天地、人鬼、神魔、外物等的滋扰，就能够内心安宁，就能够德和天下、万物归附、无所不能、无为而无不为。（参见本书后文"理想人格"及"生死观念"之"气聚则生""纯任自然"）。

3. 庄子论仁（《天运》）

商大宰荡问仁于庄子。庄子曰："虎狼，仁也。"曰："何谓也？"庄子曰："父子相亲，何为不仁！"曰："请问至仁。"庄子曰："至仁无亲。"大宰曰："荡闻之，无亲则不爱，不爱则不孝。谓至仁不孝，可乎？"庄子曰："不然。夫至仁尚矣，孝固不足以言之。此非过孝之言也，不及孝之言也。夫南行者至于郢，北面而不见冥山，是何也？则去之远也。故曰：以敬孝易，以爱孝难；以爱孝易，以忘亲难；忘亲易，使亲忘我难；使亲忘我易，兼忘天下难；兼忘天下易，使天下兼忘我难。夫德遗尧、舜而不为也，利泽施于万世，天下莫知也，岂直大息而言仁孝乎哉！夫孝悌仁义，忠信贞廉，此皆自勉以役其德者也，不足多也。故曰：至贵，国爵并焉；至富，国财并焉；至愿，名誉并焉。是以道不渝。"

译文：宋国的太宰荡向庄子请教仁的问题。庄子说："虎和狼也具有仁爱。"太宰荡说："这怎么讲呢？"庄子说："虎狼也会父子相亲，为什么不能叫做仁呢？"太宰荡又问："请问什么是最高境界的仁？"庄子说："最高境界的仁就是没有亲。"太宰荡说："我听说，没有亲就不会有爱，没有爱就不会有孝，说最高境界的仁就是不孝，可以吗？"庄子说："不是这样。最高境界的仁太崇高了，根本不能用孝的观念来解释它。这不是说至仁超过了行孝的概念（"过孝"），而是说至仁和行孝毫无关涉（"不及"）。向南方走的人到了楚国都城郢地，面朝北方也看不见冥山，这是为什么呢？是因为距离冥山太远了。所以说，用恭敬的态度来行孝容易，以爱的本心来行孝困难；用爱的本心来行孝容易，用虚静淡泊的态度对待双亲困难；虚静淡泊地对待双亲容易，使双亲也能虚静淡泊地对待儿女困难；使双亲虚静淡泊地对待儿女容易，能一并虚静淡泊地对待天下人困难；一并虚静淡泊地对待天下人容易，使天下人能一并虚静淡泊地对待君王自己困难。你看那尧、舜，虽然具有盛德但还是坚持"无为"任物自得，利益和恩泽施给万世，天下人却没有谁知道，难道非要感慨万千而大谈仁孝不可吗？孝、悌、仁、义、忠、信、贞、廉，这些都是用来劝勉自身而拘执真性的，不值得推崇（"不足多"）。所以说，最高境界的显贵概念，就是一国的爵位都可以随同忘却自我而放弃；最高境界的财富概念，就是一国的资财都可以随同知足的心态而放弃，最高境界的愿景和荣誉概念，就是名声和荣誉都可以随同淡泊宁静而放弃。所以，大道是永恒不变、不受外物诱惑的。"

简评：虎狼本是残忍的，但庄子借虎狼也有舐犊之情的事实，说明虎狼也有仁爱之心。继而说明，在世俗的世界中，仁爱有各种层次，但到了"道"的层面，道的"仁爱"——至仁，就是不存在任何"仁爱"情感（偏爱），也就是说，在道的层面上，万事万物没有差别，得道之人对万事万物没有任何偏心，不表现出任何好恶，因为你对某物表现出"仁"和偏爱，对其他物就是"不仁"和不爱，这样的"仁"和爱是片面的、有缺陷的。"道"与世俗的仁爱没有任何关系，二者风马牛不相及。庄子是在倡导人们要彻底忘却自我和万物，达到心灵虚寂的状态，如此这个世界将更加和谐。许多寓言中庄子都在批评尧、舜倡导仁义而祸乱天下，此则寓言中，庄子很少见地将尧、舜看作是"无为而治"的得道圣人。

4. 庄子论道在屎尿（《知北游》）

东郭子问于庄子曰："所谓道，恶乎在？"庄子曰："无所不在。"东郭子曰："期而后可。"庄子曰："在蝼蚁。"曰："何其下邪？"曰："在稊稗。"曰："何其愈下邪？"曰："在瓦甓。"曰："何其愈甚邪？"曰："在屎溺。"东郭子不应。庄子曰："夫子之问也，固不及质。正获之问于监市履狶也，每下愈况。汝唯莫必，无乎逃物。至道若是，大言亦然。周、遍、咸三者，异名同实，其指一也。尝相与游乎无何有之宫，同合而论，无所终穷乎！尝相与无为乎！澹而静乎！漠而清乎！调而闲乎！寥已吾志，无往焉而不知其所至，去而来而不知其所止，吾已往来焉而不知其所终；彷徨乎冯闳，大知入焉而不知其所穷。物物者与物无际，而物有际者，所谓物际者也；不际之际，际之不际者也。谓盈虚衰杀，彼为盈虚非盈虚，彼为衰杀非衰杀，彼为本末非本末，彼为积散非积散也。"

译文：东郭子向庄子请教说："人们所说的道，究竟存在于什么地方呢？"庄子说："大道无所不在。"东郭子曰："必定得指出具体存在的地方才行。"庄子说："在蝼蚁身上。"东郭子说："怎么处在这样低下卑微的动物身上？"庄子说："在稻田的稗草里。"东郭子说："怎么越发低下了呢？"庄子说："在瓦块砖头中。"东郭子说："怎么越来越低下呢？"庄子说："在大小便里。"东郭子听了后不再吭声。庄子说："先生的提问，本来就没有触及道的本质，正获向管理市场的官吏询问猪的肥瘦，踩踏猪腿的部位越是往下就越能探知肥瘦的真实情况。你不要只在某一事物里寻找道，万物没有什么东西可以逃离它。最高境界的道'至道'是这样，最有价值的言论'大言'也是这样。周遍、遍布、全部三个词，它们名称各异而实质却是相同的，它们的意旨是归于同一的。请你到空灵虚寂的大道之境去游历，用混同合一的思维来加以讨论，自然大道是没有穷尽的啊！我们再顺应变化无为而处吧！恬淡而又寂静啊！广漠而又清虚啊！调适而又安闲啊！我的心志早已虚空宁寂，不想游历而无所不至，但也不知游历到了哪里，来而复去但从不知道，也不关注停留的所在，我已然经历来来去去，却并不了解也不关心哪里是最后的归宿；放纵我的思想遨游在虚旷的境域，体验了大道大智慧的精妙而从不了解也不去追寻它的终极。支配万物的道跟万物本身并无界域之分，而万物是有界域边际的，那就是所谓具体事物的差异；从道的层面上看，万物没有差别而具体事物又有区别，也可以说，表面上有区别的事物而实质上是没有什么差别的。人们所说的盈满、空虚、衰退、减损，认为是盈满或空虚而并非真正是盈满或空虚，认为是衰退或减损而并非真正是衰退或减损，认为是宗本或末节而并非真正是宗本或末节，认为是积聚或离散而并非真正是积聚或离散。"

简评：庄子所讲的，一是大道无所不在，并不像人们想象的那样寄居在高贵的地方或卑贱的地方；二是大道是不可穷尽的，而孜孜以求地追寻大道的终极也是没有意义的；三是在道的层面上，万事万物都是一样的没有根本区别的，劳神费力地去分辨是非曲直也是不明智的。

5. 庄子论为政治民（《则阳》）

长梧封人问子牢曰："君为政焉勿卤莽，治民焉勿灭裂。昔予为禾，耕而卤莽之，则其实亦卤莽而报予；芸而灭裂之，其实亦灭裂而报予。予来年变齐，深其耕而熟耰之，其禾蘩以滋，予终年厌飧。"庄子闻之曰："今人之治其形，理其心，多有似封人之所谓，遁其天，离其性，灭其情，亡其神，以众为。故卤莽其性者，欲恶之孽为性，萑苇蒹葭始萌，以扶吾形，寻擢吾性；并溃漏发，不择所出，漂疽疥癕，内热溲膏，是也。"

译文：长梧封人对子牢说："你处理政务不要粗疏，治理人民不要草率。过去我种庄稼，耕作粗疏，则果实也粗疏地回报我。除草草率，其果实也草率地回报我。我第二年变更方法，深耕细作，反复除草，禾苗繁盛滋壮，我得以终年饱食。"庄子听到这件事说："现在，人们对待自己的形体，修养自己的心性，很多像封人所批评的，不遵从自然规律，背离事物本性，泯灭真情，丧失精神，以从众俗行为。所以粗疏草率地对待修心养性的，就要孽生喜好厌恶之心，就如同芦苇荻草般杂乱生长，以此来扶待我的形体，扰乱我的精神；四处溃烂漏发，脓水不择处所而随处流动，脓疮疥痈，内心烦躁遗精尿血等病就是如此。"

简评：长梧封人是守卫疆土的人，很辛苦，地位不高，但却懂得天道。庄子很赞成长梧封人的说法，有一分耕耘就有一分收获，庄子并提升到求道和修身养性方面，如果不真心求道而是叶公好龙，结果必将适得其反，会走火入魔、死得很惨。庄子借此批评那些假道学。

6. 庄子论"至人不留行/得意而忘言"（《外物》）

庄子曰："人有能游，且得不游乎？人而不能游，且得游乎？夫流遁之志，决绝之行，噫，其非至知厚德之任与！覆坠而不反，火驰而不顾，虽相与为君臣，时也，易世而无以相贱。故曰：至人不留行焉。夫尊古而卑今，学者之流也。且以狶韦氏之流观今之世，夫孰能不波？唯至人乃能游于世而不僻，顺人而不失己。彼教不学，承意不彼。

译文：庄子说："人若能随心而游，难道还会不自适自乐吗？人假如不能随心而游，难道还能够自适自乐吗？唉，流荡忘返于外物的心志，一意孤行弃世孤高的行为，恐怕不是至知大德之人的所作所为啊！沉溺于世事而不知悔悟，心急如焚地追逐外物而不愿反顾，即使相互间有君臣之别，也只是一时的际遇，时世变化后就没有贵贱之分了。所以说道德修养极为高尚的人在世上不会受到阻碍，不从企图在人生的旅途上留下行迹和名声（因为这些都是外在的，都会消亡）。崇尚古代鄙薄当今，这是貌似有学问实乃未能通达事理之人的思维。用狶韦氏之流的角度来观察当今的世事，谁又能不在心中引起波动？道德修养极为高尚的人方才能够混迹于世而不出现邪僻，顺随于众人之中却不会失却自己的真性。尊古卑今的见教不应学取，即便不表示反对但内心并不认同（禀受其意也不必相互对立争辩不已）。"

简评：庄子劝人们不要执着于是非高下，除了大道之外，没有绝对的东西，一切都是相对而存在，而在本质上万物没有区别，尊古卑今是不足取的。只有懂得大道的人，才能够不被外物所惑，永远保持真性。

"目彻为明，耳彻为聪，鼻彻为颤，口彻为甘，心彻为知，知彻为德。凡道不欲壅，壅则哽，哽而不止则跈，跈则众害生。物之有知者恃息，其不殷，非天之罪。天之穿之，日夜无降，人则顾塞其窦。胞有重阆，心有天游。室无空虚，则妇姑勃谿；心无天游，则六凿相攘。大林丘山之善于人也，亦神者不胜。

译文："眼光敏锐叫做明，耳朵灵敏叫做聪，鼻子灵敏叫做膻，口感灵敏叫做甘，心灵透彻叫做智，聪明贯达叫做德。大凡道德总不希望有所滞塞，滞塞就会出现梗阻，梗阻而不能排除就会出现相互践踏（违背），相互残踏那么各种祸害就会随之而起。物类有知觉靠气息的流通，假如气息不盛，那么绝不是自然禀赋的过失。自然的真性贯穿万物，日夜不停，可是人们却反而堵塞自身的孔窍。腹腔有许多空旷之处，因而能容受五脏怀藏胎儿，内心虚空便会没有拘系地顺应自然而游乐。屋里没有足够的空间，婆媳之间就会争吵不休；内心不能虚寂而游心于自然，那么六种官能就会出现纷扰。森林与山丘虽然有益于人们的身心健康，但由于人们内心促狭、虽有美景于前也往往心神不爽。

简评：上苍赋予了人五官心智的各种灵性，人们却不知通达反而用一些世俗的事物拥塞他们，实在是庸人自扰。把心灵排空，不要用是非好恶充塞其中，心灵空静了，自然就能保持真性，心舒气畅，可以贯通万物，逍遥自在，尽情欣赏生命生活和客观世界的美妙。

"德溢乎名，名溢乎暴，谋稽乎誋，知出乎争；柴生乎守，官事果乎众宜；春雨日时，草木怒生，铫鎒于是乎始修，草木之倒植者过半而不知其然。

"静然可以补病，眦搣可以休老，宁可以止遽。虽然，若是劳者之务也，佚者之所未尝过而问焉；圣人之所以骇天下，神人未尝过而问焉；贤人所以骇世，圣人未尝过而问焉；君子所以骇国，贤人未尝过而问焉；小人所以合时，君子未尝过而问焉。

译文："德行的外溢是由于名声，名声的外溢是由于张扬；谋略的考究是由于危急，才智的运用是由于争斗；闭塞的出现是由于执滞，官府事务处理有好的结果（有政绩）是由于与民众相适宜。春雨应时而降，草木勃然而生，开始整修锄地的农具并用来除草，田地里杂草锄后再生超过半数，而人们往往并不知道为什么会这样。

"沉静可以调养病体，按摩舒筋可以延缓衰老，宁寂安定可以止息内心的急躁。虽然如此，像这样仍是操劳的人所务必要做的，而不是闲逸的人的安顿之所，闲逸之人从不过问此类事。圣人用来惊骇天下的办法，神人不曾过问；贤人用来惊骇时世的办法，圣人不曾过问；君子用来惊骇国人的办法，贤人不曾过问；小人用来苟合于一时的办法，君子也不曾过问。

简评：庄子通过德行、名声、谋略、才智、耕耘劳作、驱病、养生、修性等事例，说明是非功败都有一定的因果。然而，在这些事情上勤奋努力，并没有达到大道的高度，得道之人应该是无为的，不刻意追求，少管身外之物，各司其职，使身心常处安适之境。

"演门有亲死者，以善毁爵为官师，其党人毁而死者半。尧与许由天下，许由逃之；汤与务光天下，务光怒之；纪他闻之，帅弟子而踆于窾水，诸侯吊之；三年，申徒狄因以踣河。

"荃者所以在鱼，得鱼而忘荃；蹄者所以在兔，得兔而忘蹄；言者所以在意，得意而忘言。吾安得夫忘言之人而与之言哉！"

译文："宋城东门有个死了亲人的人，由于格外孝顺哀伤日渐消瘦，故而加官进爵封为官师，他的同乡仿效他，也消瘦毁容致死者过半却未得官。尧要禅让天下给许由，许由逃到箕山；商汤禅让天下给务光，务光大发脾气；纪他知道了这件事，率领弟子隐居在窾水一带，诸侯纷纷前往慰问。过了三年，申徒狄仰慕其名而投河自溺。（盲目效法许由、务光、纪他这些人，是有害无益的。）

"捕鱼的竹笼是用来捕鱼的，捕到鱼后就忘掉了竹笼；捕兔的网具是用来捕捉兔子的，捕到兔子后就忘掉了网具；言语是用来传播思想，领会了意思就忘掉了言语。（重要的是目的而不是工具，重要的是真知而不是形式。）我如何才能寻找到忘掉言语的人（懂得大道真谛的人）而跟他畅谈呢！"

简评：庄子通过乡里人盲目效仿邻居尽孝，申徒狄盲目效仿许由、务光、纪他逃名等事例，说明只注重形式而忽略事物的本质，结果可能适得其反，最后会伤身害命、一败涂地，落得赔了夫人又折兵的悲惨下场。庄子接着说明，为了达到捕鱼、猎兔、表达思想等目的，竹笼、网具、言语等工具和条件是必需的，但更重要的是前者而不是后者，时刻被后者羁绊念念不忘而忽视了前者，就是本末倒置、糊涂透顶了。最后庄子希望能遇到真正懂得大道而不是仅仅夸夸其谈的人，与自己一起探讨真理，这也反映了庄子内心孤独的心境，是"以天下沈浊，不可与庄语"的注脚。

7. 庄子论"知道易，勿言难"（《列御寇》）

庄子曰："知道易，勿言难。知而不言，所以之天也；知而言之，所以之人也。古之人，天而不人。"

朱泙漫学屠龙于支离益，单千金之家，三年技成而无所用其巧。

圣人以必不必，故无兵；众人以不必必之，故多兵。顺于兵，

译文：庄子说："了解道容易，不去谈论却很困难。了解道却不妄加谈论，这是符合自然大道的境界；了解道却信口谈论，这是走向人为妄为的境域。古时候的人，体察自然大道而不追求人为妄为。"

朱泙漫向支离益学习屠龙的技术，耗尽了千金的家产，三年后学成技术却没有什么机会可以施展这样的技巧。

圣哲的人对于必然的事物不与人一味争执，所以总是没有争论和兵戎；普通人却把非必然的东西一定要辩

故行有求。兵，恃之则亡。

小夫之知，不离苞苴竿牍，敝精神乎浅浅，而欲兼济道物，太一形虚。若是者，迷惑于宇宙，形累不知太初。彼至人者，归精神乎无始，而甘冥乎无何有之乡。水流乎无形，发泄乎太清。悲哉乎！汝为知在毫毛，而不知大宁！

论出是非究竟，因而总是争论不休并引起战争。（不得已而用兵时，）遵从纷争和战争的规律，因此行动能达到希望的效果；穷兵黩武，非要依仗于战争作为解决纷争唯一的手段，只会自取灭亡。常人的聪明才智，无非是赠送礼物和书信沟通，在浅薄的事情上耗费精神，一心想着兼顾天道和万物，满以为这就可以达到混沌初开、物我相融的境界。像这样的人，早已被浩瀚的宇宙所迷惑，身形劳苦拘累却并不了解混沌初始的真谛。而那些道德修养极高的至人，让精神回归到鸿蒙初开的原始状态，甘愿休眠在没有任何羁绊的空灵境域。甘泉清水自然流淌而没有行迹，发源于清虚空寂的境域一泻千里。可悲啊！像郑国的缓、朱泙漫、爱争好战之人这样的世俗人，把心思用在毫毛琐事上，却一点也不懂得宁静、自然和无为。

简评：庄子通过郑国的缓、朱泙漫、穷兵黩武的人等几个故事，还是在说明一个问题，就是不要舍本逐末，要明了什么是自己真正需要的东西，不要被表面的东西所迷惑而误入歧途。

六、只可走近 很难走进——初识庄子

（一）读《庄》笔记 庄子随想

1.《庄子》简介

《庄子》一书，又称《南华经》，原有十万余言，现存七万言，三十三篇，分为内篇、外篇、杂篇三部分，即内七篇、外十五篇、杂十一篇。庄周为战国人，而现存《庄子》是西晋惠帝时期郭象的定本。由庄周而至郭象，六百余年的流变沿革，则要从《荀子》追溯而来。荀子是战国末期人，他批评庄子"蔽于天而不知人"；荀子所依据，绝不是直接的耳闻口授之言论，而是各家当时流传的著作。由此而知，《庄子》早在战国末期之前就已传世。《庄子》一书的介绍，初载于《汉书·艺文志》，言《庄子》共五十二篇（未列出篇名）。《汉书》是由东汉班固撰写，与《史记》《后汉书》《三国志》并称为前四史。汉以后到魏晋之初，曾有"数十家"注《庄》者，但都因不明姓氏，无具体年代，无流传于世的具体文本，而无版可言。魏晋以来，才有崔譔、向秀、司马彪、郭象等家的注疏。隋唐之后，最通行的是郭象注本。陆德明赞曰："唯子玄（郭象，字子玄——引者注）所注，特

会庄生之旨，故为世所贵。"到了宋明时期，注《庄》者多重义理。至清代，从义理、词章、校勘等多种角度研究《庄子》者，不乏其人。近代学人、西南联大教授刘文典曾宣称，世界上懂庄子的只有两个半人，一个是庄子本人，一个是刘文典自己，另半个是天下所有研究庄子的人。

2. 《庄子》篇目

现存《庄子》三十三篇，其中内七篇具有独立完整的思想体系，相传是庄子本人所著，每篇都有标题，历代研究者大多认为标题含有深意。外篇和杂篇除了《秋水》《庚桑楚》《寓言》三篇较为可能是庄子之作外，其他大概都是其学生或者后世追随者假托庄子之名所著，从文章的风格、体例和思路看，这种传承下来的看法是有一定根据的。从体例上说，杂篇和外篇一样，篇名都取自篇首的句子。由于内容不太一致，也有可能不是同一人所作。传统上，还把外篇和杂篇视为对内篇思想的注释。杂篇可以看成是内篇和外篇理论思想的延伸和发展。以《庚桑楚》篇而言，就明显地对《齐物论》的"以明""葆光""天均"理论加以继承；《徐无鬼》篇对《大宗师》"真人"的内在性理论加以发挥；《则阳》篇发展了《齐物论》"一与多""同与异"的论述；《外物》篇的"颠覆法"和"忘荃法"明显来自于对《齐物论》理论的继承。在杂篇诸篇中，《天下》篇是极为特别的一篇，全文对当时的学术流派作了一个完整的陈述，内容描述各流派的思想，也批评先秦各派的流弊，可以说是中国最早的一部学术史论文，有人认为是庄子的后学所作。

现存《庄子》，共约77987字，分为三十三篇，其中内篇七约16885字，外篇十五约34298字，杂篇十一约28802字。

内篇七：《逍遥游》约1774字；《齐物论》约3607字；《养生主》约718字；《人间世》约3437字；《德充符》约2292字；《大宗师》约3716字；《应帝王》约1341字。内篇中《养生主》最短，《大宗师》最长。

外篇十五：《骈拇》约1225字；《马蹄》约683字；《胠箧》约1511字；《在宥》约2776字；《天地》约3861字；《天道》约2819字；《天运》约3132字；《刻意》约816字；《缮性》约772字；《秋水》约3505字；《至乐》约1602字；《达生》约2901字；《山木》约2717字；《田子方》约2710字；《知北游》约3266字。外篇中，《马蹄》最短，《秋水》最长。

杂篇十一：《庚桑楚》约2988字；《徐无鬼》约4227字；《则阳》约3149字；《外物》约1890字；《寓言》约1141字；《让王》约3336字；《盗跖》约3754字；《说剑》约1121字；《渔父》约1932字；《列御寇》约1960字；《天下》约3302字。杂篇中，《说剑》最短，《徐无鬼》最长。

三十三篇中，《马蹄》最短，《徐无鬼》最长。

3. 《庄子》中思想观点的不协调

《庄子》哲学思想是严密的、严谨的，尤其是内篇，是一个完整的思想体系，至于外、杂篇，由于非一人一时所作，则存在某些看似不协调的论述，难免前后有不一致的地方，甚或语义相悖的语句。可以确定，庄子外、杂篇中，不尽为庄子本人所作，《庄子》前后也有抵牾的地方，庄子的基本思想是无为，但《说剑》则倡有为，或许为庄子后学所作。但作为庄学传人，其基本思想不应有大的差异，在整体上还是统一的。

由于外、杂篇的复杂性，在遇到某些模糊甚或抵牾的地方时，不能用外、杂篇的某些说法去说明和限定内篇的思想，只能用外、杂篇来补充阐释内篇的思想。

4. 《庄子》的影响在某种意义上甚或超过《老子》

庄子的思想是博大的，虽然多数学者认为庄子哲学是老子哲学的继承和发展，但不可否认的是，庄子哲学涵盖的内容更加广泛、更加深刻，同时也更加抽象、更加晦涩。《老子》五千言，句句珠玑；《庄子》近八万言（原有十余万言），也是处处妙语连珠，其精彩程度不亚于《老子》，而其内容的深度和广度则是《老子》所不能及的。《老子》主要对后世的哲学、政治、兵法、谋略等产生深刻的影响，《庄子》则在哲学、认识论、本体论、逍遥、养生、艺术、修为、世界观、价值观、人生观、理想人格等多方面全方位地对后世产生了深刻的影响。无怪乎很多学者认为，庄子的影响超过了老子，《庄子》的影响超过了《老子》。庄周的哲学，才是中国哲学中最高妙的学问。

5. 《天下》篇与内七篇

关于《庄子》的最早记载当然要追溯到《天下》篇，它是《庄子》一书的总序，与整部《庄子》联系密切，尤其与内七篇环环相扣。"独与天地精神往来，而不敖倪于万物"，明显是对《逍遥游》的"乘云气，御飞龙，而游乎四海之外"的文字的总结；"其书虽瑰玮而连犿无伤也，其辞虽参差而諔诡可观""不谴是非，以与世俗处"，说的正是齐是非、通物我的《齐物论》，并在某种程度上联系着《养生主》和《人间世》；"彼其充实，不可以已"，很容易让读者想起《德充符》；"上与造物者游，而下与外死生、无终始者为友。其于本也，弘大而辟，深闳而肆；其于宗也，可谓稠适而上遂矣"，更是对《大宗师》的准确写照，这里不仅出现了"大"和"宗"两个字，而"与造物者游"和"与外生死、无终始者为友"等说法更是直接本于篇内文字；"虽然，其应于化而解于物也，其理不竭，其来不蜕，芒乎昧乎，未之尽者"，"应"字直接呼应篇名《应帝王》，"芒昧"的说法又让人想起混沌。《天下》篇所述和内七篇的对应联系，该不是简单的巧合吧？

6. 内七篇的体系及与外、杂篇的关系

《庄子》内篇自成体系，各个部分具有内在的联系，虽然它的各个部分都有各自的中心思想，有各自的主题要意，但是它们都围绕着一个共同的核心。恩格斯曾指出："全部哲学，特别是近代哲学的重大的基本问题，是思维和存在的关系问题。""思维对存在，精神对自然的关系问题"乃是"全部哲学的最高问题"（《路德维希·费尔巴哈和德国古典哲学的终结》）。"思维对存在""精神对自然界"，则正是宇宙观的实质所在。《庄子》对于这一问题的回答体现在内篇《大宗师》中。

"夫道，有情有信，无为无形；可传而不可受，可得而不可见；自本自根，未有天地，自古以固存；神鬼神帝，生天生地；在太极之先而不为高，在六极之下而不为深，先天地生而不为久，长于上古而不为老。"

庄子认为，"道"是最先存在的，它自身就是本原，在没有天地之前，道就存在了。道是"鬼""帝""天""地"所赖以产生的原生体，是世界万事万物的本源，它超越了人的感知世界而存在。由此我们可以看出，庄子哲学的基本性质乃是十分鲜明的客观唯心主义。《齐物论》也是内篇中的一文，它的思想内容与《大宗师》互为表里。《大宗师》的主题是宇宙观，《齐物论》的主题是认识论。《齐物论》系统、全面而又坚决地表述了庄周相对主义的认识论观点，它主张"齐彼是"，认为现实世界的一切事物都是相对的，即所谓"物无非彼，物无非是。自彼则不见，自知则知之。""故曰彼出于是，是亦因彼"的"彼是方生之说"。于是，在"彼、是"的存在前提下，主张"齐是非"，"齐物我"。庄周认为，古人所知的最高境界是"未始有物"，其次是"以为有物矣，而未始有封也"，再次是"以为有封焉，而未始有是非也。""有物"乃有"我""物"之分，"有封"乃有"彼、是"之分，"有是非"乃有"是、非"之分。从"未始有物"到有是非，是对于"道"的一步步破坏，所谓"是非之彰也"，即"道之所亏也""爱之所以成也"。有是非就有偏爱，"偏爱"与"道"势不两立，是"道"的大敌。立足于道，就要否定"是、非"与"彼、是"的存在，达到"天地与我并生，而万物与我为一"的"物""我"之齐。

齐彼是，齐物我，然彼是。物我不过是随时变化之一瞬，"方生方死，方死方生，方可方不可，方不可方可"；死与生孰真孰假亦难分辨，如此便有了"生死"之齐。"齐物"之论表达了庄子对外部客观世界的强烈而彻底的怀疑，撑起的是不可知论的大旗。也就是说，承认物质世界的存在，必然要有物我，有彼是，有是非，有生死；否定这一切就是否定物质世界自身的存在。《齐物论》的实质正是"无物论"。《大宗师》之宇宙观，表现为《齐物论》之认识论；《齐物论》之认识论，又归结于《大宗师》之宇宙观，二者互为依托，不可分离。

《庄子》内篇中的其他篇目，如《逍遥游》《养生主》《人间世》《德充符》《应帝王》，分别从人生观、养生之道、处世哲学、道德观、政治观等多方面围绕庄周的宇宙观核心展开论述，各有特点。

魏晋时人本来在整理《庄子》时，认为外、杂诸篇是可有可无的。陆德明说："注者以意去取""或有外而无杂"，其随意去取者，均在外、杂篇。成玄英亦有相似言论。在清人王夫之那里对外、杂篇更是贬弃有加，使其地位更无足轻重。近代学术研究的进展也逐渐证明，外、杂篇确实是追随庄子或以庄子为旗帜的一个学派的著作总集，并非出自一人之手，显得内容驳杂，风格水平迥异。但就其哲学思想来看，较之内篇是有所发展和进步的。

内篇所讲之"道"，居于造物主地位。有明显的本原性和浓重的神秘性，具有客观唯心主义性质。到了外、杂篇，"道"在悄然无声之中回到了现实物质世界，它由高雅而神秘转为低下而可御，由主宰一切到被人主宰掌握。在这一转变流程之中，内篇的严谨思辨体系被打破的同时，面向现实、现象世界的认识发展却不失为一种长足的进步。此外，关于"阴阳""和生万物"的概念在外、杂篇中亦有发展。"阴阳"的概念，在内篇中是一般概念。但在外、杂篇中，阴阳之气的地位作用就不是一般概念可以比拟的了，在《则阳》篇中体现为"是故天地者，形之大者也；阴阳者，气之大者也"。

7. 《庄子》中对古圣贤褒贬并用、随心所欲

《庄子》中，时赞黄帝、神农，时非伏羲、黄帝，而称誉远古之人：

（肩吾转述接舆的话）曰："藐姑射之山，有神人居焉，肌肤若冰雪，淖约若处子；不食五谷，吸风饮露；乘云气，御飞龙，而游乎四海之外；其神凝，使物不疵疠而年谷熟。……"连叔曰：'然。……之人也，之德也，将旁礴万物以为一，世蕲乎乱，孰弊弊焉以天下为事！之人也，物莫之伤，大浸稽天而不溺，大旱金石流、土山焦而不热。是其尘垢秕糠，将犹陶铸尧舜者也，孰肯以物为事！"（《逍遥游》）

简评：这是庄子对理想人格的"神人"的高度赞美。肩吾转述的接舆的话中，盛赞住在藐姑射山上的神人超凡脱俗，"肌肤若冰雪，淖约若处子"，不食人间烟火，腾云驾雾自由翱翔于天外，而且能使人间五谷丰登免除祸患……连叔则进一步说，不仅如此，神人还具备超凡的道德，功力无边，"旁礴万物以为一"，人间的各种极度的灾难祸端都不能伤害他，虽然如此，神人却并不愿管天下人间的俗

事。神人身上的尘垢，都足以铸造人间象尧、舜那样的圣人。

"自虞氏招仁义以挠天下也，天下莫不奔命于仁义，是非以仁义易其性与？故尝试论之，自三代以下者，天下莫不以物易其性矣。小人则以身殉利，士则以身殉名，大夫则以身殉家，圣人则以身殉天下。故此数子者，事业不同，名声异号，其于伤性以身为殉一也。"（《骈拇》）

简评：使天下人返璞归真，根本用不着宣讲仁义，刻意宣讲仁义，其结果必将适得其反。庄子批评虞舜，越是倡导仁义，越是使天下混乱。庄子指出，自尧舜禹三代所谓的道德盛世以来，无论君子、小人、各色人等乃至圣人，全都背离了大道，追逐外在的"利""名""家""天下"，其实都是伤身害性的，其结果都是在为世俗做无谓的殉葬。

"……彼民有常性，织而衣，耕而食，是谓同德；一而不党，命曰天放。故至德之世，其行填填，其视颠颠。当是时也，山无蹊隧，泽无舟梁；万物群生，连属其乡；禽兽成群，草木遂长。是故禽兽可系羁而游，鸟鹊之巢可攀援而窥（相对于凶禽猛兽，远古先民蒙昧软弱，境况恐未必如此——引者按）。夫至德之世，同与禽兽居，族与万物并，恶乎知君子小人哉！同乎无知，其德不离；同乎无欲，是谓素朴；素朴而民性得矣；及至圣人，蹩躠为仁，踶跂为义，而天下始疑矣；澶漫为乐，摘僻为礼，而天下始分矣。故纯朴不残，孰为牺尊？白玉不毁，孰为珪璋？道德不废，安取仁义？性情不离，安用礼乐？五色不乱，孰为文采？五声不乱，孰应六律？夫残朴以为器，工匠之罪也；毁道德以为仁义，圣人之过也。……夫赫胥氏之时，民居不知所为，行不知所之，含哺而熙，鼓腹而游，民能以此矣。及至圣人，屈折礼乐以匡天下之形，县跂仁义，以慰天下之心，而民乃始踶跂好知，争归于利，不可止也。此亦圣人之过也。"（《马蹄》）

简评：庄子在这里盛赞了远古乌托邦社会的淳朴，人们与万物和谐相处，并不需要讲究仁义礼乐；但后来所谓的人间"圣人"一出，刻意提倡仁义礼乐，结果是祸乱了天下，当人们刻意追求自己想要的东西时，就妨害了自然的运转，恰恰就是对自然大道的损毁，"圣人"实在是人间祸乱的根源啊。

"……甚矣，夫好知之乱天下也！自三代以下者是已。舍夫种种之民而悦夫役役之佞，释夫恬淡无为而悦夫啍啍之意，啍啍已乱天下矣。"（《胠箧》）

简评：庄子在列举了远古容成氏、大庭氏、伯皇氏、中央氏、栗陆氏、骊畜氏、轩辕氏、赫胥氏、尊庐氏、祝融氏、伏羲氏、神农氏等淳朴道人之治后，痛斥三代以下的"圣人"滥用智谋仁义而祸乱天下，弃淳朴敦厚代之以汲汲谄佞，弃恬静淡泊而代之以夸夸其谈。

"……昔尧之治天下也，使天下欣欣焉人乐其性，是不恬也；桀之治天下也，使天下瘁瘁焉人苦其性，是不愉也。夫不恬不愉，非德也。非德也而可长久者，天下无之。……自三代以下者，匈匈焉终以赏罚为事，彼何暇安其性命之情哉！"……"昔者黄帝始以仁义撄人之心，尧舜于是乎股无胈，胫无毛，以养天下之形，愁其五藏以为仁义，矜其血气以规法度。然犹有不胜也，尧于是放讙兜于崇山，投三苗于三峗，流共工于幽都，此不胜天下也。夫施及三王而天下大骇矣。下有桀跖，上有曾史，而儒墨毕起。于是乎喜怒相疑，愚知相欺，善否相非，诞信相讥，而天下衰矣；大德不同，而性命烂漫矣；天下好知，而百姓求竭矣。于是乎斤锯制焉，绳墨杀焉，椎凿决焉。天下脊脊大乱，罪在撄人心。"（《在宥》）

简评：先说尧治理天下时人民快乐欢愉，桀治理天下时人民忧患痛苦，但快乐欢愉和忧患痛苦都不是人的本性，"快乐欢愉"使人不淡定，"忧患痛苦"使人不舒畅，这都会使人心不稳，不能保持常性，或者说失去了人的本性（"不德"），失去本性人心不安就不能长久。过喜伤阳气，过怒伤阴气，所以尧和桀都是伤人的，然后天下就乱了。后面又把提倡仁义导致天下混乱的责任进一步向黄帝推去，指出正是黄帝时代首倡仁义扰乱人性，才有尧、舜等对仁义礼乐的汲汲追求和勤力推行，然而越治越乱，因此有了"讙兜""三苗""共工"等的作乱；及至夏商周三代，天下更加混乱，无论是"邪恶"的桀、跖，还是"贤仁"的曾、史，还是儒、墨各派，无非是勾心斗角、五花八门、你死我活、百姓遭殃，扰乱了人的本性，破坏了自然大道。究其根本，祸乱天下的源头，还是在"圣人"用"仁义"扰乱人心啊。

"……老聃曰："小子少进！……余语汝，三皇五帝之治天下，名曰治之，而乱莫甚焉。三皇之知，上悖日月之明，下睽山川之精，中堕四时之施，其知憯于蛎虿之尾，鲜规之兽，莫得安其性命之情者，而犹自以为圣人，不可耻乎，其无耻也？"（《天运》）

简评：在向子贡述说了黄帝和尧、舜、禹、以"仁义"治天下，是一个逐渐由治到乱的过程之后，庄子又将"有为"治天下实则乱天下的罪责直接推给了三皇五帝，三皇五帝用"智慧"治理天下，把日月、山川、四时的规律都打乱了，这种做法比蛇蝎还毒，人心丢了，大道废了，真是罪大恶极！不但不知悔过，还自称为"圣人"，真无耻啊！真无耻啊！这里庄子对"圣人"以仁义乱天下的作为深恶痛绝、痛加挞伐，必欲斩尽杀绝而后快的激愤心情展露无余。

《庄子》中屡言黄帝未得至道真道，如外篇《知北游》等。《庄子》中屡言远古、上古之世至真至纯，人民富足，安居乐业。根据现代人类发展史的科学研究，上古以前人类生产力极不发达、茹毛饮血、食不果腹、生存条件恶劣、与禽兽进行残酷争斗。庄子为了论述无为，附会一些寓言的事比比皆是，因此庄子对远古时代状况的描述都是虚妄的、不真实的。

对于孔圣人，庄子更是任意安排，时而推崇为至人、神人、圣人，时而为自己代言，时而为智者，时而为愚人，时而敏而好学，时而食古不化，时而向学求道，时而背道而驰，时而功德无边，时而十恶不赦，时而堪称楷模，时而为人不齿。孔子在庄子笔下，成了十足的千面人。

"……古者禽兽多而人少，于是民皆巢居以避之，昼拾橡栗，暮栖木上，故命之曰有巢氏之民。古者民不知衣服，夏多积薪，冬则炀之，故命之曰知生之民。神农之世，卧则居居，起则于于，民知其母，不知其父，与麋鹿共处，耕而食，织而衣，无有相害之心，此至德之隆也。然而黄帝不能致德，与蚩尤战于涿鹿之野，流血百里。尧舜作，立群臣，汤放其主，武王杀纣。自是之后，以强凌弱，以众暴寡。汤武以来，皆乱人之徒也。……世之所高，莫若黄帝，黄帝尚不能全德，而战涿鹿之野，流血百里。尧不慈，舜不孝，禹偏枯，汤放其主，武王伐纣，文王拘羑里。此六子者，世之所高也。孰论之，皆以利惑其真而强反其情性，其行乃甚可羞也。"（《盗跖》）

简评：孔子本拟要说服盗跖归附仁义，但却被盗跖骂得狗血喷头，且被盗跖驳得哑口无言。有巢氏时代、神农氏时代，人人都遵循大道的大化流行，万物和谐，人民真正懂得生存之道（"知生之民"），是"至德"的乌托邦理想社会。然而到了黄帝时代，开始用"仁义礼乐"来规范人心，从此天下越来越乱，以致战乱频仍，民不聊生，血流百里，天怒人怨。及至尧舜禹汤文王周公，每况愈下。人们称誉"仁义"时，对黄帝的推崇最高，但他却发动战争不顾人民的死活，"尧舜禹汤文王周公"是六个推行"仁义"的典范而受人顶礼不败，而他们所做的确是犯上作乱、嗜血如命、背离大道、戕害人民的勾当，这是十分可羞的。庄子在其他篇章还对古今的所谓世之"隐者""高人""贤士"，如伯夷、叔齐，鲍焦、申徒狄、介子推、尾生、比干、伍子胥等进行了无情的批判。

至于其他圣贤，在庄子的笔端，其遭遇大抵如此。

8. 追寻人类灾难的根源

庄子多次说到人类灾难是何时开始的。有关这一点，他的说法不一。有时是认为灾难起于尧舜时代。《庚桑楚》："吾语汝，大乱之本，必生于尧、舜之间，其末存乎千世之后……"《骈拇》："自虞氏招仁义以挠天下也……"《马蹄》："……及至圣人，蹩躠为仁，踶跂为义，而天下始疑矣；澶漫为乐，摘僻为礼，而天下始分矣。故纯朴不残，孰为牺尊？白玉不毁，孰为珪璋？道德不废，安取仁义？性情不离，安用礼乐？五色不乱，孰为文采？五声不乱，孰应六律？夫残朴以为器，工匠之罪也；毁道德以为仁义，圣人之过也。……及至圣人，屈折礼乐以匡天下之形，县跂仁义以慰天下之心，而民乃始踶跂好知，争归于利，不可止也。此亦圣人之过也。"（见前述，与小节"7.《庄子》中对古圣贤褒贬并用、随心所欲"中引同）；

有时认为起于黄帝时代（《在宥》："昔者黄帝始以仁义撄人之心……"）（见前述）。

有时认为起于燧人伏羲时代。《缮性》：

"古之人，在混芒之中，与一世而得澹漠焉。当是时也，阴阳和静，鬼神不扰，四时得节，万物不伤，群生不夭，人虽有知，无所用之，此之谓至一。当是时也，莫之为而常自然。

逮德下衰，乃燧人、伏羲始为天下，是故顺而不一。德又下衰，及神农、黄帝始为天下，是故安而不顺。德又下衰，及唐、虞始为天下，兴治化之流，浇淳散朴，离道以善，险德以行，然后去性而从于心。心与心识，知而不足以定天下，然后附之以文，益之以博。文灭质，博溺心，然后民始惑乱，无以反其性情而复其初。

由是观之，世丧道矣，道丧世矣。世与道交相丧也，道之人何由兴乎世，世亦何由兴乎道哉！道无以兴乎世，世无以兴乎道，虽圣人不在山林之中，其德隐矣。隐故不自隐。"

还有的时候认为起于混沌初开的时候。《应帝王》：

"南海之帝为儵，北海之帝为忽，中央之帝为浑沌。儵与忽时相与遇于浑沌之地，浑沌待之甚善，儵与忽谋报浑沌之德，曰：'人皆有七窍以视听食息，此独无有，尝试凿之。'日凿一窍，七日而浑沌死。"

简评：庄子虽然主张"无为"，却不能妨碍他悲天悯人的情怀。他悲悯人生、心忧天下、关注社会、同情百姓。面对残酷的现实，他也在反复寻找罪恶的根源，他多方探寻，却不得要领。庄子把人类灾难的根源向古代以及远古推去，他怀疑古代的圣人之治，怀疑圣贤尧舜，怀疑黄帝神农，怀疑人类初祖燧人氏，甚至推到了万物不分混沌初开的亘古，越往前推他越感到困惑。

应当注意的是，庄子的这些不同版本的灾难起源说中表达了两种意思。一种意思是为了提示古代乌托邦，既然灾难起源于某位古帝王，那么这位古帝王之前当然就是人类健康淳朴的时代；另一种意思是，庄子似乎有一种倾向，即把人类灾难起源向更为渺远难言的远古推去。关于"混沌"的描述表明庄子想表达一种有关人类灾难起源的更幽深复杂的思索。混沌没有人的五官七窍，七窍一开，这个叫混沌的人就死了，从此人的自然状态就消失了。庄子以"开窍"来说明人类走向死亡之路的开始，这个比喻说明在庄子心目中，人类灾难的根源隐蔽在比圣人出世惑乱人心一类的外部动因更深的地方。"七窍"是人之为人的某种基本特征，庄子难道是把灾难的根源归之于人类的基本特征？看来答案可能就是这样，"七窍"只是比喻。《庄子》文中还有其他比喻，如《齐物论》：

"古之人，其知有所至矣。恶乎至？有以为未始有物者，至矣，尽矣，不可以加矣。其次以为有物矣，而未始有封也。其次以为有封焉，而未始有是非也。是非之彰也，道之所以亏也。道之所以亏，爱（偏私之喜好）之所以成。"

这是以人的认知状态为喻说明人类错误的起始。所谓"以为有物"就是意识到有一个与"我"分离的对象世界，庄子认为这是人类错误的起始。可是，人与对象世界分离，与人产生自我意识是同步的，正是人之为人的基本特征。庄子的更深意图是想表达他对人类状况的悲观看法。人类灾难起源的混沌幽远，与个人灾难无法追踪原因的痛苦感受是相一致的。

（二）庄子评述 评述《庄子》

1. 庄学素称难治

哲学是探讨心灵的学问，不必面向生活，由于其脱离实际，因此比较抽象，不太容易被大众所理解。

儒家的哲学是入世的，道家的哲学是出世的，入世的哲学离生活近容易理解，出世的哲学离生活远不易被理解。然而，到了历尽沧桑、洗尽铅华、蓦然回首、退出江湖的时候，人们才对道家有了深层次的理解。道家哲学对人们心灵的滋养更加润物无声、沁人心脾。

道家的鼻祖老子的哲学是深奥的，老子的后学们从不同侧面发展了老子的哲学，使道家的理论更加缥缈。到了庄子那里，把道家的学说发展到了极致，庄子是道家的集大成者，其理论更加形而上和抽象，因此庄学更加深奥。

老子思想的核心是讲"无为""无为而无不为"，庄子将其发展成"无待""逍遥""齐物""齐论""无言""言无言"等，是对"无为"思想的深化和拓展，也使道家的思想更加玄妙、更加空灵、更加虚幻、更加不可捉摸。

老子处于春秋末期，社会开始混乱但还未到完全无序的状态，庄子生活在战国中晚期，社会混乱到了极点，战争频仍，各种学说更是到处流行。由于"以天下为沈浊，不可与庄语"，因而只能以"谬悠之说，荒唐之言，无端崖之辞"说话，这就使得《庄子》一书更加扑朔迷离。由于社会的混乱，各门各派"与己同则应，不与己同则反；同于己为是之，异于己为非之"，使得真切的见解不能直说，说了别人也不相信，庄子又发明了"寓言""重言""卮言"这样的"三言"的言说方式，使得《庄子》更加晦涩难懂。

除了上述种种使《庄子》难懂之外，庄子文章多用一些古奥艰涩的文句，佶屈聱牙，大大增加了阅读的难度。同时，庄子为了掩人耳目，故意将论说的逻辑顺序打乱，使常人看起来更加混乱。

魏晋以降，治《庄》者汗牛充栋，但没有任一种庄学著作能够被公认为完美无缺，大家争论不休，也反映出了庄子哲学的艰深。

总结起来，庄学难治，最突出的原因有三点：一是庄子思维的不可追寻；二是故意表现出的扑朔迷离；三是文字的古奥艰涩。

《庄子》被称为"三玄"之一，比之"玄之又玄"的《道德经》更加玄奥。

笔者平素喜爱中国传统文化，曾研读各种经典，唯觉研读《庄子》最困难。

庄学难治，诚不虚言。

2. 庄子的地位

学者往往从不同的角度对庄子的思想进行研究。

"古来谈哲学以老、庄并称，谈文学以庄、屈并称。……他的思想本身便是一首绝妙的诗"（《闻一多全集·古典新义》）。谈及散文和雄辩，则以孟、庄并举。

老子是中国哲学的鼻祖，向来被中国的士大夫推崇，世界文豪托尔斯泰曾说，如果说孔子伟大，那么老子则是巨伟大；屈原及其《楚辞》是中华文化继《诗经》后的第二个高峰，也是第一个以个人之力形成的高峰，且后世从未超越，屈原不愧为中国文学和诗歌的鼻祖，无怪乎司马迁说他"虽与日月同光可也"；孟子被称为亚圣，并且他的雄辩天下无敌，处处充满浩然之气。庄子能同时与几个领域的巨擘——老子、屈原、孟子分庭抗礼，可见其奇伟不凡。庄子又是极博学的，司马迁称"其学无所不窥"，这是一种极高的评价。庄子淡泊逍遥，并不汲汲以求，平生不事张扬，几乎足不出户，而能如此博学高端，只能是天才。

邵尧夫语："庄周雄辩，数千年一人而已。"

在中国数千年的古代思想文化发展过程中，道家与儒家居于不可移易的重要地位，成为中国传统思想文化的灵魂支柱。道家的代表人物之一便是庄子，代表作品为《庄子》，清代著名文学批评家金圣叹称《庄子》为"天下第一奇书"，居"六才子书"之首。鲁迅先生叹为"晚周诸子之作，莫能先也"。宋代思想家叶适评价庄子道："自周之书出，世之悦而好之者四焉：好文者资其辞，求道者意其妙，泊俗者遣其累，奸邪者济其欲。"一部《庄子》成就了多少文人雅士行云流水一般的逍遥人生。可以说，正是由于一个"奇"字，使得它在中国哲学史、思想史、文化史，以及整个人类智慧的开始与发展过程中，产生了巨大的影响。

围绕《庄子》外篇《天下》篇，不少学者就其是否为庄子本人所作存在争议，但共同誉之为史上第一篇学术史论文，价值极高。笔者对其中关于道家庄学的评议，尚有另外的思考，可参见本书"《天下》篇——庄子说《庄子》"。

《庄子》按类别可称为哲理书，同时又是文学书，还兼有相当数量的真真假假的历史资料。以上三点融为一体，成为《庄子》表现形式上的主要特点，即"寓言十九，重言十七，卮言日出，和以天倪。"近人张默生先生认为"'寓言''重言''卮言'，这三种言，就是《庄子》全书的唯一锁钥；想开锁而得不到适合的钥匙，可说是徒劳无功的。"（《先秦道家学说研究》）（关于"三言"，详见本书"解读《庄子》的锁钥"一节。）

本书作者对庄子地位的认识与评价，可参见本书"空前绝后的庄子"一节。

3. 庄子的博学和庄学的博大

《庄子》文章思想是那么汪洋博大，庄子以汪洋恣肆的文字为形式、以不拘常理的观念为内容，为人们提供了一种独特的思想境界。他的思想是诗化的哲学，浪漫中富有哲理；他的文章大部分是信手拈来、随意写成的，但其中蕴涵的趣味却是浑然天成的。庄子是中国哲学史、中国文学史乃至中国语言学史上一位居于巅峰地位的重要人物，他被誉为中国先秦时期伟大的哲学家、思想家和文学家。

庄周真是一位旷代的大哲人，同时也是一位绝世的大文豪。你只要读过他的书，他自会说动你的心。他的名字，两千年来常在人心中。他笑尽骂尽了上下古今前后举世的人，但人们越给他笑骂，越会喜欢他。但也只有他的思想和文章、他的笑和骂，真是千古如一日，长留在天壤间。他自己一生的生活，却偷偷地隐藏过去了（其实并未完全隐藏，尚留下十余万言可资追寻），再不为后人所详细了解，只知道有这样一个人，就是了。他的生平，虽非神话化，但已故事化。上面所举，也只可说是他的故事吧！若我们还要仔细来考订，那亦是多余了（钱穆《庄老通辨》）。

据说在他以前的书，他都读遍了。在他以前各家各派的学术和思想，他都窥破了他们的底细了。他从不肯板着面孔说一句正经话，他认为世人是无法和他们讲正经话的呀！所以他的话总像是荒唐的、放浪的、没头没脑的、不着边际的。他对世事都瞧不起，从不肯斜着瞥一眼，他也不来和世俗争辩是与非，他时时遇到惠施，却会痛快地谈一顿（钱穆《庄老通辨》）。

《庄子》一书，既是一部思理宏富的哲学著作，同时也是一部文笔清新的文学著作。寓哲理于文学之中，形成哲学与文学的完美结合。形象选择广阔多样，形象变化随意而典型，描述真实和谐，感性与理性交织，使之成为中国学术思想史上的鸿篇巨制。

《庄子》是道家思想的集大成之作，中国哲学史上的许多重要范畴均发源于此。它激发了魏晋玄学和禅宗的思辨，同时成为后代浪漫主义创作的思想源泉。不断地启迪一代又一代后学。

贯穿于《庄子》中的游世思想和道论是庄子思想中最重要的内容。庄子是一位伟大的隐者和思想家。《庄子》的核心思考是要回答让人们在乱世如何找到个人的出路。分析庄子思想，最重视的就是贯穿在游世戏谑之言背后的孤傲和认真。

中国美学史许多重要范畴也发端于《庄子》。《庄子》同时对中国后世的许多学科领域都产生了重大影响。

4. 《庄子》的独特风格举例

《庄子》通篇风格独特。①随处可见的是，正在叙述一件事情，俄而转述另一件事情，忽又转述第三件事情，继而转述第四件事情等，然而各个互不关联的事情被他轻轻一带，就发生了密切的联系，共同来说明一个道理，这就是所谓意接词不接；②而在另一些场合又有词虽接意已变的、跌宕跳跃的诗性的语言；③另有一些事情，在一个地方说了，而且似乎已经说明白了，但在另一个地方或第三个、第四个地方又反复地说，当然是以稍加不同的方式来表述，一般人这样叙事，就会显得枯燥、累赘，但庄子娓娓道来，每次皆有新意；④庄子说理的风格，往往叙述某件事情会揭示一个具体的道理，与此同时，它又会成为一个更博大真理的组成部分，比如庄子论生死，表明不以生喜、不以死悲的达观思想，但最终又与他的"通天下一气耳"的齐物思想相联系，服务于、从属于齐物哲学观。又如庖丁解牛，第一要义是"缘督以为经"的养生之道，只有这样其"刀"才能"是以十九年而刀刃若新发于硎"论述老聃死时秦失所论"安时而处顺"，也是乐天安命的意思，都是庄子的养生之道。但庖丁解牛尚可解读出"依乎天理，因其固然"的人生哲学、做事循道和熟能生巧的寓意、"彼节者有间，而刀刃者无厚，以无厚入有间，恢恢乎其于游刃必有余地矣"的处世哲学；秦失所论还有生死齐同、万物归一、不悦生不恶死的思想；⑤对于庄子的寓言，不同的人或有不同的解读，如《逍遥游》关于鲲鹏与寒蝉小鸟的对举，有人解读为大有大的长处、小有小的用处，都是自然而然符合道的，这在《庄子》其他章节中多有论述；另一些人解读出燕雀不知鸿鹄之志的道理，并因此嘲笑寒蝉小鸟的无知。从《逍遥游》原文来看，或许这两重意思都有，庄子先说"之二虫又何知？小知不及大知，小年不及大年"，接着又说"而彭祖乃今以久特闻，众人匹之，不亦悲夫？"又论之曰"此小大之辩也"。

庄子的诗性语言。庄子思想的文学特质，最后还表现在语言风格上。诗人东方树说："大约太白诗与庄子文同妙，意接词不接，发想无端，如天上白云卷舒灭现，无有定形"（方东树《昭昧詹言》卷十二《李太白》）。诚然，和其他先秦诸子著作不同,《庄子》不是词意相接的、逻辑严谨的论述性的语言,而是或意接词不接,或词虽接意已变的、跌宕跳跃的诗性的语言。

5. 《庄子》中关于濠梁之辩的诡异

庄子与惠子游于濠梁之上。庄子曰:"鯈鱼出游从容,是鱼之乐也。"惠子曰:"子非鱼,安知鱼之乐?"庄子曰:"子非我,安知我不知鱼之乐?"惠子曰:"我非子,固不知子矣;子固非鱼也,子之不知鱼之乐,全矣。"庄子曰:"请循其本。子曰'汝安知鱼之乐'云者,既已知吾知之而问我。我知之濠上也。"

这里庄子实际上偷换了概念。"安知"的"安",既有"怎么能""怎么会"的意思,又可理解成"如何得出""如何做的"之意,显然惠子问庄子"安知鱼之乐?"是前一种意思,而庄子反问的"安知我不知鱼之乐?"也是指的前者,因为惠子并没有问庄子"安不知鱼之乐?"但后面庄子说的"子曰'汝安知鱼之乐'云者,既已知吾知之而问我。我知之濠上也。"这里面就把"安"的概念换成了后一种意思,即"你怎么知道的",将惠子的否定问句偷换概念,变成了肯定问句。以庄子的智慧、庄子的机智、庄子的博学、庄子的自尊、庄子的善辩、庄子的缜密,而做出这等偷换概念的愚蠢把戏,窃以为庄子所不应取。这一则寓言一直被当成"著名的濠梁之辩",但我总觉得这个辩论是滑稽可笑的,有损于庄子作为伟大哲学家和思辨家的英名(参见本书前文"庄子的'自传'"有关内容)。

从逻辑上说,庄子显然是诡辩。但庄子本意并不在玩弄语言技巧,而是以故意的诡论,戏弄惠子一本正经的分析态度。惠子是努力遵循一种推理逻辑的,这正反映出他对日常语言规范和逻辑的信任。庄子在逻辑上是不严格的,这并不是因为其逻辑能力不足,而是有意嘲弄逻辑分析的一本正经。实际上庄子对论辩本身的可靠性根本就不信任,认为两人之间的辩论固然可以有胜负,却不可能有是非,因此辩论本身也就没有什么意义。庄子自己与惠施的多次辩论,都不同于一般意义上的辩论。因为庄子不是捍卫某个观点,他是要否认任何明确的观点(可适用于常规世界的观点),主张无用、无情,同时也以随说随扫的语言风格,对论辩的规则加以调侃。惠子总是认真地辩论,而庄子总是嘲弄这种认真。但这并不是说庄子就真的只是不认真,实际上庄子否定常规世界,恰是因为内心有一种书生的认真,有一种非凡的理想。他对人生的期望过高,现实总是不能使他满意,因此才以戏谑的态度嘲讽一切。(此处说庄子在逻辑上是不严格的,但我们知道庄子是逻辑学大师和辩证法大师;又说庄子认为辩论本身没有任何意义,但如何解释庄子其实毕生都在寻求辩论,难道他毕其一生的辛苦努力都是为了做毫无意义的事情吗?)

6. 关于《庄子》《孟子》互不相提的公案

庄子与孟子同时代，两人都是史上著名的雄辩家，两人都爱争论，两人都曾强烈地抨击时政和其他学者，两人都留下了煌煌巨著，同时两人的思想观点有时极端地对立，一儒一道，孟子对道家没有好感，庄子更是骂尽了儒家（司马迁谓《庄子》专门"以诋訾孔子之徒"）。但奇怪的是，《庄子》中从未提及孟子，而《孟子》中也从未提及庄子，两千年来，无数学者对其探究，从未得出合理的解释。

一种可能的解释是，庄子（据马叙伦考证为前375－前295）稍早于孟子（约前372－前289），庄子不与人交游，同时代并且以后相当长时间内少有人了解庄子，故孟子不知庄子是合理的，庄子早于孟子，《庄子》中未提孟子也是自然的。倘若庄、孟同时或孟子更早，以孟子的显达活跃和庄子的博览博学，不可能不知孟子。以庄子的性格而论，听到孟子的言论而不抨击他则是不可能的，考虑这一点并依据孟子生卒年的考证，庄子的生卒年似应比马叙伦考证的还要早一些才行。庄子除与惠施为友外，几乎不与人交，庄子的闭塞不与人游，使得外界很难了解他，庄子似乎也不求外界了解自己，他要逃名。先秦除荀子（约前313－前238）外，同时代或稍晚的人，如孟子、屈原（约前340－约前278）、吕不韦（约前290－前235）等鲜有提及庄子的，先秦杂家著作《尸子》对各家均有评论，独漏下庄子，乃至西汉、东汉，言黄老说老庄，解经之风盛行，但鲜有了解《庄子》的，更没有注释《庄子》的著作。直到魏晋，庄子的声势才忽然浩大起来（参见《闻一多全集·古典新义》）。

《庄子》尤其是内篇中提到的人物皆稍早于孟子，晚于孟子的人物在《庄子》中皆未提到，《庄子》中提到的人物皆未提过庄子（公孙龙是个例外，活动年代约在前320年－前250年间）。考察庄子的生活年代，可以多了解一下先秦哪些人评论过庄子，评论过的肯定晚于庄子，现在能见到的只有荀子的《解蔽》。同时代的人也很少有人能提到庄子，除了像惠施（约前390－前317年，一说约前370－前310）那样与庄子过从甚密的人有可能同时代而提到庄子，可惜惠施一未能流传下著作，二生卒年本身还不可考。

7. 对《庄子》思想的认识

对庄子的思想进行分类是困难的，就其大类和主要方面来说，可大致分为：①道的思想——对哲学本源的思考。庄子从宇宙本体之道的高度俯观万物，从"以道观之，物无贵贱""万物一齐"出发，把"天"（自然、万物）与我们（人类）联系在一起加以考虑，认为天、地、人具有并生与一体的关系，从而突出了人在世界中的地位。他主张人们应跳出自我阈限，坚持"以鸟养养鸟""以天合天"而不是"以己养养鸟""以人灭天"的处事方法和原则，继而才有可能最终完成"藏天下于天下"世界观的转变；②齐物思想——对物质世界和精神世界的思考，"尽年"是庄子的人生观；③逍遥思想——对解决哲学问题和对人生的思考。《庄子》中几乎各种命题似都可归入此三个方面。

庄子思想主要表现为自然哲学、人生哲学、社会批判思想。

庄子思想汪洋洸恣。但另一方面，在《庄子》中，这些理论内容是散乱的，其发展阶段也缺乏自然的、明确的分界线。这主要是因为现存《庄子》的篇目划分和章节排列没有完全遵循，甚至可以说没有真正发现庄子思想的理论性质和发展的逻辑次序。（如果说篇目划分是由于不同时间、不同作者的风格和思想特点不同，但章节的排列则是同一作者思维洸恣的表现。）

庄子的思想发源于对人的精神自由（"逍遥"）的追求。由这个源头，庄子思想向两个方向展开：一个方向是对永恒的宇宙根源的探索，自由就是他的归依，与它同体；另一个方向就是对现实社会的冷峻的审视，自由就是对它的超脱，与它隔绝。人生、自然、社会组成了庄子思想主要的、基本的方面。

庄子继承和发展了老子"道法自然"的观点，主张齐物我、齐生死、齐贵贱，安时处顺，逍遥自得。庄子布衣草鞋，糁汤野菜，隐居著书，虽物质贫乏，但精神自由。由老子的"无为而治"到庄子的"无为而无不为"，"无为"构成了道家思想的核心。《庄子》中的《齐物论》《逍遥游》和《大宗师》等集中反映了庄子的哲学思想。

"阴阳相照，相盖相治；四时相代，相生相杀。欲恶去就，于是桥起；雌雄片合，于是庸有。"（《则阳》）

在肯定阴阳之气的普遍意义的同时，也认定了它是"万物之所生"的基本原因。

庄子思想深宏博大，以致于每个人都有自己的理解，因此不能强求对庄子阐释的统一（当然是在态度严谨、不胡说八道的前提下），因此大可不必因细枝末节的不同理解而大动干戈、口诛笔伐，就庄子的达观性格而论，大概庄子也不会因为后人对其思想的不同解读和发挥而破棺而出，因此也不会有"庄子很生气"之类的假设。

8. 拾零

①外篇《田子方》

田子方侍坐于魏文侯，数称谿工。文侯曰："谿工，子之师邪？"子方曰："非也，无择之里人也。称道数当，故无择称之。"文侯曰："然则子无师邪？"子方曰："有。"曰："子之师谁邪?"子方曰:"东郭顺子。"文侯曰:"然则夫子何故未尝称之?"子方曰:"其为人也真,人貌而天虚,缘而葆真,清而容物。物无道,正容以悟之,使人之意也消。无择何足以称之!"

子方出,文侯傥然,终日不言,召前立臣而语之曰:"远矣,全德之君子!始吾以圣知之言、仁义之行为至矣。吾闻子方之师,吾形解而不欲动,口钳而不欲言。吾所学者,直土梗耳!夫魏真为我累耳!"

简评:田子方在魏文侯面前数次称赞谿工而不提自己的老师东郭顺子,魏文侯问他为什么,田子方说,老师东郭顺子太伟大了,得了真道,能够不着痕迹地感化他人,所以无法夸赞与形容。魏文侯听了顿悟,感觉自己离道的境界真是太远了。

田子方,名无择,魏文侯之师,魏之贤者。《汉书》说子方为贡门人,韩愈说子方为夏门人,《庄子》则载子方自谓是东郭顺的门人。田子方常出语惊人。

"敬其父不兼其子"。田子方是孔子弟子子贡的学生,道德学问闻名于诸侯,魏文侯慕名聘他为师,执礼甚恭,可田子方依然一副名士派头。有一次,太子子击入宫觐见魏文侯,侍坐诸臣见太子上殿,纷纷起立致礼,唯独田子方傲然而坐。魏文侯见状有些不悦,左右见了纷纷责备田子方无礼。田子方说:"昔日楚恭王礼敬天下名士,素有陈规,'敬其父者不兼其子',如硬要门客也以主公礼敬奉少主人,必会使有才华之士为之却步,如此举措岂非对魏国不利?"一席话说得众人无不信服,魏文侯也转怒为喜。

不要沉溺感官享受。有一天,魏文侯同田子方一同饮酒赏乐,文侯对田子方说:"先生,今日钟声似乎不大协调,高音部分过高,先生以为如何?"田子方笑而不答,魏文侯迷惑不解,问:"先生何以发笑?是寡人说得不对吗?"田子方稽首为礼说:"臣听说,为君者致力于辨官,不着意辨音。今天主公着意辨音,臣担心会削弱对满朝文武的识辨。"魏文侯肃然起敬,稽首相谢说:"先生说的是!"

贫贱者可以骄傲待人——考验太子,用心良苦。过了些日子,镇守中山的太子子击回都述职,在朝歌遇到田子方,由于父亲非常敬重田子方,太子也避让于路旁,并下车向田子方敬礼。田子方乘于车上,傲然而过,不予答礼。子击毕竟贵为太子,对此十分气愤,心想,田子方再尊贵,不过是个门客,怎可如此无礼?想到这里,便大声说:"是富贵者有资格傲慢看不起人,还是贫贱者有资格傲慢看不起人?"言下之意:你田子方不过是个贫贱者而已。其实,田子方数次怠慢太子是有良苦用心的,魏文侯礼贤下士,言听计从,他早已立誓要为魏国的强盛竭尽全力。然而他看得很清楚,眼下魏国虽国势稳健,但却危机四伏,东边是强盛的齐国,北边是勇武的赵国,南边是不甘寂寞的韩国、楚国,西边则是虎视眈眈的秦国。只要国内稍有风吹草动，周边敌国马上会向魏国下手。魏国如要生存、发展，只有上下一心，励精图治，现在魏文侯贤明信达，官民归心，列国震慑，一旦文侯撒手，这种局面是否能保得住呢？出于这种考虑，所以不断考察太子的品行，锻炼他的德性。田子方望了一眼满脸通红的太子，缓缓回答说："真正有资格可以傲慢看不起人的，只能是贫贱者。富贵者怎么敢傲然待人呢？"这个回答大大出乎太子的意料，不由使他瞪大了双眼。田子方继续说："一国之君如果傲然待人，就会失去人心，国家必定不保；大夫如傲然待人，就会失去支持，引起家臣作乱，导致祖业毁弃。这方面的例子已比比皆是。反观贫贱者，无家无业，四海飘泊，言语不见用、处境不合心，就可一走了之，如脱鞋一样。贫贱者难道还怕失去贫贱不成？"太子听完这番话，顿时如醍醐灌顶，以前父亲对他讲的许多政治道理一下子豁然开朗了，他恭恭敬敬地对田子方行了三个礼，然后离去。田子方对太子这种特殊的教育方式，真是收到了成效。

这让我们想起马克思在《共产党宣言》中的一句话，"无产者在革命中失去的只是锁链，他们获得的将是整个世界！"

②依顺自然，自在逍遥

什么是服从自然的态度？不为五斗米折腰是自在；粗茶淡饭，不改其乐是自在；身上只有五块钱，用一块钱助人是自在，又叫"当下慈悲"；不被欲望羁绊，知足常乐是自在；有空游山玩水，赏风捉云是自在。自在的人，乐在其中。

③感官感受愉悦时要反思

从前夏禹的女儿命令仪狄酿造美酒，送给禹帝。禹饮了觉得味道很美，于是就疏远仪狄，戒绝美酒，说："后世的君主一定会有因为饮酒而使他的国家灭亡的。"齐桓公有一次在半夜里感到吃得不足，易牙就用调料煎熬烧烤美味的食品献给桓公，桓公吃得很饱，直到天亮还没有睡醒，于是说："后世的君主一定会有因为贪吃美味而徇私枉法，导致国家灭亡的。"晋文公得到美女南之威，三天不上朝听政，于是就把南之威推而远之，说："后世的君主一定会有因为好色而使他的国家灭亡的。"楚王登上强台观看得忘乎所以，于是就对着墙台发誓不再登了，说："后世的君主一定会有因为迷恋山水的景色而使他的国家灭亡的。"

④得意时更要宽以待人

郭子仪与监军太监鱼朝恩的恩怨，在当时的政治态势上，是相当严重的。鱼朝恩派人暗地挖了郭子仪父亲的坟墓。时当唐代宗大历四年（769 年）的春天，朝野人士都恐怕要掀起一场大风暴，代宗也为了这件事而特别吊唁慰问。郭子仪却哭着说："我在外面带兵打仗，士兵们破坏别人的坟墓，也无法完全照顾得到，现在我父亲的坟墓被挖了，这是报应，不必怪人。

刘宽是汉代的人，为人仁慈宽厚。在南阳当太守时，有人错认了他驾车的牛，硬说这牛是自己的，刘宽什么也没说，叫车夫把牛解下给那人，自己步行回家。后来，那人找到自己的牛，便把牛送还给刘宽，并且赔礼道歉，刘宽反而安慰那人。

⑤不做杞人忧天事，依据具体情况设计自己

米切尔说："我瘫痪之前可以做一万件事，现在我只能做九千件事，我可以把注意力放在我无法再做的一千件事上，或是把目光放在我还能做的九千件事上。"（并且关注九千件事比关注一万件事效果要好，或许仅仅关注十件选对的事比关注更多的事可能取得的成就更大，因为一个人的精力是有限的）能天生得到一副好牌的人很少，得到好牌的人固然值得高兴，但拿到坏牌并不意味着你就一定会输。如果我们手中拿到了一副不算太差的牌，我们就一定要争取去赢；如果我们不幸摊上了一副不能再糟的牌，我们也要尽可能地找到一两张还不算坏的牌作为强项，使结局变得相对好一些。而且如果我们会利用上下家的环境和机遇，巧妙地把一张没用的牌打出去，或许我们还有赢的机会。要记住，你可能会拿到坏牌，但拿到坏牌不一定就会输。

其实，我们原本不该把目光放在瘫痪之前可以做的一万件事情上，或把目光放在瘫痪之后可以做的九千件事情上，应只挑选几件最重要而又切实可行的事情去关注，因为当你关注那么多事情的时候，必然眼花缭乱，精力也是不够的，结果可能一事无成。你应该集中精力去关注一些重要的事，或者最适合自己去做的事，瘫痪前从一万件事情里面选择，瘫痪后从剩下的九千件事情中重新选择。

（三）《庄子》名篇推介

读《庄子》首先要寻找解读《庄子》的锁钥，这个锁钥就是杂篇中的《寓言》和《天下》，其中《寓言》为锁钥的构造，《天下》为锁钥的用法。

《庄子》三十三篇，可以说俱是名篇，但学者从不同的角度审视，就有了不同的感受。

内七篇不消说俱是名篇。内七篇也是整部《庄子》的核心，学者认为三十三篇的《庄子》思想，其实在内七篇里面都已经讲完了，其他外篇、杂篇，都是对内七篇的进一步发挥。但不可否认的是，外篇、杂篇在整部《庄子》中同样非常重要，同时也有一些著名的篇章，某些篇章的影响甚至超过了内七篇的某些篇章，如外篇中的《秋水》，无论从说理的透彻还是从气势的恢宏，被学者公推为宏制奇文。

1. 《逍遥游》——自由观和人生观

"逍遥"一词在《逍遥游》篇中算上题目也仅出现过两次（整部《庄子》出现过七次），但这不妨碍"逍遥"在庄子思想中的重要地位，而实际上"逍遥"是庄子思想中最重要的理念，整部庄子几乎全都与"逍遥"贯通，"逍遥"也是后世文人墨客对庄子思想的第一位的理解。《逍遥游》中讲了几则寓言，其中最重要的且占绝大篇幅反复引申的就是"大鹏展翅九万里"的故事。通过"大鹏"的故事，庄子嘲笑了鹌雀的无知，同时指出真正的"逍遥"需要"无待"，就是不需要依凭任何东西，这是极不容易做到的，即便是御风而行的列子，都不能够做到"无待"（至于展翅九万里的大鹏是"有待"还是"无待"争议较大，可参见后文）。庄子通过"无待"的"逍遥"之境，引出了他的理想人格——至人、神人、圣人——"至人无己，神人无功，圣人无名"。其实，"无待"就是"无为"。

2. 《齐物论》——世界观，庄子哲学中最重要的代表作之一

庄子认为，在"道"的层面上，世间万事万物本质上都是没有区别的，这就是"齐物"；人们的各种观点言论本质上也都是没有区别的，这就是"齐论"。因为万事万物的区分，归根到底是人为的、相对的，而万事万物的存在却并不以人为的、不同的区分而改变；各种观点言论更是因时、因地、因人、因事而异，而大自然规律却不因人的观点言论而有所改变。人对万事万物的区分没有意义，人们的各种观点言论也没有意义，因此"物"是"齐"的，"论"也是"齐"的。"齐物""齐论"是庄子最重要的哲学思想，也是庄子思想中最艰涩、最抽象、最形而上、最独特的哲学理论。《齐物论》中，"有始也者，有未始有始也者，有未始有夫未始有始也者。有有也者，有无也者，有未始有无也者，有未始有夫未始有无也者。"，诸多妙思奇想，常令人瞠目结舌。庄子通过一系列极具哲理的论说和寓言故事，逻辑性地证得了他的世界观和认识论。"齐物论"是庄子的哲学发明，充分显示了庄子思想的博大。"齐物""齐论"是"无为"的理论基础。

3. 《养生主》——养生理论（兼论处世）

相对于《庄子》其他各篇，《养生主》是一篇短文，全文716字，主体是讲"庖丁解牛"的寓言，表面上看通过庖丁解牛的娴熟展示了技艺的高超，但庖丁将解牛过程上升到了"进于技"的"道"的高度，文惠君通过庖丁的阐述豁然开朗，悟出了养生的真理。养生的真谛就在于"缘督以为经"，在艰苦的自然环境中和险恶的社会现实中，要寻找生存的缝隙，不去触碰那些伤身害性的"肯綮""大軱"，

如此就能够"以无厚入有间""游刃有余",得以全生。庄子认为,养生的最高境界是"缘督以为经",就是不做任何戕害生命、违背大道的事情;养生的终极目的是"尽年",就是既不戕害生命又不强求延年,顺应自然尽其天年是最好的。"缘督以为经""尽年"的本质还是"无为"。

4. 《人间世》——处世哲学

俗世的社会是复杂又残酷的,尤其在战国中晚期,你想逍遥,它不让你逍遥,怎么办?庄子提出了他的应对原则和策略。在《人间世》中,庄子讲了颜回拟去卫国劝谏暴君、拯救人民而向孔子请教辞行、叶公子高受命出使向孔子请教、颜阖将要受命做暴君魏灵公的太子的师傅而向蘧伯玉请教三个寓言故事,说明如何处世而不伤身。在庄子时代,劝谏君王而不殃及自身、出使上国而能不亢不卑不辱使命、伴君如伴虎而能全身而退,被认为是最难应对的三件事情。

关于劝谏暴君,庄子的对策是,首先不要有强烈的建功立业的欲望,要先通过"心斋"使自己内心空虚,"虚而待物",具体做法要"入游其樊而无感其名,入则鸣,不入则止。无门无毒,一宅而寓于不得已,则几矣"。关于受命出使,庄子的对策是,忠君爱国、事亲行孝是人人逃脱不掉的"天下大戒二","知其不可奈何而安之若命",完成君命理所应当,处理原则是"传其常情,无传其溢言""无迁令,无劝成。过度,溢也",也就是不要主观行事,庄子深刻了解世事无常,且树木十年毁木一刻,"美成在久,恶成不及改",因此要"乘物以游心,托不得已以养中",也就是"顺物自然而不容私焉"。关于如何为帝王师,庄子的对策是,若要身在虎穴而使"虎不咥人",就要"形莫若就,心莫若和""就不欲入,和不欲出",就是说要顺遂他而又不要助纣为虐,这是很难拿捏的分寸,只有掌握大道的人才能应付自如,要量力而行,不要"螳臂当车",要顺物本性"以鸟养养鸟",不要触其"怒心",须知"意有所致而爱有所无",不遵从规律就会适得其反。

庄子还举了几个"无用为用"的例子,说明为人处事不要太张扬,"木秀于林风必摧之,行出于众人必非之",并引楚狂接舆讽歌笑孔丘的故事,劝告人们要顺应自然,万事不要强求。庄子的处世,就是要抛弃求名求知的欲念、抛弃害人的念头、"虚而待物"注重个人修养、"知其不可奈何而安之若命"、处事不卑不亢、无用为用、洁身自保。《人间世》要点还在于"无为",尤其是不强为。

5. 《德充符》——道德论与理想人格

该篇通过兀者王骀、兀者申徒嘉、兀者叔山无趾、恶人哀骀它、闉跂支离无脤、甕㼜大瘿等几个残疾人和奇形怪状的人,却能赢得人们的普遍尊敬的几个寓言故事，说明重要的是人的德行而不是外形，德行完美，自然散发出耀目的光辉。德行充满的"全才"的标准，就是"才全而德不形者"，就是说不仅需要懂得大道，顺乎自然行事，无执念是非之心，"使之和豫通而不失于兑，使日夜无郤，而与物为春，是接而生时于心者也"，而且要保持平和的心态，不去求名求利，"内保之而外不荡也"，做到"至人无己，神人无功，圣人无名"。最后庄子通过与惠施的辩论，说明大道层面的"情"与世俗的"情"根本不是一回事，大道是无"情"的，对万事万物一视同仁，对某物有了"情"就有了偏爱，对他物就是无"情"就不公平，这就不是"至仁"，因此大道无情，大道无为。有情则有为，有为则有情。懂得大道，"无为"处事，就是"德充符"。

近世论者常以《齐物论》的"丧我"、《大宗师》的"坐忘"来解释"无己"，较为切合，其名虽三，其实为一。总之，此三句话都是就其所达到的主观境界而言。如就方法而论，"无名"是有名而不自以为有名；"无功"是有功而不自以为有功；"无己"是有己而不自以为有己，三者统一于"忘"，即《大宗师》的"坐忘"和《天地》中的"忘乎物""忘己"。

6.《大宗师》——庄子道论（修道之论，本体论，人生论）

这是对"大道"和"真人"的赞歌，只有"道"才能主宰一切，也只有"道"才真正值得庄子效法和师法，这是庄子的本体论和人生论。庄子称"大道"为自己的"大宗师"。

"吾师乎！吾师乎！齑万物而不为义，泽及万世而不为仁，长于上古而不为老，覆载天地、刻雕众形而不为巧。此所游已。"

"夫道，有情有信，无为无形；可传而不可受，可得而不可见；自本自根，未有天地，自古以固存；神鬼神帝，生天生地；在太极之先而不为高，在六极之下而不为深，先天地生而不为久，长于上古而不为老。狶韦氏得之，以挈天地；伏羲氏得之，以袭气母；维斗得之，终古不忒；日月得之，终古不息；堪坏得之，以袭昆仑；冯夷得之，以游大川；肩吾得之，以处大山；黄帝得之，以登云天；颛顼得之，以处玄宫；禺强得之，立乎北极；西王母得之，坐乎少广，莫知其始，莫知其终；彭祖得之，上及有虞，下及五伯；傅说得之，以相武丁，奄有天下，乘东维，骑箕尾，而比于列星。"

对于真人，庄子更是不吝惜赞美之词。

"古之真人，不逆寡，不雄成，不谟士。若然者，过而弗悔，当而不自得也；若然者，登高不栗，入水不濡，入火不热。是知之能登假于道者也若此。古之真人，其寝不梦，其觉无忧，其食不甘，其息深深。真人之息以踵，众人之息以喉。屈服者，其嗌言若哇。其耆欲深者，其天机浅。古之真人，不知说生，不知恶死；其出不䜣，其入不距；翛然而往，翛然而来而已矣。不忘其所始，不求其所终；受而喜之，忘而复之。是之谓不以心捐道，不以人助天。是之谓真人。若然者，其心志，其容寂，其颡頯；凄然似秋，暖然似春。喜怒通四时，与物有宜而莫知其极。故圣人之用兵也，亡国而不失人心；利泽施乎万世，不为爱人。故乐通物，非圣人也；有亲，非仁也；天时，非贤也；利害不通，非君子也；行名失己，非士也；亡身不真，非役人也。若狐不偕、务光、伯夷、叔齐、箕子、胥余、纪他、申徒狄，是役人之役，适人之适，而不自适其适者也。古之真人，其状义而不朋，若不足而不承；与乎其觚而不坚也，张乎其虚而不华也；邴邴乎其似喜乎，崔乎其不得已也，滀乎进我色也，与乎止我德也，厉乎其似世也，謷乎其未可制也；连乎其似好闭也，悗乎忘其言也。以刑为体，以礼为翼，以知为时，以德为循。以刑为体者，绰乎其杀也；以礼为翼者，所以行于世也；以知为时者，不得已于事也；以德为循者，言其与有足者至于丘也；而人真以为勤行者也。故其好之也一，其弗好之也一。其一也一，其不一也一。其一与天为徒，其不一与人为徒。天与人不相胜也，是之谓真人。"

大道和真人，真是庄子汲汲以求的啊！这样的"道"和"真人"在现实中如何能够求得？

庄子以"大宗师"的原则论述了他的生死观，"夫大块载我以形，劳我以生，佚我以老，息我以死。故善吾生者，乃所以善吾死也"，因此要"无为"。"相濡以沫，不如相忘于江湖"，还是强调顺应自然，不要有执念。人之为人，已是万幸，若再多求，不仅不通大道，而且是贪得无厌了，问题是你再贪得无厌，大自然也不会额外照顾你，因此还是"无为"的好。庄子还通过"南伯子葵问乎女偊"的对话，说明求道的方法，这就是"圣人之才－守之教之－外天下－外物－外生－朝彻－见独－无古今－入于不生不死"。借颜回与孔子论修道，说明修道不仅要忘却"仁义"、忘却"礼乐"，还要达到"坐忘"的境界，"堕肢体，黜聪明，离形去知，同于大通"，最后达到的"道"的境界，是永生的，是极其美妙的。另外，庄子通过"子祀、子舆、子犁、子来""子桑户、孟子反、子琴张""孟孙才""子舆与子桑友"等几个寓言故事，说明得道之人对待生存、死亡、丧葬、贫困等的态度，指出"得者，时也；失者，顺也"，要因应自然，"安时而处顺，哀乐不能入也"，再次强调大自然"故善吾生者，乃所以善吾死也"。一切都是身外之物，天地无私，顺应自然才是正道。"道"和"真人"都是"大宗师"，他们遵循的还是"无为"。

7. 《应帝王》——政治哲学（无为）

庄子的品格是追求"无待"的自由"逍遥"，他是不愿被有国者所羁的，所以一般与帝王之术没有关系。但庄子也是一个现实的人，他也承认天下"有大戒二"，"忠君""养亲"无逃乎人间。现实世界的人世间不能没有君王，关于如何做君王，庄子给出了他的劝诫，"应帝王"就是"应该怎样做帝王"，简言之就是做一个"无为而治"的帝王。本篇通过啮缺、王倪、蒲衣子等得道的世外高人对几个上古帝王的评论、肩吾与狂接舆的对话、天根与无名人的对话等几则寓言故事，说明治理天下的最高境界就是"无为"①，其要诀就是"汝游心于淡，合气于漠，顺物自然而无容私焉，而天下治矣。"阳子居见老聃的虚构寓言，借老聃之口说出的明王之治为，"功盖天下而似不自己，化贷万物而民弗恃；有莫举名，使物自喜；立乎不测，而游于无有者也。"说的都是帝王应该"无为"而治理天下，如若以有为的方式治理天下，结果必然会祸乱天下。列子将能"知人之死生存亡，祸福寿夭，期以岁月旬日，若神"的神巫季咸介绍给自己的老师壶子，经过几个回合的较量，神巫季咸落荒而逃，此则寓言说明未得真道而四处炫耀的人，必然会很容易被人看出自己的浅薄，只有得了真道，才能与时俱化、立于不败之地、不被外人看破，为了修道，"于事无与亲，雕琢复朴（返璞归真），块然独以其形立（置身物外）。纷而封哉（守护本真），一以是终（终身不渝）。"才是正途。庄子思想中的理想人格"至人"的境界，就是"不将不迎，应而不藏，故能胜物而不伤"。本篇最后，庄子通过一则短小精悍的寓言，"南海之帝为儵，北海之帝为忽，中央之帝为浑沌。儵与忽时相与遇于浑沌之地，浑沌待之甚善。儵与忽谋报浑沌之德，曰：'人皆有七窍以视听食息，此独无有，尝试凿之。'日凿一窍，七日而浑沌死。"，表明了极其深奥的道理，世事的幡然淆乱，实乃从有为开始。《应帝王》是庄子对老子无为政治论的继承和发挥。

8. 外篇、杂篇中的名篇

外杂篇中不乏精品。

许多学者认为，固然内篇重要，但外、杂篇也有独到之处，如：

《骈拇》（外篇）：一部庄子，宗旨在此篇。（陆长庚）

《天道》（外篇）等篇内容驳杂，是儒、道、名、法糅合的产物。

《秋水》（外篇）：《庄子》书有迂阔者，有荒唐者，有愤懑者，语皆未平，独此篇说义理阔大精辟，由前圣所未发、而后儒所不及闻者也。（陈深）

《知北游》（外篇）：所论道妙，迥出思议之表，读《华南》者，知北游最为肯綮。（陆长庚）

《庚桑楚》（杂篇）：文字何异于内篇。（宋林希逸）"移是"章，论至此而尽其抉藏……而庄子之学尽于此矣。庄子之旨于此篇而尽揭以示人。（王夫之）

---

① 稍后期的法家集大成者韩非子提出"君王无为，臣子有为"，各得其所，天下大治的为政学说。道家和法家实则有许多共同点，汉初贵黄老、刑名之学，故《老子韩非列传》说："申子之学，本于黄老而主刑名""韩非者…喜刑名法术之学，而其归本于黄老"。

《列御寇》(杂篇):"巧者劳而智者忧"一语,是"数韵调绝伦,实诸子所不及。"(杨慎)

《天下》(杂篇):文词娇美,涵盖极广;历述古今道术所自,而以己承之;内容宏阔(浩博贯,综而微言深至(王夫之));文词瑰玮(笔力雄奋奇幻,环曲万端(胡文英))。

除上述篇目外,予独爱《说剑》(杂篇)。或许有人说此篇倡有为而为伪作,或许有人认为此篇粗鄙,但也可找出理由认为此篇既非伪作也不是粗鄙之作,《庄子》的多面性正是他(庄子)的重要特点之一。毫无疑问的是,《说剑》气势恢宏,一气呵成,慷慨激昂,荡气回肠!尤喜文尾"王乃牵而上殿。宰人上食,王三环之。"此语绕梁三日,感人至深。

以上种种可以看出,《庄子》外、杂篇在哲学思想上,较之内篇有所拓展前进。它把内篇的虚无之"道"推到现实世界当中,对物质之"气"予以高度重视,认定了阴阳二气形成,以生万物的命题,成为庄子后学向朴素唯物主义靠拢的标志。同时,外、杂篇在政治思想方面也发生了较大变化。它立足于君主之治,要求从内篇的"游心于淡,合气于漠,顺物自然而无容私焉",来达到浑沌而转变为"以道观言而天下之君正,以道分而君臣之义明,以道观能而天下之官治,以道泛观而万物之应备"的君臣各守其职的无为中来。君主的"无为"与臣民的"有为"相合,达到用天地的自然之德,用天地的自然无为方式来稳定天下的目的。

七、《秋水》译释

《秋水》篇约 3505 字,主要讲了河伯与海若的寓言,另外讲了几个短小的寓言。其中洋洋洒洒 1980 字的一大段,只讲了一个故事,就是河伯(黄河之神)与海若(大海之神)的对话。通过河伯与海若的七问七答,层层递进,周密畅达,揭示了天道至大、无所不包的奥秘,阐述了万川归海、大小多少的认识论,展示了庄子行云流水般的超级辩才。《秋水》是《庄子》中论道的最透彻、最流畅、最经典、最美妙的篇章。

(一)题解

本篇以篇首二字"秋水"名篇,其标题并无实质意义。本篇是《庄子》一书中最有名的名篇,也是一长篇,其核心是讨论人应该怎样去认识外物。《秋水》的中心意思是探讨价值判断的无穷相对性,根据万物齐一的原理,论说人应听天由命，一切都不应强求，尤其不能争名夺位，才能返归自然获得自由。《秋水》表现了庄子哲学思想中的又一重要观点，即万事万物的大小、是非都是相对的，人生的贵贱和荣辱也是无常的，因此庄子告诫人们不要为了追求名位、富贵而伤害自然本性，而顺应自然便能得其真道。

此篇的主旨是揭示宇宙的无限性和具体事物的有限性、客观事理的无穷性和人的认识的相对性。从一定意义上说，本篇运用了《齐物论》的观点，同时也是对《齐物论》思想的补充，行文风格则类《逍遥游》。此篇乃假借河伯与海若的问答依次渐进于道，层层逼近，毫无躐等，为道之梯，或当如是。

全篇的主体部分由河伯与北海若一气呵成的七番问答构成。自篇首至"是谓反其真"为总论，后续各节为分论。分论以下，或用"寓言"，或用"重言"，以证实其主张。第一番问答，是破其门户之成见。将河伯的小而自以为多和海若的大而未尝自多作出比较，进而指出个人和万物相比就像一根毫毛在马身上一样，是很小的，说明了认识事物的相对性观点，告诫人们切忌自我夸耀；第二番问答，是破其大小之成见。由揭示大小的相对性进而讨论认识的相对性，以确知事物和判断其大小极其不易说明认知事物自身的不定性受事物总体的无穷性所影响。天地固然大，但与宇宙相比不足为大；毫末固然小，但与更小的事物相比不足为小。大小始终是相对的，是相比较而言的。人的认识也是同样的道理，人生是短暂的，宇宙是无限的，以短暂的生命和有限的智慧去穷究对无限宇宙的认识，只能是徒劳的。第三番问答，是破其精粗有无之成见。说明认知事物之不易，指出人的认识只限于事物之精粗，至于超乎精粗之外的，则是"言之所不能论，意之所不能察致"的。第四番问答，是破其是非贵贱之成见。由大小的相对性引出贵贱的无常性，更进一步地指出大小贵贱都不是绝对的，因而最终是不应加以辨知的，强调从道的观点看"物无贵贱"。第五番问答，是显其自化之迹。从"万物一齐""道无终始"的观点出发，指出人们认知外物必将无所作为，指出宇宙间"无动而不变，无时而不移"，主张破除有为有执，最后引出"自化"的观念。第六番问答，是明其大道之用。通过为什么要看重"道"的对话，指出懂得道就能通晓事理，就能认识事物的变化规律，指出道的功用和认识道的重要性，并引出天、人的范畴。第七番问答，是别其天人之分，终之以顺天而反真。提出返归本真的主张，诠释什么是天，什么是人，进而得出结论——"无以人灭天，无以故灭命，无以得殉名"，强调"反其真"，把"自化"的观点又推进了一步。

后面还写了六个寓言故事，以证实其主张、申论其宗旨，其中一些成为了著名的寓言，如井底之蛙、庄子钓于濮水宁做自由之龟、庄子视权贵如腐鼠、子非鱼安知鱼之乐（濠梁之辩）等。但每个故事自成一体、互不关联，与前面主题对话也无任何结构上的联系，似有游离之嫌，或疑散段羼入，与本篇主旨较少关联。不过，对把握《庄子》和庄子思想，还是不无助益的。

（二）要点例举

1. 《秋水》之认识论

《秋水》篇可以说是庄子外篇中最著名的一篇。篇中最精彩的寓言是河伯与海神的七问七答，其篇幅与论旨，皆为外篇众多寓言之冠，文中针对大小之辩、无限与有限的对比，做了多层面的探讨，阐发的意义深入且发人深省，将世人习惯的二元对立思考模式彻底瓦解。在认识论的阐述上紧扣内篇之《齐物论》，虽然其论述最终仍归结到老庄思想中自然无为的本题上，但开展出的格局却相当壮阔，在思辨与文风上都可与内篇的《逍遥游》相媲美。

"计四海之在天地之间也，不似礨空之在大泽乎？计中国之在海内，不似稊米之在大仓乎？号物之数谓之万，人处一焉；人卒九州，谷食之所生，舟车之所通，人处一焉，此其比万物也，不似豪末之在于马体乎？"（一答）"夫物量无穷，时无止，分无常，终始无故。是故大知观于远近，故小而不寡，大而不多，知量无穷；证向今故，故遥而不闷，掇而不跂，知时无止；察乎盈虚，故得而不喜，失而不忧，知分之无常也；明乎坦涂，故生而不说，死而不祸，知终始之不可故也。计人之所知，不若其所不知；其生之时，不若未生之时；以其至小，求穷其至大之域，是故迷乱而不能自得也。由此观之，又何以知毫末之足以定至细之倪？又何以知天地之足以穷至大之域？"（二答）"知道者必达于理，达于理者必明于权，明于权者不以物害己。至德者，火弗能热，水弗能溺，寒暑弗能害，禽兽弗能贼。非谓其薄之也，言察乎安危，宁于祸福，谨于去就，莫之能害也。"（六答）

简评：第一段出现在河伯与海若的第一次问答中，说明"沧海一粟""九牛一毛"的道理，原意为不要自以为是，其实世界大得很，引申为知识也是不能穷尽的，再博学也是微不足道的，如此穷究到底还有意义吗？第二段出现在河伯与海若的第二次问答中，说明大小多少、祸福终始都是相对的（量无穷，时无止，分无常，终始无故），一概不要计较，要"大知观于远近，故小而不寡，大而不多""证向今故，故遥而不闷，掇而不跂""察乎盈虚，故得而不喜，失而不忧""明乎坦涂，故生而不说，死而不祸"，此段明确提出真知出于体验，不经历就不会了解，物物各不相同，不可以小推大，由此推出事物没有终极、小的方向和大的方向都不能穷尽，也不可类比臆测的结论。第三段出现在河伯与海若的第六次问答中，说明懂得大道的人，就能"达于理""明于权""不以物害己"，得道的"至德"之人，不会受到自然灾祸和毒蛇猛兽的伤害，不在于他们可以抵抗这些伤害，关键是他们可以规避这些伤害。

河伯与海若的七问七答,层层递进,将庄子的认识论阐述得明明白白,最后认识归于大通即得大道。

2. 《秋水》之进化论

"物之生也,若骤若驰,无动而不变,无时而不移。何为乎?何不为乎?夫固将自化。"

这是河伯与海若七问七答之第五答的结论。万物的产生和存在,若骏马奔驰,瞬息万变,"逝者如斯不舍昼夜"。每一步都有变化,每一时都在推移,为什么这样、为什么不那样,万物遵循自然规律而变化,自有它的道理。

3. 《秋水》中具有自传性质的寓言小故事

(1)庄子钓于濮水。楚王使大夫二人往先焉,曰:"愿以境内累矣!"庄子持竿不顾,曰:"吾闻楚有神龟,死已三千岁矣,王巾笥而藏之庙堂之上。此龟者,宁其死为留骨而贵乎?宁其生而曳尾于涂中乎?"二大夫曰:"宁生而曳尾涂中。"庄子曰:"往矣!吾将曳尾于涂中。"(《秋水》)

(2)惠子相梁,庄子往见之。或谓惠子曰:"庄子来,欲代子相。"于是惠子恐,搜于国中三日三夜。

庄子往见之,曰:"南方有鸟,其名为鹓鶵,子知之乎?夫鹓鶵发于南海而飞于北海,非梧桐不止,非练实不食,非醴泉不饮。于是鸱得腐鼠,鹓鶵过之,仰而视之曰:'吓!'今子欲以子之梁国而吓我邪?"(《秋水》)

(3)庄子与惠子游于濠梁之上。庄子曰:"儵鱼出游从容,是鱼之乐也。"惠子曰:"子非鱼,安知鱼之乐?"庄子曰:"子非我,安知我不知鱼之乐?"惠子曰:"我非子,固不知子矣;子固非鱼也,子之不知鱼之乐,全矣!"庄子曰:"请循其本。子曰'汝安知鱼之乐'云者,既已知吾知之而问我。我知之濠上也。"(《秋水》)

以上三则寓言的译文和简评详见前述"庄子的'自传'"有关内容。

(三)释读

秋水时至,百川灌河。泾流之大,两涘渚崖之间,不辩牛马。于是焉河伯欣然自喜,以天下之美为尽在己;顺流而东行,至于北海,东面而视,不见水端。于是焉河伯始旋其面目,望洋向若而叹曰:"野语有之曰'闻道百,以为莫己若者'。我之谓也。且夫我尝闻少仲尼之闻而轻伯夷之义

译文:秋天的雨水遵守时令如期而至,千百条河流一起汇入黄河,河面宽阔波涛汹涌,两岸和水中沙洲之间望去是牛是马都不能分清。于是黄河之神河伯洋洋自得,认为天下所有美好的东西都汇集在自己这里了。黄河之神顺流东下,到达北海,面向东方望去,不见大海的尽头。于是黄河神方才改变自傲的态度,望着浩瀚的海洋,对海神北海若感叹说:"俗话说'知道一百条道理,便以为天下没有人能比得上自己。'这正是说的我啊!而且我曾经听说,有人认为博学的孔子的见闻也不算多,

者，始吾弗信；今我睹子之难穷也，吾非至于子之门，则殆矣，吾长见笑于大方之家。"

北海若曰："井鼃不可以语于海者，拘于虚也；夏虫不可以语于冰者，笃于时也；曲士不可以语于道者，束于教也。今尔出于崖涘，观于大海，乃知尔丑，尔将可与语大理矣。天下之水，莫大于海，万川归之，不知何时止而不盈；尾闾泄之，不知何时已而不虚；春秋不变，水旱不知。此其过江河之流，不可为量数。而吾未尝以此自多者，自以比形于天地，而受气于阴阳，吾在于天地之间，犹小石、小木之在大山也。方存乎见少，又奚以自多！计四海之在天地之间也，不似礨空之在大泽乎？计中国之在海内，不似稊米之在大仓乎？号物之数谓之万，人处一焉；人卒九州，谷食之所生，舟车之所通，人处一焉，此其比万物也，不似豪末之在于马体乎？五帝之所连，三王之所争，仁人之所忧，任士之所劳，尽此矣。伯夷辞之以为名，仲尼语之以为博，此其自多也，不似尔向之自多于水乎？"

高尚的伯夷的高义也不是最值得看重的，开始我还不相信；现在我看到你如此难以穷尽（故而我才认识到山外有山、天外有天啊！我才认识到孔子的见闻也不是涵盖一切、伯夷的高义也不是至高无上的），我要不到你这里来，亲眼目睹你的浩淼博大，则会永远地愚昧啊！那我将永远被得道而有真知的人所耻笑啊！"

北海若说："井底之蛙不可以与之谈论大海，因为它为地域所局限；夏天的虫不能与之谈论冰霜，因为它被季节所障蔽；见识偏狭的人不能与之谈论大道，因为他被世俗礼教所束缚。现在你从黄河边走出来，观看浩渺苍茫的大海，才知道你自己的卑陋寡闻和不足，这就可以与你谈论大道了。天下的水域，没有比海更大的，千万条河流都注入大海，从不停歇也不知道何时才能停歇，而大海却从不会溢满；海水从海底的尾闾泄露出去，一直泄露也不知道何时才能停止，而海水并不因此而减少；无论春季还是秋季，皆无变化，不管水涝抑或干旱都不会有影响。大海的广大远远超过了江河的流水，无法用数量来计算。但我并没有因此而自以为多，我从天地那里得到形体，从阴阳那里秉受生气，我在天地之间，就好像小石子、小树苗在泰山上一样，我只有自己过于渺小的想法，又怎么会自满呢？想一想，四海在天地之间，不就像蚁穴在大洋里一样吗？中原大地在四海之中，不就像小米粒在大谷仓里一样吗？物类的数量有万种之多，人类也不过是其中之一，人在九州之地居住，凡粮食可以生长、舟车可以通行的地方，皆有人居住，而个人只不过是其中的一分子，个人与万物相比，不就像一根毫毛的末端在马身上一样吗？五帝筹划选材接连禅让天下，三王兴师动武争夺天下，仁人忧虑天下安危，志士操劳人间疾苦，皆同毫毛之末一样微不足道！伯夷辞让爵位以博取名声，仲尼讲述六经以显示渊博，这也是他们的自满与自傲，不就像你以前在河水暴涨时的洋洋自得一样吗？"

简评：此乃第一问答。在未见到大海之前，黄河之神河伯未见到过比自己更加宏伟壮观的，见到了大海的浩瀚，河伯反思了自己以前的认识，决心向大海之神海若请教。海若认为河伯能够对自己的经历和认识过程进行反思，就可以和他论道了。海神说，世间的大小都是相对的，大海尽管浩渺，在宇宙中也是微不足道的，而个人在地球上更是微不足道。推衍到事功上，人们忙忙碌碌终其一生，无论取得多么大的成就、曾经有过何等的辉煌，在道的层面上也都是微不足道的，因为那些事情对道来说没有丝毫的增益和损耗，若像伯夷、叔齐和孔子那样因某方面的才能和成功而炫耀自满，那一定是不通大道、非常可笑的。

河伯曰："然则吾大天地而小毫末，可乎？"北海若曰："否。夫物，量无穷，时无止，分无常，终始无故。是故大知观于远近，故小而不寡，大而不多，知量无穷。证向今故，故遥而不闷，掇而不跂，知时无止；察乎盈虚，故得而不喜，失而不忧，知分之无常也；明乎坦涂，故生而不说，死而不祸，知终始之不可故也。计人之所知，不若其所不知；其生之时，不若未生之时；以其至小，求穷其至大之域，是故迷乱而不能自得也。由此观之，又何以知毫末之足以定至细之倪！又何以知天地之足以穷至大之域！"

译文：河神问："那么把天地看作是大的，把毫末看作是小的，可以吗？"海神说："不可以。万物的限量没有穷尽，时间没有止期，得失没有一定，事物的终结和起始没有定因。所以大智慧的人观察远近事物，不因其小而视之为少，不因其大而视之为多，因为他知道事物的限量是无穷的。能够验证和察明古今变化是无穷的，并且没有差别，所以能做到寿命久远却不感到烦闷，寿命短暂却不祈求长寿，这是因为知道时间的推移是没有止境的；能够明察天道有盈有亏的变化之理，所以有所得而不欣欣喜悦，有所失却不悔恨忧虑，这是因为知道得与失的禀分是没有定规的；能够明白生死的终始反复乃自然万物的平常途径（平坦大道），所以不因生存而感到欣喜，不将死亡视为祸患，因为他知道死和生并无常理。算起来，人所掌握的（知道的）知识，总是不如他不知道的多；人生存的时间，远不如他不在世的时间长；以极其短暂的生命和非常有限的智慧去探求无限发展变化的世界，只能使自己陷入迷乱状态而无法安然自得。由此看来，又怎么知道毫末就可以作为衡量最小之物的尺度呢？又怎么知道天地就可以视为最大的境域呢？"

简评：此乃第二问答。河神问，把极大的天地看作大的，把极小的毫毛看作小的行吗？海神说也不行，道理还是在于大小都是相对的，往大处说没有边，往小处说没有底；时间无穷无尽，得失也是相对的，一个角度看是得，另一角度看就是失；开始和终结也是人为规定的，一事物的终结就是另一事物的开始，反之亦然。懂得大道的人思考这些问题都不会走极端，不将大小、得失、寿夭、生死等看得太重。对于知识追求，庄子还认为用有限的生命去汲汲追求各种知识，定会陷于人生的混乱，也是不切实际、不通大道的。庄子此处所言与不可知论决然不同，庄子主要从客观规律着眼，告诫人们不要去做违背自然规律的事情。时间无穷尽无始终，空间无穷尽无始终，人的认识也无穷尽，因此不要走极端去寻找最大的和最小的。

河伯曰："世之议者皆曰：'至

译文：河神问："世间议论的人都说，'最精细的东精无形，至大不可围。'是信情乎？"北海若曰："夫自细视大者不尽，自大视细者不明。夫精，小之微也；垺，大之殷也。故异便，此势之有也。夫精粗者，期于有形者也；无形者，数之所不能分也；不可围者，数之所不能穷也。可以言论者，物之粗也；可以意致者，物之精也；言之所不能论，意之所不能察致者，不期精粗焉。是故大人之行，不出乎害人，不多仁恩；动不为利，不贱门隶；货财弗争，不多辞让；事焉不借人，不多食乎力，不贱贪污；行殊乎俗，不多辟异；为在从众，不贱佞谄；世之爵禄不足以为劝，戮耻不足以为辱；知是非之不可为分，细大之不可为倪。闻曰：'道人不闻，至德不得，大人无己。'约分之至也。"

西没有形迹可循，最广大的东西不能限定范围'，这样的说法真实可信吗？"海神说："从小的方面看大的东西，是看不完全的；从大的方面看小的东西，是看不分明的。精细之物，是小物中的微小之物；巨大之物，是大物中的大物。所以事物大小不同，却各有各的相宜之处，这是事态发展的必然现象。所谓精微粗略之物，是就有形之物而言的，无形之物是不能用度数划分和衡量的；而不可限定范围的东西，更不是用数量能够精确计算的。可以用言语谈论的事物，是事物中粗略的部分；只可以意会而不能用言语谈论的事物，是事物的精微部分；言语所不能谈论的而意识（心意、意念）又不能达到的，是不能用精微和粗细来限定的事物。所以修养高尚的人行事，不伤害别人，不推崇仁义恩惠，行动不求为利，不轻视守门的仆隶；不争财货也不推崇辞让的行为；做事不借别人之力，也不赞许自食其力的人，不卑贱贪图财物和借助他人之力办事的人；行为不同世俗，但也不主张邪僻乖异；凡事所为，未曾专断，随从众人而已，但也不卑贱奉承献媚之人；世俗的高官厚禄不足以诱惑他，刑戮、羞耻不足以侮辱他；他知道是与非并没有分明的界限，也懂得大与小没有一定标准。我曾听人说，'能体察大道的人不求闻达于世，修养高尚的人不会计较得失，清虚宁寂的人能够忘掉自己。'依照事物的限度，只做分内的事，就算达到了至德的境界。"

简评：此乃第三问答。这里河伯又提出了一个更深层次的认识论问题，即什么是可认识的，什么是不可认识的？海神回答，对事物（客观和主观）的认识有三个层次，第一个是可看到并能形容的有形之物，无论其大小都是可以限量的；第二个是可想象而不能确切形容的无形之物（看不到故不能精确形容，对它的形容只是臆测），称为"精微"部分，通常人们硬要形容它就有了是非之争；第三个不但是不可形容的无形之物而且是不可想象的，这样的事物才是不可限量的。由此，并不是微小的就是"精微"而宏大的、就是"不可限量"的。只有自然大道属于不可限量的第三个层次。懂得大道的人，对于客观存在的事物和主观认识的思想，能够认识到它们的相对性和局限性，因此不必执着于善恶、利害、贵贱、贪廉、强弱、荣辱、尊卑、是非等，不求闻达、不讲得失，忘掉自我，就是依存大道了。根据客观事物的规律和限度办事，不去汲汲以求，只做与自然大道相宜的事情，就是理想的境界。

河伯曰："若物之外，若物之内，恶至而倪贵贱？恶至而倪小大？"北海若曰："以道观之，物无贵贱；以物观之，自贵而相贱；以俗观之，贵贱不在己。以差观之，因其所大而大之，则万物莫不大；因其所小而小之，则万物莫不小。知天地之为稊米也，知毫末之为丘山也，则差数睹矣。以功观之，因其所有而有之，则万物莫不有；因其所无而无之，则万物莫不无。知东西之相反而不可以相无，则功分定矣。以趣观之，因其所然而然之，则万物莫不然；因其所非而非之，则万物莫不非。知尧桀之自然而相非，则趣操睹矣。

"昔者尧舜让而帝，之哙让而绝。汤武争而王，白公争而灭。由此观之，争让之礼，尧桀之行，贵贱有时，未可以为常也。梁丽可以冲城，而不可以窒穴，言殊器也；骐骥骅骝一日而驰千里，捕鼠不如狸狌，言殊技也；鸱鸺夜撮蚤，察毫末，昼出瞋目而不见丘山，言殊性也。故曰：盖师是而无非，师治而无乱乎？是未明天地之理，万物之情者也。是犹师天而无地，师阴而无阳，其不可行明矣。然且语而不舍，非愚则诬也。帝王殊禅，三代殊继。差其时，逆其俗者，谓之篡夫；当其时，顺其俗者，谓之义之徒。默默乎河伯，女恶知贵贱之门，小大之家！"

译文：河神问："在事物的外表或者内部角度看，怎么来区分贵与贱，区分大与小呢？"海神说："从道的观点来看，万物并没有贵贱的分别；从万物自身的角度看，皆自以为贵而以别物为贱；从普世大众的角度来看，或贵或贱并不是自己个人说了算；从事物之间差别的角度看，顺着事物大的一方面说它大，则万物没有一物不是大的；顺着物体小的一面说它小，则万物没有一物不是小的。由此知晓，天地虽大，比起更大的东西来也就如同一粒小米，毫末虽小，而比起更小的东西，它也像一座高大的山丘，然后就可以看清楚万物的相对性了。以事物具有的功能来看，从其有用的方面去看而认为其有用，那么万物都是有用的；从其无用的方面去看而认为其无用，则万物都是无用的。知道东和西的方向相反，而又互相依存，那么万物的功用和本分也就确定了。从人们对事物的趋向来看，顺着一物肯定的一面去说它是对的，则万物都是对的；顺着一物否定的一面而说它是错的，则万物都是错的。由此而知道为什么尧和桀都自以为正确而又都相互否定对方，人们的趣向和操守就可以看得清楚了。

过去尧和舜通过禅让而称帝，四海升平，燕王哙禅让王位给子之，而燕国几乎灭绝；商汤伐桀、周武王伐纣，皆征战而称王深得人心，白公胜却因争夺王位而遭杀身之祸。由此看来，争斗与禅让的礼法，唐尧和夏桀的作为，他们的高贵与卑贱是因时而异的，并没有一定的常规。栋梁之大可以用来冲击敌之城门，而不能用来堵塞鼠穴，这是说其器用大小不同；骐骥骅骝，日行千里，扑捉老鼠却不如野猫和黄鼠狼，这是说它们技能不同；猫头鹰夜间能够捉跳蚤，眼睛能够明察毫末之物，白天它睁大眼睛却看不见大山，这说的是秉性不一样。所以说，效法对的东西在这里就一定没有错的成分吗？遵循治世的规律在这时就一定没有祸乱的因素吗？具体情况变了，再照搬以往的经验就难免不出问题。这是因为不明白天地间事物变化的道理，万物变化的实情，这就如同只取法于天而不取法于地，只取法于阴而不取法于阳，这种做法行不通也就是很自然的了。然而世俗之人还不住口而四处游说议论不休，这样的人不是愚昧无知就是存心想骗人。古代帝王的禅让各不相同，夏商周三代继承帝位的情形各自有异。不合时宜，违背大众意愿的执政者，人们称他为篡逆之徒；合乎适宜，顺应民心的当政者，人们称他为具有高尚道义的人。不要说话了，河神！你哪里知道贵贱和大小的道理呢？"

简评：此乃第四问答。河伯问如何区分贵贱和小大。海神说，在道的层面，本无贵贱、小大之分。但在其他层面就有贵贱、小大之分，而且区分的标准还不一样。从自身的角度看，总是以为自己为贵而别物为贱，但自己的看法不能影响普世大众，普世大众的标准或许与自己的不相同；而小大更是相对的，不同的观察角度就有不同的认识，与更大的相比大的也是小的，与更小的相比小的也是大的；万物的功用、方向的向背、判断的是非，都是如此。尧和桀都认为自己对而认为另一方做的不对，观察他们的行为和认知，就能了解他们的作为和操守，判断任何人的操守都是这样，听其言而观其行。

后一段海神说的是要具体问题具体分析，情况变了而还按原来的方法不一定能奏效，甚而会适得其反，是非的判断、社会的治乱、朝代的更迭都是这样，适应客观的自然大道就成功，违逆大道就失败。万事万物各有所长、各有所短，要用其所长，避其所短，才能收到事半功倍之效。

河伯曰："然则我何为乎，何不为乎？吾辞受趣舍，吾终奈何？"北海若曰："以道观之，何贵何贱，是谓反衍；无拘而志，与道大蹇。何少何多，是谓谢施；无一而行，与道参差。严乎若国之有君，其无私德；繇繇乎若祭之有社，其无私福；泛泛乎其若四方之无穷，其无所畛域。兼怀万物，其孰承翼？是谓无方。万物一齐，孰短孰长？道无终始，物有死生，不恃其成。一虚一满，不位乎其形。年不可举，时不可止。消息盈虚，终则有始。是所以语大义之方，论万物之理也。物之生也，若骤若驰，无动而不变，无时而不移。何为乎，何不为乎？夫固将自化。"

译文：河神问："那么我该做什么，不该做什么呢？对于辞让、接受、进取、退缩，我究竟应该怎么做呢？"海神说："用大道的观点来看，什么是贵什么是贱，都是循环往复向相反方面转化的；不要用传统的成见来束缚你的心志，使其与大道相阻隔；什么是少什么是多，都是更替续延的，交互为用；不要偏执于事物的某一方面行事，而与大道不相一致。端庄、威严得就像一国的国君那样，对谁都没有一点偏私的恩惠；庄严肃穆得就像祭祀中的土地神一样，对百姓无一点私爱和赐福；道如流水溢四方，旷远无穷，没有边界；兼蓄并且包藏万物，竟有谁承受特殊照顾？这就是没有任何偏向。万物都一样，谁短谁长？大道没有终结和起始，万物都有生死的变化，即使一时有所成功也不足以依仗。大道在一虚一盈地变化，并非拘于形体和名位。过去的岁月无法留存，时光不会停止。有消有长，有盈有虚，万物的消亡、生息、充盈、亏虚都在终而复始地变化着。明白了以上的道理才能谈论大道的深奥学问，探讨万物的自然规律。万物之生长，像马儿飞奔般疾速，没有什么举动不在变化，没有什么时刻不在推移。应该做什么，不应该做什么？这些都没有关系，万物本来就会按其本性自然变化的。"

简评：此乃第五问答。河伯愈发迷惑，既然是非善恶都没有标准，那我们应该怎么做呢？海神说，正是因为是非善恶都是相对的，所以你不必偏执地去想，去除我执，去除私念，去除偏爱，让心灵空虚，遵循自然大道，随顺万物自然变化的规律去做事就够了。万物都有固定的自然发展规律，不以人的意志为转移，为什么还要刻意地去想应该做什么、不应该做什么呢？

河伯曰："然则何贵乎道邪？"北海若曰："知道者必达于理，达于理者必明于权，明于权者不以物害己。至德者，火弗能热，水弗能溺，寒暑弗能害，禽兽弗能贼。非谓其薄之也，言察乎安危，宁于祸福，谨于去就，莫之能害也。故曰：'天在内，人在外，德在乎天。'知天人之行，本乎天，位乎得，蹢躅而屈伸，反要而语极。"

译文：河神问："万物既然在自行变化，那么为什么还要如此看重大道呢？"海神说："明白大道的人必然通情达理，通情达理的人必然知道遇到问题应变处理（权变），知道应变的人就不会因为外物而伤害自己了。有高尚道德真正得到大道的人，烈火不能烧伤他，大水不能淹死他，寒冷酷暑不能侵袭他，禽兽不能残害他，并不是说'至德者'的得道之人触犯上述隐忧而不受到伤害，而是说得至德者能明察安危，对穷塞与通达都能安之若命，能安于祸福，谨慎对待去就进退，因而没有什么东西能够伤害他们。所以说，'人的天性是内在的（天性隐藏在心内），社会对人的塑造影响是显露在外的，得到大道的人顺应天成，至德合于自然。'懂得自然与人类活动规律，方能以顺应自然为根本，处于虚极而自得的境界，进退屈伸自如，这就是把握了道的关键，而可以谈论大道的真谛。"

简评：此乃第六问答。河伯问，既然人的行为不能影响自然的变化，那学习大道还有什么用呢？海神回答，了解大道后人们就能了解事物变化的规律，不去碰触那些伤身害性的灾难，这样就不会受到万物的伤害，并不是他们有了特异功能，万物就不能伤害他们，而是他们可以避开这些伤害。在纷杂的人间世，要想获得自由、游刃有余，必须掌握大道，并懂得应变，具体的环境要有具体的应对策略。

曰："何谓天？何谓人？"北海若曰："牛马四足，是谓天；落马首，穿牛鼻，是谓人。故曰：无以人灭天，无以故灭命，无以得殉名。谨守而勿失，是谓反其真。"

译文：河神问："什么叫做天然？什么叫做人为？"海神说："牛和马有四只脚，这就是天然；给马套上笼头，给牛穿上鼻绳，这就是人为。所以说，不要用人为去做事而毁灭天性，不要有心而为去毁灭自然的秉性，不要因为得利而去殉世俗之名（不要为追求虚名而不遗余力甚至丧生）。谨慎地持守自然的秉性而不丧失，这就叫返归纯真的本性。"

简评：此乃第七问答。河伯问什么是天然的（符合规律），什么是人为的（违逆规律)。海神答，牛马有四只脚，就是天然赋予的，给它套上龙头穿上鼻绳就是违反天然的人为。不要做毁灭天性的事，不要为了名利而牺牲自己的天性，这就是懂得大道了，这也就能返璞归真了。

夔怜蚿，蚿怜蛇，蛇怜风，风怜目，目怜心。夔谓蚿曰："吾以一足趻踔而行，予无如矣。今子之使万足，独奈何？"蚿曰："不然。子不见夫唾者乎？喷则大者如珠，小者如雾，杂而下者不可胜数也。今予动吾天机，而不知其所以然。"蚿谓蛇曰："吾以众足行，而不及子之无足，何也？"蛇曰："夫天机之所动，何可易邪？吾安用足哉！"蛇谓风曰："予动吾脊胁而行，则有似也。今子蓬蓬然起于北海，蓬蓬然入于南海，而似无有，何也？"风曰："然。予蓬蓬然起于北海而入于南海也，然而指我则胜我，鳅我亦胜我。虽然，夫折大木，蜚大屋者，唯我能也，故以众小不胜为大胜也。为大胜者，唯圣人能之。"

译文：独脚兽夔（kuí）羡慕百足虫蚿（xián），蚿羡慕蛇，蛇羡慕风，风羡慕眼睛，眼睛羡慕心。夔对蚿说："我单脚跳着走路很不方便，很多地方不能去，我没有办法啊。现在你使用那么多的脚，一定很方便，你究竟是如何使用这些脚的呢？"蚿说："你说的不对。你没见过吐唾沫的吗？喷出大的像水珠，小的像雾滴，混杂着落下，数也数不清。现在我顺其自然机能而动，却不知所以如此的缘由。"蚿对蛇说："我用众多的脚走路，还不如你没有脚走得快，为什么呢？"蛇说："顺其自然机能而动，怎么能改变呢？我哪里用得着脚呀！"蛇对风说："我用脊背和两肋引动着前行，还是有行迹像是走路的样子。现在你呼呼地从北海刮起，呼呼地吹入南海，却像是没有行迹，为什么呢？"风说："是的，我呼呼地从北海刮起，呼呼地吹入南海；可是人们用手指阻挡我，我就要绕开，并不能伤害手指；人们用脚踢踏我，我也要绕开，不能伤害脚。不过，折断大树、吹翻大屋则只有我能做得到。所以虽然众多小的方面不能取胜，却能在大的方面取胜。能够成就大胜的，只有圣人做得到。"

简评：几个小寓言组成一个完整寓言。万物各有自己的特性，各有自己的功用，大自然自有它的安排，不要试图改变它，不要有嫉妒之心，不要有贪婪之心，顺物自然，做自己应该做的事情，就能一生平安。

孔子游于匡，宋人围之数匝，而弦歌不惙。子路入见，曰："何夫子之娱也？"孔子曰："来，吾语女。我讳穷久矣，而不免，命也；求通久矣，而不得，时也。当尧舜而天下无穷人，非知得也；当桀纣而天下无通人，非知失也；时势适然。夫水行不避蛟龙者，渔父之勇也；陆行不避兕虎者，猎夫之勇也；白刃交于前，视死

译文：孔子周游经过卫国匡地（匡位于宋、卫、郑三国之间），卫人将其重重围住，可是孔子仍然弹琴唱歌不止。子路进来见他，问道："先生为何还这样无忧无虑地自娱呢？"孔子说："过来，我告诉你。我忌讳贫穷已经很久了，可是还是不能免于贫穷，这是命啊；我追求通达已经很久了，可是还是不能达到，这是时运啊！处在尧、舜的时代，天下没有穷困之人，并非因为他们智慧超群而如此；处在桀、纣的时代，天下没有得志之人，并非因为他们智慧丧失而如此，这都是时势造成的。在水中行走不躲避蛟龙，说的是渔夫的勇敢；在陆地上行

若生者，烈士之勇也；知穷之有命，知通之有时，临大难而不惧者，圣人之勇也。由，处矣！吾命有所制矣！"无几何，将甲者进，辞曰："以为阳虎也，故围之；今非也，请辞而退。"

走不躲避犀牛和老虎，说的是猎人的勇敢；刀剑横在面前，将死看成和生一样，视死如归，说的是刚烈之士的勇敢；知道贫穷是由于天命，知道通达是由于时运，大难临头而不畏惧，说的是圣人的勇敢。仲由啊，你就安然处之吧！我的命这是上天安排的，是有所制约的。"过了一会儿，身着盔甲手持兵器的人进来；道歉说："我们把你误认为是阳虎了，所以把你围起来；现在知道你不是阳虎，请让我表示歉意并退兵。"（知其不可奈何而安之若命，德之至也。）

简评：通过孔子困于宋而弦歌不辍的故事，说明大自然有其不变的规律，不必强求，强求也没有任何用，还是随顺自然的好。此则故事中孔子是作为通晓大道的圣人形象出现的。

公孙龙问于魏牟曰："龙少学先王之道，长而明仁义之行；合同异，离坚白；然不然，可不可；困百家之知，穷众口之辩；吾自以为至达已。今吾闻庄子之言，汒焉异之。不知论之不及与，知之弗若与？今吾无所开吾喙，敢问其方。"公子牟隐机大息，仰天而笑曰："子独不闻夫埳井之鼃乎？谓东海之鳖曰：'吾乐与！出跳梁乎井干之上，入休乎缺甃之崖；赴水则接腋持颐，蹶泥则没足灭跗；还虷、蟹与科斗，莫吾能若也。且夫擅一壑之水，而跨跱埳井之乐，此亦至矣。夫子奚不时来入观乎？'东海之鳖左足未入，而右膝已絷矣。于是逡巡而却，告之海曰：'夫千里之远，不足以举其大；千仞之高，不足以极其深。禹之时十年九潦，而水弗加益；汤之时八年七旱，而崖不为加损。夫不为顷久推移，不以多少进退者，此亦东海之大乐也。'于是埳井之鼃闻之，适适然惊，规规然自失也。且夫知不知

译文：公孙龙问魏牟说："我年少时学习先王之道，长大后明白仁义的行为；把事物相同和相异的部分合二为一，看成没有分别；将一物之坚和白的属性论证区别开来；辩论时把别人认为不对的说成对的，把别人认为不可以的说成是可以的；困窘百家的智慧，屈服众人的辩才；我自以为很通达。现在我听了庄子的言论，茫然迷惘，不知道是我的辩才不如他呢，还是我的知识不如他？现在我不知道如何开口说话了，请问这是什么缘故？"公子魏牟靠着几案长叹一声，仰天而笑说："你没有听说过浅井之蛙的故事吗？它对东海之鳖说：'我好快乐啊！我出来就在井栏上跳跃，过去就在井壁破砖边休息，入水则由井水承托两腋和两腮，脚踏淤泥则没过脚背；环视周围的孑孓、小螃蟹、小蝌蚪，都没有像我这般自在，而且我独占一汪之水，盘踞于浅井的快乐，可谓快乐之极！先生为何不常来井中看看呢？'东海之鳖左脚未入，右膝已被绊住，于是慢慢退出来，将大海的情况告诉它说：'千里之远，不足以形容大海之大；千仞之高，不足以穷尽大海之深。夏禹时代十年九涝，海水不见增多；商汤时代八年七旱，海水不见减少。不因时间长短而改变，不因雨水多少而增减，这正是东海的大快乐啊！'浅井之蛙听了，惊慌失措，茫然自失。再说，你公孙龙的智慧还没有达到能分辨是与非的境界，就想去领会庄子的言论，这就好像让蚊虫背山、让马蚿虫到河水里去游泳一样，必定是不能胜任的。况且你的智慧，不足以理解最为玄妙的理论，而满足于一时的口头胜利，

是非之竟，而犹欲观于庄子之言，是犹使蚊负山，商蚷驰河也，必不胜任矣。且夫知不知论极妙之言，而自适一时之利者，是非坳井之蠹与？且彼方跐黄泉而登大皇，无南无北，奭然四解，沦于不测；无东无西，始于玄冥，反于大通。子乃规规然而求之以察，索之以辩，是直用管窥天，用锥指地也，不亦小乎？子往矣！且子独不闻夫寿陵余子之学行于邯郸与？未得国能，又失其故行矣，直匍匐而归耳。今子不去，将忘子之故，失子之业。"公孙龙口呿而不合，舌举而不下，乃逸而走。

这不就是浅井之蛙吗？而且庄子的思想主张正俯极黄泉，登临苍天，不论南北，释然四散，通达无阻，深幽沉寂，高深莫测；不论东西，起于幽深玄妙之境，返归广阔通达之域。你就知道在那里琐细地分辨，想用明察和辩论的方法追求真理，这简直是以管窥天，以锥戳地，不是太渺小了吗？你还是走吧！你难道没听说过燕国寿陵的少年到赵国的邯郸去学习走路的故事吗？未学到赵国走路的技巧，反而丢失了自己原来的走法，只好爬着回去。现在你若不走开，将会忘记你原来的技能，而且你也必将失去你原来的学业。"公孙龙听了这番话，吓得合不拢口，舌头翘起放不下来，于是赶忙灰溜溜地逃走了。

简评：公孙龙为名家的代表，以善于辩论著称。他自以为很博学，但听了庄子的言论后，觉得听不懂庄子的理论，感到很迷茫，就去问魏牟。魏牟以井底之蛙比喻公孙龙，批评公孙龙的名家学说太浅薄，而庄子的学说就像汪洋大海，是井底之蛙根本无法理解的。这则寓言中还讲了一个邯郸学步的故事，有一位燕国少年觉得赵国人走路很优雅，就到赵国的都城邯郸去学习走路，结果他没有学会邯郸人的走路方式，反而把自己原来走路的方式忘掉了，只好爬着回到了燕国。这个故事说明要学习大道需要具备一定的条件，否则身心离大道太远，不仅学不到大道，反而会走火入魔，离大道越来越远。条件不具备或时机不对、方法不对，做事情可能会适得其反，告诫人们一定要根据具体情况采取适当的方法处理问题。

庄子钓于濮水，楚王使大夫二人往先焉，曰："愿以境内累矣！"庄子持竿不顾，曰："吾闻楚有神龟，死已三千岁矣，王巾笥而藏之庙堂之上。此龟者，宁其死为留骨而贵乎？宁其生而曳尾于涂中乎？"二大夫曰："宁生而曳尾涂中。"庄子曰："往矣！吾将曳尾于涂中。"

简评：这则寓言说明了庄子为了追求精神的自由，将富贵和名位视为祸水，避之唯恐不及，表现了庄子遵循大道，坚持道家无为的思想理念。

惠子相梁，庄子往见之。或谓惠子曰："庄子来，欲代子相。"于是惠子恐，搜于国中三日三夜。

庄子往见之，曰："南方有鸟，其名为鹓鶵，子知之乎？夫鹓鶵发于南海而飞于北海，非梧桐不止，非练实不食，非醴泉不饮。于是鸱得腐鼠，鹓鶵过之，仰而视之曰：'吓！'今子欲以子之梁国而吓我邪？"

简评：庄子视梁国的相位如腐烂的老鼠一般，根本不屑于为君王服务、不为世俗所累，反映了庄子"高尚其事，不事王侯"（《易经》）的高贵情操。

庄子与惠子游于濠梁之上。庄子曰："儵鱼出游从容，是鱼之乐也。"惠子曰："子非鱼，安知鱼之乐？"庄子曰："子非我，安知我不知鱼之乐？"惠子曰："我非子，固不知子矣；子固非鱼也，子之不知鱼之乐，全矣！"庄子曰："请循其本。子曰'汝安知鱼之乐'云者，既已知吾知之而问我。我知之濠上也。"

简评：这著名的"濠梁之辩"寓言，反映的是庄子认识论的一个侧面，说明人情物理，可以相推而知，鱼乐濠梁之下，人乐濠梁之上，皆为自然天性，可见这是在申发"反其真"之旨。

以上三则寓言的译文详见前述"庄子的'自传'"有关内容。

《秋水》篇，自文章开始至"是谓反其真"（即河伯与海若的七问七答）为文章的主体，其结论是"无以人灭天，无以故灭命，无以得殉名。谨守而勿失，是谓反其真"；后面六则寓言，皆分应第一部分文章主题的几点结论，即"夔怜蚿……"的"众小不胜为大胜"寓言对应"无以人灭天"；"孔子困于宋弦歌不辍"的"时势造英雄"寓言对应"无以故灭命"；"公孙龙问庄子之道"的"井底之蛙"寓言对应"无以得殉名"；"庄子钓于濮水，宁做自由之龟"寓言和"庄子视权贵如腐鼠"寓言对应"谨守而勿失"；"濠梁之辩——子非鱼安知鱼之乐"寓言对应"是谓反其真"（据刘凤苞《南华雪心编》）。

《秋水》篇层次分明，思想高妙，若以文章的艺术而论，堪称《庄子》全书之冠。

八、庄子年谱

庄子思想的研究扑朔迷离，庄子生平的研究也扑朔迷离。学人进行了很多研究，曾提出几种庄子年表。下面主要参照马叙伦先生的研究给出庄子的大致生平。

公元前369年：周烈王七年、田齐桓公五年、魏惠王二年、宋休公十六年。庄周或生于此年前后。庄周，字子休，战国时宋国蒙人。

公元前361年：周显王八年，魏于四月迁都大梁。

公元前359年：周显王十年，秦孝公用商鞅变法。

公元前351年：周显王十八年，韩昭侯用申不害变法。

公元前344年：周显王二十五年，魏惠王二十五年，魏惠王"去侯称王"，率诸侯朝见周显王。庄周或于此年前后与惠施初见面。

公元前 342 年：周显王二十七年，齐败魏师于马陵，魏将庞涓死，魏太子申被俘。

公元前 341 年：周显王二十八年，惠施相魏约在此年或稍后。庄周曾往见惠施。

公元前 340 年：周显王二十九年，宋桓侯辟（璧）被废，其子子罕即位。庄周为漆园吏或许在此前后。（宋国的漆园，其地在今河南省商丘东北。）

公元前 339 年：周显王三十年，楚威王聘庄周为相，其事约在此年或稍后。其时庄周曾谏阻楚威王伐越。

公元前 338 年：周显王三十一年，商鞅被杀。

公元前 337 年：周显王三十二年，申不害卒。

公元前 335 年：周显王三十四年，荀况约生于此年。

公元前 334 年：周显王三十五年，魏惠王用惠施计，尊齐为王。庄周见魏王事当在此年或稍后。

公元前 328 年：周显王四十一年，宋君偃自立为王。《列御寇》篇所谓"见宋王者"的车而炫耀于庄子事或即此时或稍后之事。

公元前 324 年：周显王四十五年，魏惠王与齐威王会与平阿。

公元前 323 年：周显王四十六年，魏、齐会于鄄或于此年前后。

公元前 322 年：周显王四十七年，魏逐惠施，用张仪为相。其后惠施在楚、宋数年，其与庄周濠梁之游或即此时之事。《庄子·秋水》：庄子与惠子游于濠梁之上。

公元前 321 年：周显王四十八年，荀况年十五，游学于齐。

公元前 320 年：周慎靓王元年，公孙龙约生于此年。

公元前 318 年：周慎靓王三年，惠施使楚。

公元前 314 年：周赧王元年，齐宣王卒，其在位时期，齐稷下学宫复盛，邹衍、田骈、慎到等七十六人均为稷下先生。惠施说赵伐齐存燕。

公元前 312 年：周赧王三年，庄周妻死，惠施往吊。

公元前 310 年：周赧王五年，惠施卒于此年[1]或稍前，庄子无可语者。钱穆《先

---

[1] 据《庄子·齐物论》："昭文之鼓琴也，师旷之枝策也，惠子之据梧也，三子之知几乎，皆其盛者也，故载之末年。唯其好之也，以异于彼；其好之也，欲以明之彼。非所明而明之，故以坚白之昧终。而其子又以文之，纶终，终身无成。"其中，"其子又以文之纶终，终身无成。"说的是惠施的儿子，又继承其学而加以文饰，但是余绪已尽，结果"终身无成"，终莫成其善辨之名。学者考订公认庄子内七篇为庄子早期作品，在写此篇早期作品时，庄

秦诸子系年》认为，惠施卒年，殆在魏襄王五年使赵后，魏襄王九年四需卒前。

公元前299年：周赧王十六年，宋置太子为王，此即宋元君。庄子过惠施墓在其时之后。

公元前286年：周赧王二十九年，尹文、宋钘约卒于此年。田骈、慎到、荀况等离齐。庄周约卒于此年。

子已经经历了惠施的死以及惠施儿子的"终身无成"。庄子生年据马叙伦考订为公元前375—前295，则其早期作品判定为公元前305年以前，即庄子辞世前10年以前的作品当是合理的。则此年最晚是在惠子辞世（按此年表惠施生卒年为约前370—前310）的公元前310年之后5年，在5年或不足5年的时间段内，就说惠子的儿子"终身无成"，或许说得过去，或许有些牵强。据此，如果我们相信庄子死于公元前295年，则惠子卒年应早于公元前310年才合理。或许钱穆推定的公元前313年或其他学者推定的（约公元前390—前317）更加合理。

中篇　庄子的思想体系要览

本篇依据个人理解，将庄子思想进行如下归纳：
（1）无为之道；
（2）逍遥人生；
（3）齐同哲学；
（4）认识论；
（5）理想人格；
（6）修为之法；
（7）达观思维；
（8）生死观念；
（9）贵生思想；
（10）养生理论；
（11）痛苦意识；
（12）隐者庄子；
（13）生命进化；
（14）宇宙认识；
（15）科技发展；
（16）乌托邦之幻；
（17）世界观　人生观　价值观；
（18）出世入世　游刃有余。

一、道论——自然之道　无为之道

（一）道家源流及其派别

1. 源流

《汉书·艺文志》云："道家者流，盖出于史官。古者黄帝执道以治天下，立史官而世守之，史掌一代之书，成败祸福存亡之迹，皆具于是。多读藏书，知盛极之必衰也,故清虚以自守,知刚强之必折也,故卑弱以自持。阅事多,更事富,然后秉要执本,建之以常无有,主之以太一。"由是言之道家之出于史官,由于阅事多,更事富,由过去之观念,而后有未来之思想。过去之观念愈丰富,未来之思想愈发达。道家丰富之思想,由于历史而来也。……道家之正宗,是用之于政治,故《汉志》云南面之术。后遂流为老庄之道家。庄子虽是道家,非老子之嫡传。观《天下》篇,庄子与老子异源可知。盖老子求长生,庄子齐死生也。晚周以来,道家派别,区分为四:以与为取,以后为先,道家之权谋派也,政治家尝用之;死生一致,人我同体,道家之虚无派也,达观家尝用之;无摇汝精,无劳汝神,道家之寂灭派也,养生家尝用之;服气养神,纳新吐故,道家之修炼派也,术士家尝用之。寂灭加权谋,老子学派之流也。寂灭者无为也,权谋者无为而治也。故老子之学,以之修己,多养生之言;以之入世,有政治之用。庄子乃道家之虚无派。庄子忘人我,齐死生,老子则日求不死之术。庄子之可以尽年,与老子之谷神不死,截然不同也。由是论之,道家派别,可总为二,而术士不与焉。老子不能了生死,入世派也;庄子能了死生,出世派也。谓庄子之学,出于老子,以老子比孔子,以庄子比孟子,特未深察之故耳。《天下》篇历数诸家之所自出,而庄周与老聃关尹为二,则是老庄派别之不同,由来久矣。……道家之弊,不在汉代而在晋以后。……是汉代道家之弊,不过独任清虚而已,晋后道家之弊,始迂诞谲怪也(胡朴安《庄子章义》)。

以上胡朴安论道家源流,基本正确。

2. 学派

韩愈曰:"子夏之学,其后有田子方;子方之后,流而为庄周。"其说不知所本。要之,老子既出,其说盛行于南方。庄子生楚、魏之间,受其影响,而以其闳眇之思想扩大之。不特老子权谋术数之见,一无所染,而其形而上界之见地,亦大有进步,已浸浸接近于佛说。庄子者,超绝政治界,而纯然研求哲理之大思想家也。汉初盛言黄老。魏、晋以降,盛言老庄。此亦可以观庄子与老佛异同之朕兆矣。……杂篇之《天下》篇,历叙各家道术而批判之,且自陈其宗旨之所在,与老子有同异焉。是即庄子之自叙也(蔡元培《中国伦理学史》)。

以上是蔡元培对庄子学派的考证,比较有根据。

(二)老子、庄子之自然思想

庄子与老子,同为道家,道家之说,纯一自然之学说。虽然老子用自然,庄子任自然,思想之原起则一,其流不同也。……道家自然思想,由于生活之习惯,不过老子利用自然，以与为夺，以后为先，以让为争，以贱为贵，以柔为刚，以拙为巧，以讷为辩，总之以无为为有为。庄子一任自然，混与夺、后先、让争、贱贵、柔刚、拙巧、讷辩而一之，始于无为，终于无为也。道家自然思想之缘起，由于生活之习惯，因有历史之记载，丰富于过去之观念耳（胡朴安《庄子章义》）。

有一些学者指出，庄子之道就在自然万物之中，不同于老子的道在自然万物之上；也有一些学者指出，庄子之道主要表示一种生命境界，而不是自然法则。这些都是很准确的判断。

庄子的自然思想，就是任自然；自然即道，自然无始无终，自然齐同。"天下莫大于秋豪之末，而太山为小；莫寿乎殇子，而彭祖为夭。天地与我并生，而万物与我为一"（《齐物论》）。

自然的功用：自然完全根据虚无论。物体大小，年寿长短，在虚无论中，都是一样。所以应该一任其自然。……一切任其自然，便能逍遥，否则必发生痛苦。……任其自然，各得所用，达到无用之用……庄子从这样的任自然思想而演绎出人我是非一致的思想（胡朴安《庄子章义》）。（庄子好辩，总是批驳他人，《天下》篇中对各派皆有所贬，实际上还是人我是非不一致。道不可说，道不必说，大道不言，言者不道。而庄子还在喋喋不休地论道，这就是庄子的悖论，或说明庄子还未达到大道的真正的达观）（《逍遥游》）。

自然即道：大而广之，时间与空间都是无穷无尽的，相对于无穷无尽的时间和空间，有限的时间和空间就是零，此即空间虚的观念，时间无的观念（胡朴安《庄子章义》）。

（三）道为大宗师

"吾师乎！吾师乎！齑万物而不为义，泽及万世而不为仁，长于上古而不为老，覆载天地、刻雕众形而不为巧。此所游已"（《大宗师》）。这里的"师"显然就是"大宗师"的师。它不是别的，就是道。除了道，谁还能泽及万世、长于上古、覆载天地而雕刻众形呢？正因为如此，《大宗师》才成为庄子的文字中描述"道"最多的一篇，在某种意义上可以称作"道"的颂歌。对于某个人来说，道的获得并不依靠另外一个人，这就像是精妙的艺术，即便在父子之间也无法相授一样。想要获得道的人只能依靠自己的努力。也因此，得道的经验完全是私人的，不能和他人分享，同时它的用途也因人而异。"故圣人法天贵真，不拘于俗"（《渔父》）。"知天之所为，知人之所为者，至矣。知天之所为者，天而生也；知人之所为者，以其知之所知，以养其知之所不知，终其天年而不中道夭者，是知之盛也"（《大宗师》)。"人之所为"的核心应该是"终其天年而不中道夭者",知识也应该是围绕着这一点的。换言之,知识该是围绕着生命的。"终其天年"不仅仅是完成一个人的生命,还是一种事天的行为。因为年是属于天的,它虽然和人捆绑在一起,却和人无关,所以才称为"天年"。

《大宗师》篇所说的"道",不可以时间论,故说"先天地生而不为久,长于上古而不为老";不可以空间论,故说"在太极之先而不为高,在六极之下而不为深"。所以道是无时不有、无所不在的,而又是无时可指、无位可定的。因此,我们当知庄子所谓"道",不是造物主,更不是宗教家所说的上帝,只是自然如此。有时称之为"天","天"亦是自然,既属自然,所以也没有主宰的意味。有时称之为"命","命"即是自然的流行,并不是有谁命令其如此。这是凡读《庄子》的人所应注意的,读本篇亦当知此。要之,吾人如欲效法"大宗师",即凡事当顺其"自然",不杂以丝毫的"人为"便是与道同体,与天通性,与命同化了。

从内七篇看,专门论述道的文字并不多。最集中的一段见于《大宗师》:

"夫道,有情有信,无为无形;可传而不可受,可得而不可见;自本自根,未有天地,自古以固存;神鬼神帝,生天生地;在太极之先而不为高,在六极之下而不为深,先天地生而不为久,长于上古而不为老。狶韦氏得之,以挈天地;伏羲氏得之,以袭气母;维斗得之,终古不忒;日月得之,终古不息;堪坏得之,以袭昆仑;冯夷得之,以游大川;肩吾得之,以处大山;黄帝得之,以登云天;颛顼得之,以处玄宫;禺强得之,立乎北极;西王母得之,坐乎少广,莫知其始,莫知其终;彭祖得之,上及有虞,下及五伯;傅说得之,以相武丁,奄有天下,乘东维,骑箕尾,而比于列星。"

简评:这是对道的赞美,道是实在的、有德性的,而又是无形的、奇妙的、不可捉摸的,道无所不能、无所不包,道是天底下最伟大的东西,道的威力无比,可以成就万事万物,凡人得了道,就会变得无所不能。除了这一段道的赞歌之外,下文庄子又借许由之口赞叹大道,"齑万物而不为义,泽及万世而不为仁,长于上古而不为老,覆载天地、刻雕众形而不为巧",进一步说明了道的伟大、道的无所不能和道还是无为的。

《齐物论》谈道:

"古之人,其知有所至矣。恶乎至?有以为未始有物者,至矣,尽矣,不可以加矣。其次以为有物矣,而未始有封也。其次以为有封焉,而未始有是非也。是非之彰也,道之所以亏也。道之所以亏,爱之所以成。"

简评:在道的层面,万事万物是没有区别、没有是非的,最原始最完善的道,万物都是齐一的,一片混沌,因此看起来是虚空的,一无所有;等到产生了物,事物就有存在也有毁灭，道就减损了一层，但这时事物之间还没有区别；再到各种事物有了区分的标准，道就又减损了一层，但这时候还没有是非对错的概念；进一步又到了有是非观念的时候，道就极不完整了，道就被彻底损毁了，有了是非，人们就会有偏爱，偏爱和道是互不相容的，偏爱的形成，就是道的残缺。

《庚桑楚》谈道：

"古之人，其知有所至矣。恶乎至？有以为未始有物者，至矣，尽矣，弗可以加矣。其次以为有物矣，将以生为丧也，以死为反也，是以分已。其次曰始无有，既而有生，生俄而死；以无有为首，以生为体，以死为尻；孰知有无死生之一守者，吾与之为友。是三者虽异，公族也。昭景也，著戴也；甲氏也，著封也：非一也。"

简评：此段基本上和上文《齐物论》中的描述相同。此处特别说明，将"有""无""生""死"视为一体而达到"齐物"境界的，才真正懂得了道，成为得道之人的朋友。

《庚桑楚》和《齐物论》中的论道，说明了道的境界。

道无为而无不为，这是道的一大特点。

（四）道通为一

"有始也者，有未始有始也者，有未始有夫未始有始也者。有有也者，有无也者，有未始有无也者，有未始有夫未始有无也者。俄而有无矣，而未知有无之果孰有孰无也。"（《齐物论》）

有"开始"的概念，就有"开始"之前的状态，那个状态应该是"开始"之前的"开始"，如此向前追溯，将永远追不到源头。这样的追问显示出道在表述上的困难，事实上，庄子认为道是不可言说的，如《齐物论》所说："大道不称"。道的不可言说是因为它是一个完全虚无的东西。虚就引出了道的另一个特点——通。《大宗师》中曾经提到"大通"，指的就是道。《齐物论》中也说"故为是举莛与楹，厉与西施，恢恑憰怪，道通为一。"就《庄子》中描述道的"通"而言，大概包括三方面的意义，其一是说"道未始有封"，道是没有分别和界限的，因此它不是割裂的而是通的，所有的差别在道那里都消失了；其二是说道和万物之间没有界限，如《知北游》的"道无所不在"和"物物者与物无际"之说；其三是说万物之间是相通的一体，"天地一指也，万物一马也"。最能表现这种意义上的"通"的寓言是庄周梦蝶，庄周与蝴蝶虽然有分别，但又是可以通过梦境相通的（或许不是梦境），所以叫"物化"。更重要的是，由于思考的问题不同，因此庄子的道就不同于老子或者黄老，而落实到了不同的方向。对于后者来说，他们的道主要是作为君主治道的依据。而在庄子这里，道更主要地和人的生存方式及态度相关。

道的虚无成了心的虚无的基础，而"通"更成为"齐物"及"逍遥"等生存态度的依据。我们看到，对道的描述主要不是和秩序有关，而是和人的生命有关。无论是心斋还是坐忘，说明的都是心和道之间的合一，以及通过这种合一而达到的对于生命和世界的理解。

万物一齐，道通为一。大道者，"通天下一气耳"。

（五）道的普遍性

道无所不在，无定形定式，不要将其僵化固定。

"东郭子问于庄子曰："所谓道，恶乎在？"庄子曰："无所不在。"东郭子曰："期而后可。"庄子曰："在蝼蚁。"曰："何其下邪？"曰："在稊稗。"曰："何其愈下邪？"曰："在瓦甓。"曰："何其愈甚邪？"曰："在屎溺。"东郭子不应。庄子曰："夫子之问也，固不及质。正获之问于监市履狶也，每下愈况。汝唯莫必，无乎逃物。至道若是，大言亦然。周、遍、咸三者，异名同实，其指一也。"《知北游》

简评：东郭子向庄子请教道寄托的处所，庄子的回答是，在蝼蚁——低级生物，在稊稗——植物，在瓦甓——无机物，在屎尿——最低下的污秽，东郭子认为庄子在拿他开玩笑。庄子随后解释了道是无所不在的，而且越是人们认为低下的地方，越能体现道的精神，因为道本来就是没有是非、高低、美丑等区别的。

（六）道的神妙

"视乎冥冥，听乎无声。冥冥之中，独见晓焉；无声之中，独闻和焉。故深之又深，而能物焉；神之又神，而能精焉。"《天地》

简评：道是看不见摸不着的，却又是无所不能的，神妙无比的。

"藐姑射之山有神人居焉，肌肤若冰雪，淖约若处子；不食五谷，吸风饮露；乘云气，御飞龙，而游乎四海之外；其神凝，使物不疵疠而年谷熟。……之人也，之德也，将旁礴万物以为一，世蕲乎乱，孰弊弊焉以天下为事！之人也，物莫之伤，大浸稽天而不溺，大旱金石流、土山焦而不热。"《逍遥游》

简评：得道之人——神人，居住在缥缈的"姑射"神山上，他美妙绝伦，不食人间烟火，而能统御万物、成就万物，没有任何东西可以伤害他。对"神人"这般的描述，真是旷古未有！

（七）道无为而无不为

前一个"为"指违反大自然规律的"妄为"，因此不要"为"；后一个"为"

指的是事情的成功或曰有所"作为"。"无为"就是不做违背大自然规律的事情，或者只在大自然规律所规范的范围内做事，进一步做所有符合大自然规律的事情。以"无为"的原则处事，就能做好事情，就能有所作为，处处以"无为"的方式处事则没有什么事情是办不成的，这就是"无为而无不为"的道理。

另外，以道的观点来看，"有所作为"也不是目的，但人生在世总要做点事情，那么只能以"无为"的方式去"有所作为"，但切记不要求名也不要求利，"芒然彷徨乎尘垢之外，逍遥乎无为之业"（《大宗师》《达生》），"为而不恃，长而不宰"（《达生》）。"无为之业"就是以"无为"的方式勉为"有所作为"，有了功绩也不要宣扬，即便掌握了无所不能的大道而可以为万物之君长，也不要去支配他人做其他事物的主宰。

（八）道的困境

道不可言，语言的无助。

"世之所贵道者，书也。书不过语，语有贵也。语之所贵者意也，意有所随。意之所随者，不可以言传也，而世因贵言传书。世虽贵之，我犹不足贵也，为其贵非其贵也。故视而可见者，形与色也；听而可闻者，名与声也。悲夫，世人以形色名声为足以得彼之情！夫形色名声果不足以得彼之情，则知者不言，言者不知，而世岂识之哉！"

"桓公读书于堂上，轮扁斫轮于堂下，释椎凿而上，问桓公曰：'敢问公之所读者，何言邪？'公曰：'圣人之言也。'曰：'圣人在乎？'公曰：'已死矣。'曰：'然则君之所读者，古人之糟魄已夫！'桓公曰：'寡人读书，轮人安得议乎！有说则可，无说则死。'轮扁曰：'臣也以臣之事观之。斫轮，徐则甘而不固，疾则苦而不入，不徐不疾，得之于手而应于心，口不能言，有数存焉于其间。臣不能以喻臣之子，臣之子亦不能受之于臣，是以行年七十而老斫轮。古之人与其不可传也死矣，然则君之所读者，古人之糟魄已夫！'"（《天道》）

简评：前一段重在说明"道不可言"，因为"意之所随者，不可以言传也"，因此在"道"的面前，语言是无助的；后一段讲了桓公与轮扁对话的寓言，轮扁借助自己的"斫轮"技艺只能靠实践、靠心领神会而不能靠语言传给自己的儿子的事例，说明"道"更是需要心领神会，不能依靠语言传递，更不能通过书本传递，因此得出圣人之书，"古人之糟魄已夫！"

（九）修道

1. 闻道，"忘"中见道：闻道学道就是一个逐步忘的过程

"南伯子葵问乎女偊曰：'子之年长矣，而色若孺子，何也？'曰：'吾闻道矣。'南伯子

葵曰：'道可得学邪？'曰：'恶，恶可！子非其人也。夫卜梁倚有圣人之才而无圣人之道，我有圣人之道而无圣人之才。吾欲以教之，庶几其果为圣人乎？不然，以圣人之道告圣人之才，亦易矣。吾犹守而告之，参日而后能外天下；已外天下矣，吾又守之，七日而后能外物；已外物矣，吾又守之，九日而后能外生；已外生矣，而后能朝彻；朝彻，而后能见独；见独，而后能无古今；无古今，而后能入于不死不生。杀生者不死，生生者不生。其为物，无不将也，无不迎也，无不毁也，无不成也，其名为撄宁。撄宁也者，撄而后成者也。'南伯子葵曰：'子独恶乎闻之？'曰：'闻诸副墨之子，副墨之子闻诸洛诵之孙，洛诵之孙闻之瞻明，瞻明闻之聂许，聂许闻之需役，需役闻之於讴，於讴闻之玄冥，玄冥闻之参察，参察闻之疑始。'"（《大宗师》）

　　简评：南伯子葵向得道之人女偊请教如何学道。女偊说，学道必须有天资，即"圣人之才"，即便有了天资，学道也必须经历一定的过程并做出艰苦的努力，具体要经过"圣人之才－守之教之－外天下－外物－外生－朝彻－见独－无古今－入于不生不死"几个阶段，最终达到"不死不生"的"道"境。大道顺遂万物、毁灭万物、成就万物（"杀生者""生生者""为物，无不将也，无不迎也，无不毁也，无不成也"）但它本身不能被毁灭也不能被造就（"不死不生""杀生者不死，生生者不生"），大道是永生的。最后女偊说的是道的起源，大概是向上一直追溯到没有开始的时候（"疑始"），说明大道无始无终。参见前文"《庄子》名篇推介"之"《大宗师》——庄子道论（修道之论，本体论，人生论）"。

　　2. 修道的阶段

　　"颜回曰：'回益矣！'仲尼曰：'何谓也？'曰：'回忘仁义矣！'曰：'可矣，犹未也。'他日复见曰：'回益矣！'曰：'何谓也？'曰：'回忘礼乐矣！'曰：'可矣，犹未也。'他日复见曰：'回益矣！'曰：'何谓也？'曰：'回坐忘矣！'仲尼蹴然曰：'何谓坐忘？'颜回曰：'堕肢体，黜聪明，离形去知，同于大通。此谓坐忘。'仲尼曰：'同则无好也，化则无常也，而果其贤乎！丘也请从而后也。'"（《大宗师》）

　　简评：要修道，必须忘掉"仁义"、忘掉"礼乐"，最后达到"坐忘"的境界，这是讲修道的三个阶段和两项要求。可参见上述"《庄子》名篇推荐"之"《大宗师》——庄子道论（修道之论，本体论，人生论）"。

　　3. 修道的要求——"吾丧我"

　　"南郭子綦隐机而坐，仰天而嘘，荅焉似丧其耦。颜成子游立侍乎前，曰：'何居乎？形固可使如槁木，而心固可使如死灰乎？今之隐机者，非昔之隐机者也。'子綦曰：'偃，不亦善乎，而问之也！今者吾丧我，汝知之乎？汝闻人籁而未闻地籁，汝闻地籁而未闻天籁夫！'子游曰：'敢问其方？'子綦曰：'夫大块噫气，其名为风。是唯无作，作则万窍怒呺。而独不闻之翏翏乎？山林之畏佳，大木百围之窍穴，似鼻，似口，似耳，似枅，似圈，似臼，似洼者，似污者，激者，謞者，叱者，吸者，叫者，譹者，宎者，咬者。前者唱于，而随者唱喁。泠风则小和，飘风则大和，厉风济则众窍为虚。而独不见之调调之刁刁乎？'子游曰：'地籁则众窍是已，人籁则比竹是已。敢问天籁？'子綦曰："夫吹万不同，而使其自己也，咸其自取，怒者其谁邪！'"（《齐物论》）

简评：此段真乃大气磅礴、一泻千里。南郭子綦谈论"道"的境界，就是"形如槁木，心如死灰"，不受外界的任何干扰；对自我意识的要求则是"吾丧我"，就是完全丢掉执念、忘却自我。在大道的支配下，自然界的众声分为人籁、地籁、天籁，人籁是人类根据"道"的原则吹出的各种乐曲声音，地籁是大自然在"道"的作用下于风雨寒暑中发出的各种声音，天籁则更是大道的直接作用，只可意会不可言传了。庄子重点对地籁做了极其生动的描述，充分展示了庄子高超的语言运用能力，人莫能及。

4. 得道的表现——形体掘若槁木

"孔子见老聃，老聃新沐，方将被发而干，慹然似非人。孔子便而待之。少焉见，曰：'丘也眩与？其信然与？向者先生形体掘若槁木，似遗物离人而立于独也。'老聃曰：'吾游心于物之初。'孔子曰：'何谓邪？'曰：'心困焉而不能知，口辟焉而不能言。尝为汝乎其将。至阴肃肃，至阳赫赫。肃肃出乎天，赫赫发乎地。两者交通成和而物生焉，或为之纪而莫见其形。消息满虚，一晦一明，日改月化，日有所为而莫见其功。生有所乎萌，死有所乎归，始终相反乎无端，而莫知其所穷。非是也，且孰为之宗！'孔子曰：'请问游是。'老聃曰：'夫得是至美至乐也。得至美而游乎至乐，谓之至人。'"（《田子方》）

简评：孔子见老聃，老聃进入"道"的境界的状况，与南伯子綦一样（"形体掘若槁木，似遗物离人而立于独也"），进入无我的状态，老聃的心灵此时正与大道交流（"吾游心于物之初"），这时候个体的感官不能起到丝毫的作用，而大道无所不包、无所不能的作用却得以展现无余，身临其境的感觉美妙无比（"至美至乐"）如此就达到了理想的人格状态——至人。

5. 道的修炼——卫生之经

"南荣趎请入就舍，召其所好，去其所恶。十日自愁，复见老子。老子曰：'汝自洒濯，孰哉郁郁乎！然而其中津津乎犹有恶也。夫外韄者不可繁而捉，将内揵；内韄者不可缪而捉，将外揵；外内韄者，道德不能持，而况放道而行者乎！'南荣趎曰：'里人有病，里人问之，病者能言其病，然其病病者犹未病也。若趎之闻大道，譬犹饮药以加病也。趎愿闻卫生之经而已矣。'老子曰：'卫生之经，能抱一乎！能勿失乎！能无卜筮而知吉凶乎！能止乎！能已乎！能舍诸人而求诸己乎！能翛然乎！能侗然乎！能儿子乎！儿子终日嗥而嗌不嗄，和之至也；终日握而手不掜，共其德也；终日视而目不瞚，偏不在外也。行不知所之，居不知所为，与物委蛇而同其波。是卫生之经已。'南荣趎曰：'然则是至人之德已乎？'曰：'非也。是乃所谓冰解冻释者，能乎？夫至人者，相与交食乎地而交乐乎天，不以人物利害相撄，不相与为怪，不相与为谋，不相与为事，儵然而往，侗然而来。是谓卫生之经已。'曰：'然则是至乎？'曰：'未也。吾固告汝曰："能儿子乎！"儿子动不知所为，行不知所之，身若槁木之枝而心若死灰。若是者，祸亦不至，福亦不来。祸福无有，恶有人灾也！'"（《庚桑楚》）

简评：在卫护生命的角度上，老子给南荣趎讲修道的三个阶段：常人护卫生命的方法，是"能抱一乎！能勿失乎！能无卜筮而知吉凶乎！能止乎！能已乎！""行不知所之，居不知所为，与物委蛇而同其波"，中心点就是顺遂外物，避开戕害生命的冰冻；至人护卫生命的方法，是"能舍诸人而求诸己乎！能儵然乎！能侗然乎！""相与交食乎地而交乐乎天，不以人物利害相撄，不相与为怪，不相与为谋，不相与为事，儵然而往，侗然而来"，中心点是达到与天地同乐，与万物相谐，与众人相和，获得绝对自由；最高境界的护卫生命的方法，是"能儿子乎""儿子终日嗥而嗌不嗄，和之至也；终日握而手不掜，共其德也；终日视而目不瞚（shùn），偏不在外也"，中心点是放弃一切自我和执念（"动不知所为，行不知所之"），"身若槁木之枝而心若死灰"，达到的功效是"祸亦不至，福亦不来。祸福无有，恶有人灾也！"这就成了藐姑射的神人，无所不能而与天地同在了。

6. 忘我忘物就能得道

"啮缺问道乎被衣，被衣曰：'若正汝形，一汝视，天和将至；摄汝知，一汝度，神将来舍。德将为汝美，道将为汝居。汝瞳焉如新生之犊，而无求其故。'言未卒，啮缺睡寐。被衣大说，行歌而去之。曰：'形若槁骸，心若死灰，真其实知，不以故自持。媒媒晦晦，无心而不可与谋。彼何人哉！'"（《知北游》）

简评：啮缺向被衣问道，说的是不要身心外散，不要关注外在的事物，达到无知无识的状态。啮缺本有道心，在被衣的启发下已经达到道的境界，无知无识地睡去了。被衣看到啮缺已是得道之人非常高兴。得道的表现就是"形若槁骸，心若死灰"，达到完全忘我没有任何欲望的状态啊。

7. 做到"无名"

"南伯子綦隐几而坐，仰天而嘘。颜成子入见曰：'夫子，物之尤也。形固可使若槁骸，心固可使若死灰乎？'曰：'吾尝居山穴之中矣。当是时也，田禾一睹我而齐国之众三贺之。我必先之，彼故知之；我必卖之，彼故鬻之。若我而不有之，彼恶得而知之？若我而不卖之，彼恶得而鬻之？嗟乎！我悲人之自丧者；吾又悲夫悲人者；吾又悲夫悲人之悲者；其后日远矣！'"（《徐无鬼》）

简评：此段与前面"3. 修道的要求——'吾丧我'"中的故事类似。颜成子又一次见到南伯子綦进入忘我的道境而慨叹之，南伯子綦又从"逃名"的角度谈修道。以前南伯子綦修道而有了名声，齐国国君田禾慕名拜见，南伯子綦由此知道自己不小心播扬了名声，从此一步步逃名逃功，最后得道。

（十）文学家的庄子论道

庄子赞美道，除前文提到的"（三）道为大宗师"之《大宗师》中的一段文字外，比较经典的尚有：①"天其运乎？地其处乎？日月其争于所乎？孰主张是？孰维纲是？孰居无事推而行是？意者其有机缄而不得已邪？意者其运转而不能自止邪？云者为雨乎？雨者为云乎？孰隆施是？孰居无事淫乐而劝是？风起北方，一西一东，有上仿徨。孰嘘吸是？孰居无事而披拂是？敢问何故？"（《天运》）（层层递进一气呵成，可直比于屈原《天问》）；②《齐物论》中"夫大块噫气……"（见前文"（九）修道"一节）；③见《逍遥游》中"藐姑射之山……"（见前文"（六）道的神妙"一节）（参见《闻一多全集·古典新义》）。

（十一）道论与认识论——《秋水》

《秋水》篇约 3505 字，主要讲了河伯与海若的寓言，另外讲了几个小的寓言故事。其中洋洋洒洒 1980 字的一大段，只讲了一个故事，就是河伯（黄河之神）与海若（大海之神）的对话。通过河伯与海若的七问七答，层层递进，周密流畅，揭示了天道至大、无所不包的奥秘，阐述了万川归海、大小多少的认识论，展示了庄子行云流水般的超级辩才。《秋水》篇是《庄子》中论道的最透彻、最流畅、最经典、最美妙的篇章。参见前文"《秋水》译释"与后文有关"认识论"的章节。

以往的研究倾向于把"道"理解为获得精神自由，而这样的理解只对了一半。对的一半是"道"意味着摆脱现实的约束，自作主宰，与外部世界建立一种和谐无碍的交往关系；忽视掉的一半是生命自新。生命自新的根本含义是去除自我中心，此一层最为关键。因为摆脱现实的约束，并不意味着把一个自私（应该说是一个物我分离的世界中人的自我中心意识）孤立的"我"解放出来，可以随心所欲，而是为了把在现实世界中不知不觉养成的自私习性从根上铲除，重归于自然生命的朴实无华。回归"新世界"的人仍是一个普通人，需要与人交往，需要日常工作，而并非一个不食人间烟火的幻想家。然而在日常劳作交往中达到和谐无碍，有赖于否决自我中心意识，"独与天地精神往来"的境界确实是道的最高境界，但这种境界只是从生命清新而得到的一种精神升华效果。如果没有生命清新的基础，"独与天地精神往来"就只是自恋自大。总而言之，道与行的关系如同"知"与"言"一样，核心是以新的方式建立人与世界的关系。知"道"的特点，是以尊重的、非自我中心的眼光去看他物和世界；言"道"的特点，是以谦虚的、非自负的方式陈说观点；行"道"的特点，是以富于活力的、非占有的方式去做事，包括处理人与人关系(爱人而不自知——人亦不知),人与物关系(不问庆赏爵禄),这几个方面包含了"新的世界"中生活理想的主要内容,但还有一个更重要的方面,就是人与终极存在之间的关系(《天道》)。

二、游世思想 逍遥人生

(一) 逍遥与无待

逍遥一词最早见于《诗经》,表现的是一种轻松自在的状态。在《庄子》内七篇中,如果不算篇名中使用过的一次,它只出现过两次,但这并不妨害其成为庄子哲学中的一个重要概念。《逍遥游》中说:"今子有大树,患其无用,何不树之于无何有之乡,广莫之野,彷徨乎无为其侧,逍遥乎寝卧其下。不夭斤斧,物无害者,无所可用,安所困苦哉!"因此,逍遥和无待可以互相说明。

(二)《逍遥游》的几种境界和表现

①鲲鹏展翅九万里。②逍遥乎尘外。彷徨乎尘垢之外,逍遥乎无为(事)之业。③不能坐井观天。④无有羁绊,洒脱人生。⑤"至人无己,神人无功,圣人无名"。⑥不成乎名,逍遥自得,"归休乎君,予无所用天下为!"⑦为者徒劳,无为超然,"将旁礴万物以为一","窅然丧其天下焉"。⑧与时俱化。⑨浮游乎万物之祖,物物而不物于物。⑩"形同槁木,心若死灰"也是一种逍遥,可参见"南伯子綦隐几而坐,仰天而嘘……"(《徐无鬼》)。⑪"唯至人乃能游于世而不僻,顺人而不失己"(《外物》)。⑫"古之真人,不逆寡,不雄成,不谟士"(《大宗师》)"是以圣人和之以是非而休乎天钧,是之谓两行"(《齐物论》)。⑬"不知说生,不知恶死,其出不䜣,其入不距"(《大宗师》),"喜怒哀乐不入于胸次"(《田子方》),"圣人休休焉,则平易矣,平易则恬淡矣,平易恬淡则忧患不能入。邪气不能惑,故德全而神不亏"(《刻意》)。⑭知之为知之,不知为不知。"故知上其行不知,至矣"(《齐物论》),"而言休乎知之? 不知,至矣"(《徐无鬼》)。⑮天人合一。"喜怒通四时,与物有宜而莫知其极"(《大宗师》),"天宇人不相胜也"(《大宗师》)。

《逍遥游》里,庄子讨论了两个层次的幸福:相对幸福和绝对幸福。

(三) 逍遥游是目的

《逍遥游》是内七篇的首篇,也是整部《庄子》的首篇,但"逍遥游"却是一个人们寻道过程的最终的状态。无论它看起来是如何的怡然自得，逍遥游其实是一个从"人间世"开始的艰难旅程的终点。在这个旅程中，有德的内充，有道的显现，有知的遗忘，有行的戒慎，所有这一切，对于逍遥游来说都是必须要走的路，只有先走，才可以游。当然不是在水中的游，而是在空中，在九万里的高空。在水中游当然是滞重的，阻力重重，如果是在空中，绝云气，负青天，那该如何呢？"齐物"不仅仅是要超越万物之间的区别，更重要的，它是以对万物差异性的肯定为前提的。很明显，如庄子所揭示的小年是不及大年的，小知是不及大知的（小年也不一定不及大年，小知也不一定不及大知）。如《养生主》"吾生有涯而知无涯"的说法，知识是没有尽头的。可是在大鹏们破除了小鸟们的无知和局限之后，如果我们执着于大鹏和彭祖的世界，我们是不是仍然和小鸟们一样地无知着和局限着呢？心是没有任何凭借就如风般流动的。因此重要的问题仍然是形体的舍弃。首先是名，然后是功，最后是形体本身。离开了形体的心是空灵的，一无所执，泛乎若不系之舟。这正是所谓的"游"——逍遥游。庄子说："若夫乘天地之正，而御六气之辩，以游无穷者，彼且恶乎待哉！故曰，至人无己，神人无功，圣人无名。"世界是无法逃避的，我们生下来就在这个世界，我们也注定了要在这个世界中生活，直至死亡。于是我们的"游"一定是在这个世界中的游。但是你又必须和这个世界保持距离，你不能完全地进入或者投入到这个世界中，譬如全身心地投入。完全地进入，意味着和这个世界融为一体，世界会和你捆绑在一起，你又如何能实现游的理想呢？游于无穷，这就是无待，但在根本意义上，也许只有"无对"最适合用来表现它。因此"至人无己。"小知不了解大知，小年不了解大年，这是逍遥游一直在强调的观念。世界是无限的，内心是广大的，可是当你被眼前的"用"充满的时候，拥挤的内心只会让你看到世界的一个局部，甚至局部的局部。无用者是有用的，其实，只有无用才可以让心从形体上、从事物中脱离出来，到达"无何有之乡"，一个一无所有的、完全空虚的地方。在这里，你是自由而无待的。

（四）应帝王也要"逍遥"

《应帝王》主要论述的是如何做一个无为而治的帝王。古代的圣贤帝王都是无为而治的，在这样的环境下，人民安居乐业，人与自然和谐相处，"君王无为，臣下有为"，就能达到"无为而无不为"。

"应帝王"的另一层意思就是自己做自己的帝王。"游于无有"，所谓的无有，并不是说这个世界一无所有，世界仍然是那个世界，只是看它是不是成为心的挂碍。心无挂碍，则世界虽有而似无有。在"有"的世界里，人只能蹒跚而行；在"无"的世界里，人才会进行他的逍遥之游。"无"的世界意味着自己和外物同时消失了，没有自己，也没有外物。这当然不是真正的（实存意义上的）消失，但却是一种心的消失。心的消失当然不是说心死掉了，恰恰相反，这是心的再生。心没有淹没在物的海洋中（没有"物于物"），而是成为物的主宰。它就是它自己，于是它只是听从它自己的命令，而不是物的命令。《应帝王》所描述的，实际上也是一种"逍遥游"的状态。

（五）"逍遥"与"游世"

"逍遥游"在某种程度上还包含着无奈的"游世"思想。游世思想从某种意义上说是庄子思想的核心。《庄子》三十三篇中，大多数篇章都涉及这个以游戏态度解脱人生痛苦的主题，尤其以内七篇谈得深入集中。古代人谈论庄子比较重视游世思想，有人甚至说，"游"这个字就是一部《庄子》的中心。现代庄子研究，比较重视道论而轻视游世思想，这一方面是因为现代学术研究有特定的问题意识，重视一些在现代人看来具有本质意义的问题，例如道的本体属性之类；另一方面是因为游世思想似乎除了提出一种回避矛盾的混世主张，实在是乏善可陈。当然，学术界非常重视"逍遥游"，但这是因为"逍遥游"涉及"追求精神自由"这一通常引起人们敬意的话题，所以谈"逍遥游"实质是谈精神自由话题。"游世"作为一种故意提倡不负责任和不认真的生存态度，则较少有人予以重视。可是游世思想却是庄子思想的核心部分。人生在面临深广的痛苦时如何找到个人解脱的道路，这在庄子哲学中是一个根本的问题。这其实也是隐者思想传统之中的根本问题。庄子像他以前的隐者一样希望在黑暗世道中找到个人出路，"游世"就是庄子提出的出路。游世思想的核心意识是"不认真"或者叫做"放弃认真"，这个核心意识源于隐者几百年间形成的精神传统。

（六）"逍遥"与无用自保

"无用"可自保，但有时"无用"也不能自保，则游世以自保。"为善无近名，为恶无近刑；缘督以为经，可以保身，可以全生，可以养亲，可以尽年"（《养生主》）。庖丁解牛："彼节者有间，而刀刃者无厚，以无厚入有间，恢恢乎其于游刃必有余地矣"（《养生主》）。"周将处乎材与不材之间。材与不材之间，似之而非也，故未免乎累。若夫乘道德而浮游则不然。无誉无訾，一龙一蛇，与时俱化，而无肯专为；一上一下，以和为量，浮游乎万物之祖，物物而不物于物，则胡可得而累邪！"（《山木》）这些都是在乱世中求得安宁自保的原则和方法。《战国策》中记赵威后问齐国的使臣，说："那个'上不臣于王，下不治其家，中不索交诸侯'的于陵子仲（即陈仲子），你们大王为什么到今天还不把他杀了？"赵威后建议杀陈仲子的理由是"此率民而出于无用者"（《战国策·齐策》）。政治家强烈的集权意识使"无用"也成为罪名。这是《山木》中主人家的鹅因不能鸣而被杀的现实背景。战国后期荀子说在天子治理下应"野无隐士"，韩非子建议驱除一切无用之人（有用者只有官吏、士兵和农民），都反映了政治集权收束生活空间的历史趋势。

（七）逍遥——戏谑生命的卑微

支离疏活得很自在，只剩下一个再无任何精神分量的"活着"。庄子文字中时常表露出"精神自虐"的意向，即通过嘲弄、作践自己所属的人类群体，来表达对于黑暗不可理喻的"存在"彻底不负责任（不认真）的激愤心情。"以天下为沈浊，不可与庄语"（《天下》），"不可与庄语"就是不肯认真。传统隐者就是以"不认真"对待世界，但他们坚持某种有原则的生活方式，这在客观上就是认为世界虽然黑暗，总还留了干净的地方，还可以允许独善其身的认真。庄子嘲讽这种独善其身的认真，认为世界黑暗透了，已不可能有认真的个人生活，既然这样，就以对个人形象的满不在乎来对抗这彻底的黑暗。活在这个世上已不值得再坚持任何东西了，那就干脆以从身躯到品质都残缺不全的样子，来与这残缺不全的世界周旋。《养生主》中有"为恶无近刑"的表述，事实上庄子在这里说的就是可以做坏事，只要不严重到遭受刑罚制裁就行了。

三、齐同哲学

《庄子》的第二篇是《齐物论》，学者认为本篇含有"齐物"和"齐论"两层意思，就是说万物是没有区别的，各种言论也是没有区别的，没有是非高下曲直之分。"齐物""齐论"是从道的层面上说的，不能以常理去理解。庄子的《齐物论》是哲学含义最深奥的一篇文章，也是庄子哲学的基础。《齐物论》文字古奥，艰深晦涩，诘屈聱牙，思维独特，是《庄子》所有文章中最难把握、最难解读、最为抽象、最难进入、最形而上的一篇。《齐物论》阐述了一个没有成心、没有"我"的人，已经不是人，而是变成了天。只有人的身体，里面藏的却是天心。天心就是无心。所有的区别都随着成心一起消失了，整个世界变得没有任何的缝隙。"天地与我并生，而万物与我为一"（《齐物论》）。其中讲了得道高人南郭子綦表现出的"道身"的情况,"仰天而嘘,苔焉似丧其耦""形如槁木""心如死灰"。南郭子綦的特异处正在于"心如死灰",而不是"形如槁木"。后者相对而言是比较容易达到的,但前者却非常人所能为。"心如死灰"意味着心的所有活动的丧失,意味着外物对于心而言不产生任何的影响。心当然存在着,却如不存在一般,这也就是无心,子綦称之为"吾丧我"的状态。我们会发现隐藏在"齐物"表面的潇洒后面的深深无奈。"齐物"是一种生活态度和生活方式,而不是知识。

除《齐物论》外,其他篇目中也有涉及"齐物""齐论"的。

"小人则以身殉利,士则以身殉名,大夫则以身殉家,圣人则以身殉天下。故此数子者,事业不同,名声异号,其于伤性以身为殉一也。臧与穀二人,相与牧羊而俱亡其羊。问臧奚事,则挟筴读书;问穀奚事,则博塞以游。二人者,事业不同,其于亡羊均也。伯夷死名于首阳之下,盗跖死利于东陵之上。二人者,所死不同,其于残生伤性均也。奚必伯夷之是,而盗跖之非乎!天下尽殉也。彼其所殉,仁义也,则俗谓之君子。其所殉,货财也,则俗谓之小人。其殉一也,则有君子焉,有小人焉。若其残生损性,则盗跖亦伯夷已,又恶取君子小人于其间哉!"(《骈拇》)

简评:在"齐物论"的理念下,无论做什么,只要是有为(做违反大道的事),就会伤身害性,其实质都是一样的,这都是戕害生命("殉")。"臧"和"穀"两个人,放羊都把羊放丢了,臧是由于读书而丢了羊,穀是由于贪玩丢了羊,无论什么原因,丢失羊的实质都是一样的。无论是受人指责的残忍盗跖还是让人尊敬的隐士伯夷,无论是君子还是小人,所谓的"小人""士""大夫""圣人",只要他的追求不合于大道,就是在"殉"。这是在"殉"的背景下的"齐物"和"齐论"。

"齐物"不仅仅是要超越万物之间的区别,更重要的,它是以对万物差异性的肯定为前提的。

齐物不止是庄子的看法,《天下》篇中就提到在庄子之前的彭蒙、田骈、慎到"齐万物以为首"。他们的理由似乎是万物各有所长,譬如天能覆之而不能载之,地能载之而不能覆之,大道能包之而不能辩之,因此不分轩轾,一要齐。不过,"齐物"确实是以庄子才闻名的。齐物并不是说万物都整齐划一,它实际上是一种对待万物的态度。客观世界的万物是有区别的,但要一视同仁,不能偏爱,不能刻意地强调他们的差别(差别和区别是两回事),这也就是"齐物"了。

齐物论,就是人我是非一致。齐大小,一是非,必无圣人、君子。万物一齐,道通为一。大道者,"通天下一气耳"。

四、认识论——"吾生也有涯，而知也无涯"——《秋水》

关于知识的追求："吾生也有涯，而知也无涯。以有涯随无涯，殆已！已而为知者，殆而已矣！为善无近名，为恶无近刑；缘督以为经，可以保身，可以全生，可以养亲，可以尽年"（《养生主》）。人的生命是有限的，而知识是无限的，以有限的生命去追求无限度的知识，实在是费力不讨好的事情，只会把人弄得疲惫不堪。这才是庄子的本意啊！黑格尔说：一个志在有大成就的人，他必须知道限制自己。这个世界上的知识领域是十分广阔的，音乐、数学、物理、化学、计算机、文学、外语……如果有人对这些东西都感兴趣，都想学习，那他穷尽一生也只能学到其中的凤毛麟角而已。要在"缘督以为经"，顺其自然，才能"尽年"。另外，"也只能学到其中的凤毛麟角而已"的感叹，或许有酸葡萄的味道。尽管可能只是"凤毛麟角"，还是应该去追求，只是不要太刻意求全求精就行了。

"以有涯随无涯，殆已"，知识太浩渺了，如何能穷尽？需要发展研究的知识没有尽头，即便已有的人类物质文化的遗产，也不是一个人可以穷尽的，甚或某一专门的学问，以一个人的生命也是不能探究完全的。国学大师如王国维、章太炎、陈寅恪、陈垣、钱锺书等人，读书何止万卷，可谓博闻强记、博学多识矣，但他们也未能穷尽哪怕是仅限于社会科学之国学、史学或文学诗词曲艺之中的任何一门学问。

"以有涯随无涯，殆已"，这句话的积极意义是奉劝做学问的人一定要在打下坚实基础的前提下，集中于某些专题，不能将摊子铺得太大，对什么都想穷尽，结果可能会一事无成。

"以有涯随无涯，殆已"，至矣此言！

《秋水》篇可以说是庄子外篇中最著名的一篇。篇中最精彩的寓言是河伯与海若的七问七答，其篇幅与论旨，皆为外篇众多寓言之冠，文中针对大小之辩，无限与有限的对比，做了多层面的探讨，阐发的意义深入且发人深省，将世人习惯的二元对立思考模式彻底瓦解。虽然其论述，最终仍归结到老庄思想中自然无为的本题上，但开展出的格局却相当壮阔，在思辨与文风上都可与内篇的《逍遥游》相媲美。

"计四海之在天地之间也，不似礨空之在大泽乎？计中国之在海内，不似稊米之在大仓乎？号物之数谓之万，人处一焉；人卒九州，谷食之所生，舟车之所通，人处一焉，此其比万物也，不似豪末之在于马体乎？"（一答）"夫物量无穷，时无止，分无常，终始无故。是故大知观于远近,故小而不寡,大而不多,知量无穷;证向今故,故遥而不闷,掇而不跂,知时无止;察乎盈虚,故得而不喜,失而不忧:知分之无常也。明乎坦涂,故生而不说,死而不祸,知终始之不可故也。计人之所知,不若其所不知;其生之时,不若未生之时;以其至小,求穷其至大之域,是故迷乱而不能自得也。由此观之,又何以知毫末之足以定至细之倪?又何以知天地之足以穷至大之域?"(二答)"知道者必达于理,达于理者必明于权,明于权者不以物害己。至德者,火弗能热,水弗能溺,寒暑弗能害,禽兽弗能贼。非谓其薄之也,言察乎安危,宁于祸福,谨于去就,莫之能害也。"(《秋水》)(六答)

简评:第一段出现在河伯与海若的第一次问答中,说明"沧海一粟""九牛一毛"的道理,原意为不要自以为是,其实世界大得很,引申为知识也是不能穷尽的,再博学也是微不足道的,如此穷究到底还有意义吗?第二段出现在河伯与海若的第二次问答中,说明大小多少祸福终始都是相对的(量无穷,时无止,分无常,终始无故),一概不要计较,要"大知观于远近,故小而不寡,大而不多""证向今故,故遥而不闷,掇而不跂""察乎盈虚,故得而不喜,失而不忧""明乎坦涂,故生而不说,死而不祸",此段明确提出真知出于体验不经过就不会了解,物物各不相同不可以小推大,由此推出事物没有终极、小的方向和大的方向都不能穷尽也不可类比臆测的结论。第三段出现在河伯与海若的第六次问答中,说明懂得大道的人,就能"达于理""明于权""不以物害己",得道的"至德"之人,不会受到自然灾祸和毒蛇猛兽的伤害,不在于他们可以抵抗这些伤害,关键是他们可以规避这些伤害。

河伯与海若的七问七答,层层递进,将庄子的认识论阐述的明明白白,最后认识归于大通即得大道。

关于认识论,还有有关相对的概念和无限的概念:

"飞鸟之景未尝动也。镞矢之疾,而有不行不止之时。……一尺之捶,日取其半,万世不竭。"(《天下》)

简评:这是庄子独特的认识论,动静、大小都是相对的、不可穷尽的。这也是两千多年前庄子就有的"极限"概念,应该说是比较神奇的。

五、理想人格

(一)最高境界的人格——真人、神人、圣人、至人——全才

庄子认为,理想的人格应该是"才全而德不形者"(真人、至人是全才而不是

才全，只有才全是不够的）。

"……今哀骀它未言而信，无功而亲，使人授己国，唯恐其不受也。是必才全而德不形者也。……死生存亡，穷达富贵，贤与不肖，毁誉饥渴寒暑，是事之变，命之行也。日夜相代乎前，而知不能规乎其始者也，故不足以滑和，不可入于灵府。使之和豫通而不失于兑，使日夜无郤，而与物为春，是接而生时于心者也，是之谓才全。"（《德充符·何谓真人》）

简评：像生死存亡、穷达贫富等皆出于命运的安排，非人力所能及。因此，在这类现象面前，人心（灵府）当保持一种和乐的状态，一应万化，这就是才全。可见，所谓才全，主要是对人心的要求，不要让外物破坏心之和。"平者水停之盛也，其可以为法也。内保之而外不荡也。德者成和之修也，德不形者，物不能离也。"可见，所谓德不形，也就是心灵保持一种静止的水一般的状态，这样，内心平和、外形不荡，便会与物共处而不离。心和即才全，不欲出即德不形（王博《庄子哲学》）。上述的"才全"加上"德不形"，才是庄子所推崇的"全才"。

庄子理想之人格，能达反本复始，谓之真人、神人、圣人、至人，而称其才为全才（才全而德不形者），尝与《大宗师》篇详说之：

"知天之所为，知人之所为者，至矣。知天之所为者，天而生也；知人之所为者，以其知之所知，以养其知之所不知，终其天年而不中道夭者，是知之盛也。虽然，有患。夫知有所待而后当，其所待者特未定也。庸讵知吾所谓天之非人乎？所谓人之非天乎？且有真人而后有真知。何谓真人？古之真人，不逆寡，不雄成，不谟士。若然者，过而弗悔，当而不自得也。若然者，登高不慄，入水不濡，入火不热。"

"古之真人，不知说生，不知恶死；其出不䜣，其入不距；翛然而往，翛然而来而已矣。不忘其所始，不求其所终；受而喜之，忘而复之。是之谓不以心捐道，不以人助天，是之谓真人。"

"若然者，其心志，其容寂，其颡頯。凄然似秋，暖然似春。喜怒通四时，与物有宜而莫知其极。故圣人之用兵也，亡国而不失人心；利泽施乎万世，不为爱人。故乐通物，非圣人也；有亲，非仁也；天时，非贤也；利害不通，非君子也；行名失己，非士也；亡身不真，非役人也。若狐不偕、务光、伯夷、叔齐、箕子、胥余、纪他、申徒狄，是役人之役，适人之适，而不自适其适者也。

古之真人，其状义而不朋，若不足而不承。与乎其觚而不坚也，张乎其虚而不华也，邴邴乎其似喜乎，崔乎其不得已乎，滀乎进我色也，与乎止我德也，厉乎其似世也，謷乎其未可制也，连乎其似好闭也，悗乎忘其言也。以刑为体，以礼为翼，以知为时，以德为循。以刑为体者，绰乎其杀也。以礼为翼者，所以行于世也。以知为时者，不得已于事也。以德为循者，言其与有足者至于丘也，而人真以为勤行者也。故其好之也一，其弗好之也一。其一也一，其不一也一。其一，与天为徒；其不一，与人为徒。天与人不相胜也。是之谓真人。"（《大宗师》）

简评：庄子洋洋洒洒、反复叙说，描绘他心中的真人、神人、圣人、至人的理想人格。质言之，就是通晓大道，忘却自我，顺物自然，"物物而不物于物"。具备理想人格的人，就能无所不可，万物不伤。有彻底真知，与天地同道，无入而不自得，谓之真人。

养之至，精神充满于内，外之形体，与之俱化，便是庄子理想中的人格——归于无为而治（《应帝王》）。

至人无己，神人无功，圣人无名。

（二）理想人格的快乐——至乐

"知天乐者（圣人），其生也天行，其死也物化"（《天道》）

"圣人之生也天行，其死也物化；静而与阴同德，动而与阳同波；不为福先，不为祸始；感而后应，迫而后动，不得已而后起。去知与故，循天之理。故无天灾，无物累，无人非，无鬼责。其生若浮，其死若休。"（《刻意》）

简评：圣人与天地同乐，与天地融为一体，包括生和死都与自然大化融合了，生存是符合自然的，毁灭也是符合自然的，一切顺遂自然，还有什么羁绊和牵累呢？将生死进一步看开，生是一次旅途，死亡才是安顿，"其生若浮，其死若休"，何至于悦生恶死？（参见本书"直言不讳"之"庄子论'吾师乎'""生死观念"之"气聚则生""纯任自然"）。

"子列子问关尹曰：'至人潜行不窒，蹈火不热，行乎万物之上而不栗。请问何以至于此？'关尹曰：'是纯气之守也，非知巧果敢之列。居，予语女。凡有貌象声色者，皆物也，物与物何以相远？夫奚足以至乎先？是色而已。则物之造乎不形而止乎无所化，夫得是而穷之者，物焉得而止焉！彼将处乎不淫之度，而藏乎无端之纪，游乎万物之所终始，壹其性，养其气，合其德，以通乎物之所造。夫若是者，其天守全，其神无郤，物奚自入焉！夫醉者之坠车，虽疾不死。骨节与人同而犯害与人异，其神全也。乘亦不知也，坠亦不知也，死生惊惧不入乎其胸中，是故遻物而不慴。彼得全于酒而犹若是，而况得全于天乎？圣人藏于天，故莫之能伤也。复仇者，不折镆干；虽有忮心者，不怨飘瓦，是以天下平均。故无攻战之乱，无杀戮之刑者，由此道也。不开人之天，而开天之天。开天者德生，开人者贼生。不厌其天，不忽于人，民几乎以其真。'"（《达生·纯气之守》）

简评：关尹向列子解释为什么具有理想人格的"至人"能够逍遥免祸，这与勇敢果巧无关，关键是得道之人有"纯气之守"，顺物而不逆物，故外物概莫能伤，不是因为至人强大，而是由于至人柔弱，不去碰触那些足以伤身害性的事物，这与《养生主》中讲的庖丁解牛的原理是一样的，就是"缘督以为经"，就是寻找生存的缝隙，"以无厚入有间""游刃有余"。庄子在这里还讲到了"醉者神全"的观点，喝醉酒的人能够暂时"忘我"，因而能够减少或不受伤害，醉酒时的"忘我"

尚能免祸，得道后的"忘我"就更能万物不伤了。重点还是抛却执念和自我，"复仇者"的执念不在"镆干"，"忮心者"的执念不在"飘瓦"，因此才会"不折镆干""不怨飘瓦"。若能放下一切执念，你就没有任何怨恨的对象了，也就能够万物不伤、天下无敌了。

"方舟而济于河，有虚船来触舟，虽有惼心之人不怒。有一人在其上，则呼张歙之。一呼而不闻，再呼而不闻，于是三呼邪，则必以恶声随之。向也不怒而今也怒，向也虚而今也实。人能虚己以游世，其孰能害之！"（《山木》）

简评：有人乘船渡河，飘来一只空船冲撞了他，此人虽然脾气很不好但也不会面对空船发火，若船上哪怕仅有一个人，他就会大呼小叫、争论是非，若再得不到回应，则更会火冒三丈。此寓言意在说明，当人们的心境虚空时表现就很平和，而当内心被俗事充塞时就会很烦躁。要想获得舒心的"天乐"，就要虚以待物。

芒然彷徨乎尘垢之外，逍遥乎无事之业，是谓为而不恃，长而不宰。（《达生·孙休求教》）

简评：这是得道之人的逍遥之境，"至人无己，神人无功，圣人无名"，有了功业不去夸耀，能为万物的宗师，但不去发号施令。若在现实生活中逃名逃利，那就接近道了。

六、修为之法——内省 心斋

总的来说，心斋指的就是心的完全虚静的状态，心里面没有任何东西。

（一）庄子修养身心的方法，在于去四"六害"，明"十事"，进而心斋

先去物欲，是其卑近者，"彻志之勃，解心之谬，去德之累，达道之塞。贵富显严名利六者，勃志也；容动色理气意六者，谬心也；恶欲喜怒哀乐六者，累德也；去就取与知能六者，塞道也。此四六者不荡胸中则正，正则静，静则明，明则虚，虚则无为而无不为也。"（《庚桑楚》）后而任自然，"夫道，覆载万物者也，洋洋乎大哉！君子不可以不刳心焉。无为为之之谓天，无为言之之谓德，爱人利物之谓仁，不同同之之谓大，行不崖异之谓宽，有万不同之谓富。故执德之谓纪，德成之谓立，循于道之谓备，不以物挫志之谓完。君子明于此十者，则韬乎其事心之大也，沛乎其为万物逝也。"（《天地》）

简评：《庚桑楚》中提出修生养性要去除物欲，其主要有"彻志之勃，解心之谬，去德之累，达道之塞"四种惑乱，就是意志不坚、心灵闭塞、道德亏欠、不修大道，每一种惑乱又有六种表现，即"贵富显严名利""容动色理气意""恶欲喜怒哀乐""去就取与知能"，共二十四种有碍修身养性的祸害，把这些全都去除

了，才能一步步达到心灵虚空的修养境界，如此就能"无为而无不为"。看来修身养性是非常不容易的，有太多的障碍，但到达此"正""静""明""虚"之境，是非常美妙的，值得人们为之付出。《天地》中，借孔子之口言修道，必须要"刳心"，也就是抛却心智，然后明了"十事"，即懂得"天""德""仁""大""宽""富"及"纪""立""备""完"，而要懂得"十事"，就要做到"无为为之""无为言之""爱人利物""不同同之""行不崖异""有万不同"并且要"执德""德成""循于道""不以物挫志"，做到了"明十事"，就能够保藏万物，顺遂自然了（"韬乎其事心之大也，沛乎其为万物逝也"）。

（二）一志——集虚——心斋

达于内省，"若一志，无听之以耳而听之以心，无听之以心而听之以气！听止于耳，心止于符。气也者，虚而待物者也。唯道集虚，虚者，心斋也。""心斋者绝妄想而见性真也。"（《人间世》）"形如槁木，心如死灰"（《徐无鬼》），"……掘若槁木，似遗物离人而立于独。……游于物之始。"（《田子方》）

简评：专心一志才能修道，抛却一切杂念，只用虚空的"气"应对万物。庄子提出"虚"和"心斋"的概念来说明道，"唯道集虚"，只有道才能使人完全虚空。虚空了才顺遂自然，"虚者，心斋也"，外象的表现就是南郭子綦表现出的"形如槁木，心如死灰""掘若槁木，似遗物离人而立于独。"

（三）修为之方

修养历程——外天下—外物—外生—朝彻—见独—无古今—不死不生。（《大宗师》）

"吾犹守而告之，参日而后能外天下；已外天下矣，吾又守之，七日而后能外物；已外物矣，吾又守之，九日而后能外生；已外生矣，而后能朝彻；朝彻，而后能见独；见独，而后能无古今；无古今，而后能入于不死不生。杀生者不死，生生者不生。其为物，无不将也，无不迎也；无不毁也，无不成也，其名为撄宁。撄宁也者，撄而后成者也。"（《大宗师》）"一年而野，二年而从，三年而通，四年而物，五年而来，六年而鬼入，七年而天成，八年而不知死、不知生，九年而大妙。"（《寓言》）（参见蔡元培《中国伦理学史》）

简评：关于修养历程，《大宗师》中说的女偊的修养方法（参见本书前述之"道为大宗师"及"修道"之"1. 闻道"）；《寓言》中则是颜成子游根据南郭子綦的教导而实行的修道方法，具体过程就是经过"野""从""通""物""来""鬼入""天成""不知死、不知生""大妙"，逐步达到道的化境。

（四）坐忘

"颜回曰：'回益矣！'仲尼曰：'何谓也？'曰：'回忘仁义矣！'曰：'可矣，犹未也。'他日复见曰：'回益矣！'曰：'何谓也？'曰：'回忘礼乐矣！'曰：'可矣，犹未也。'他日复见曰：'回益矣！'曰：'何谓也？'曰：'回坐忘矣！'仲尼蹴然曰：'何谓坐忘？'颜回曰：'堕肢体，黜聪明，离形去知，同于大通。此谓坐忘。'仲尼曰：'同则无好也，化则无常也，而果其贤乎！丘也请从而后也。'"（《大宗师》）

简评：这是颜回在孔子启发下的修道过程，"忘仁义""忘礼乐"，最后达到"坐忘"，"离形去知"就能顺物自然而无容私焉，（参见本书前述"修道"之"2. 修道的阶段"）。

如果说"忘仁义"或者"忘礼乐"，都还是对某种具体事物的遗忘的话，那么所谓的坐忘，要忘掉的则是自己——忘掉自己的肢体、忘掉自己的聪明，达到形同槁木、心若死灰的状态。这个时候，仁义礼乐消失了，自我消失了，一切的条条框框和限隔都不复存在，于是可以至于"同于大通"的境界。"大通"不是别的，其实就是无限隔的造化之途，也就是道。如《齐物论》所说"故为是举莛与楹，厉与西施，恢恑憰怪，道通为一"，道正是把所有的事物通起来者。在大通中，没有好，也没有恶，没有是，也没有非，一切都在流转，没有固定的界限，就像是庄周梦蝶寓言中所说的物化。对于你自己来说，要做的就是无心而任化。

无论是"心斋"还是"坐忘"，说明的都是心和道之间的合一，以及通过这种合一而达到的对于生命和世界的理解。

七、达观思维——超脱 洒脱 飘逸

（一）达观到至乐

庄子达到了彻底的达观，达观到了歌颂死亡，到了这一步，人们就能到达至乐的境界。

《庄子》中有一专门的篇章为《至乐》。《至乐》篇并没有告诉我们什么是人生的至乐，而是告诉我们死亡是一件最自然、最值得喜悦的事。对于生者而言，因为死亡，生命的劳苦得以安歇；站在自然的层面来说，万物本不曾生，也不曾死，真正存在的只有自然。因此庄子鼓盆而歌，只为赞颂生命的变化。"天下有至乐无有哉？有可以活身者无有哉？今奚为奚据？奚避奚处？奚就奚去？奚乐奚恶？"（世人追求的种种快乐都是伤身体的，这是只注重形体而不注重精神，离大道甚远，是不卫生的。）（可以使人身心愉悦而又不伤身体的事情——某些愉悦的事情是伤身体的——是有益健康的，因而是卫生的。）"人之生也，与忧俱生。寿者昏昏，久忧不死，何苦也！其为形也亦远矣！""吾以无为诚乐矣，又俗之所大苦也。故曰：'至乐无乐，至誉无誉。'"（清静无为不能产生愉悦——因为无乐，虽然对卫生没有害处，但也没有益处。）（以上《至乐》）

无乐的状态就是至乐，也就是说，追求快乐永远达不到"至乐"，说到底还是要达到一种"虚"的状态，什么都没有了，一切都空了，不惧怕死亡，甚至死亡也不存在了，这就是至乐。

（二）达观到永远

《养生主》最后以这样一句意味深长的话结束："指穷于为薪，火传也，不知其尽也。"这是真正的达观，达观地超越了形体，超越了道德，也超越了生和死。其实，真正的养生最后总是要自己融入到宇宙大化之中，在这里，死生存亡连为一体。

（三）达观的表现就是安顺

也许最能表现庄子此种安顺态度的事件就是死亡。

"颜回问仲尼曰：'孟孙才，其母死，哭泣无涕，中心不戚，居丧不哀，无是三者，以善处丧盖鲁国。固有无其实而得其名者乎？回壹怪之。'仲尼曰：'夫孟孙氏尽之矣，进于知矣。唯简之而不得，夫已有所简矣。孟孙氏不知所以生，不知所以死，不知就先，不知就后。若化为物，以待其所不知之化已乎。且方将化，恶知不化哉？方将不化，恶知已化哉？吾特与汝其梦未始觉者邪。且彼有骇形而无损心，有旦宅而无情死。孟孙氏特觉，人哭亦哭，是自其所以乃。且也相与吾之耳矣。庸讵知吾所谓吾之乎！且汝梦为鸟而厉乎天，梦为鱼而没于渊，不识今之言者，其觉者乎，其梦者乎？造适不及笑，献笑不及排，安排而去化，乃入于寥天一。'"（《大宗师》）

简评：孟孙才很会处理丧事，根据客户的需要妥善处置，因此有好的名声。但处理自己母亲的丧事时，却尽量简化，以至于近乎不通人情而受到颜回的指责。实际上孟孙才是根据需要处理丧事的，普通人需要哀伤的气氛，孟孙才恰到好处地营造出来了，但他本人通晓大道，知道那些形式都是多余的，甚至是伤身害性的，所以在自己母亲的丧事上就简化了，只是考虑到大众的观感，才保留了最基本的处丧形式。这个寓言一方面说生死是自然的，不需要乐生悲死，另一方面在不得已时也要随顺世情，这才是处理问题的完善方法。"造适不及笑，献笑不及排"，感到舒服了不一定非要笑出来，因喜悦而笑时不要考虑先排练一下如何笑，说的还是顺遂自然，不要有过多的人为干预。

借助于孔子之口，庄子称赞孟孙才的做法是"尽之矣"，也就是到了极致。"进于知"（比"知"高明）的说法很容易让我们想起讨论"坐忘"时说过的"离形去知"，它应该就是"去知"的另外一种表达（只有如此才能比"知"高明，即"进于知"）。只有去知，才可以忘我，才可以同于大通，融入到造化之流中去。在这里，你会发现原来生死如四时之化般自然，如昼夜交替般正常。你还会像普通人一样乐生哀死吗？你会觉得那些烦琐的仪式是可笑的，是"无知"的表现。因此你会简化掉它们。其实墨家也是主张节葬的。不过墨子的出发点是功用性的，他认为繁琐的丧礼和葬礼是费而无用的。庄子的前提则是对生死之理的理解。其实庄子根本不是要简化，他是要去除。庄子再一次以对待死亡和丧礼的态度来表现其主张。当三位朋友中的子桑户死去以后，孟子反和子琴张并没有像俗人一样痛哭流涕，他们或编曲，或鼓琴，相和而歌。这种另类的对待死亡的方式反映的是他们对待世界的独到的理解。他们在歌中唱到："嗟来桑户乎！嗟来桑户乎！而已反其真，而我犹为人猗。"死亡在他们看来不是离去，而是回归，是向本真的回归。这里没有丝毫对生命的留恋和对"人"的身份的执着，在这里死亡更像是一种解脱。因此，即便囿与人情，不便祝贺的话，至少也不必悲哀。在这样的理解之下，丧礼的存在还有什么坚实的依据吗？它只是人间的事情，和天无关，因此也和法天的人们无关。

八、生死观念

就其现实形态而言，个体的存在具体展开为一个生命从开始到终结的过程，这一本体论事实上使生与死成为难以回避的问题。正因如此，哲学作为一门旨在寻求解脱人类生存困境、超越生存有限性途径的学科，其所关注的核心问题，便是个体生命的存在，即生与死的问题，甚至死亡的问题成为一切哲学研究的起源和中心问题，所谓"从事哲学就是学习死亡"。而在先秦诸子中，庄子对生死问题的关注最多，思考最深，成果也最丰富。庄子的生死论：重生贵生；苦生乐死；生死必然；生死自然；生死气化；生死齐同；不死不生。

（一）生死观念，"尽年"

庄子贵生重生，而对死亡的态度又很豁达，甚至将生看作劳苦的旅程，而将死看作修养生息。他对生死的态度是顺遂自然,生也由他、死也由他,二者都不强求。庄子又提出了一个原则,就是"尽年",或曰"尽其天年",就是说,对待生命既不戕害也不刻意增益,大自然赋予了多长寿命就让他享有多长寿命,总之不要干预大自然的安排。"尽年"也是无为。

(二)气聚则生,气散则死,始卒若环,莫得其伦

"生也死之徒,死也生之始,孰知其纪!人之生,气之聚也,聚则为生,散则为死。若死生为徒,吾又何患!故万物一也。是其所美者为神奇,其所恶者为臭腐。臭腐化为神奇,神奇复化为臭腐。"(《知北游》)"圣人之生也天行,其死也物化。静而与阴同德,动而与阳同波。不为福先,不为祸始。感而后应,迫而后动,不得已而后起。去知与故,循天之理。故无天灾,无物累,无人非,无鬼责。其生若浮,其死若休。"(《刻意》)

简评:"气聚则生,气散则死",这一说法涉及生命的源头和归宿,也是生命的本质说。"气"为生命的本质和元素,"聚"或"气聚"是生命的源头,"散"或"气散"是生命的归宿。"始卒若环,莫得其伦"说的是,在道的层面上,生和死没有区别,生和死本身是一个无尽的循环,没有先后忧喜之分,生和死都是极其自然的现象,"静而与阴同德,动而与阳同波",生是死的开始,死又是生的开始,没有死就没有生的希望,有了生就一定会有死的结果,因此不应悦生恶死。(参见本书上述"直言不讳"之"庄子论'吾师乎'""理想人格""生死观念"有关章节及本节后文之"纯任自然")

(三)善生善死

"夫大块载我以形,劳我以生,佚我以老,息我以死。故善生者,乃所以善死也。"(《大宗师》,同篇两次出现)

简评:"大块"就是"大道""大地",大道赋予我们形体,给我们生命,使我们开始辛劳的旅程,年老后干不动了,不得不闲逸下来或能够安逸度年,最后以死亡的形式使人彻底休息。这个过程中,生的状态并不比死的状态优越,若愿意善待生,有何理由不去善待死呢?("故善生者,乃所以善死也")

(四)生死自然,四时行也

庄子妻死,惠子吊之,庄子则方箕踞鼓盆而歌。惠子曰:"与人居,长子、老、身死,不哭亦足矣,又鼓盆而歌,不亦甚乎!"庄子曰:"不然。是其始死也,我独何能无概然!察其始而本无生,非徒无生也而本无形,非徒无形也而本无气。杂乎芒芴之间,变而有气,气变而

有形，形变而有生，今又变而之死，是相与为春秋冬夏四时行也。人且偃然寝于巨室，而我嗷嗷然随而哭之，自以为不通乎命，故止也。"（《庄子·至乐·庄子丧妻》）

简评：庄子对待生死是最豁达的，"鼓盆而歌"是一则著名的寓言，庄子并非对他的妻子没有感情，当考虑到妻子经过一生的劳苦旅程，死后是处于一种安逸休息的状态时，庄子也就释然了，因此死亡倒是一件值得庆贺的事情了。这则寓言主要表明的是一种处于道境的心态。

庄子认为生命是一个从无到有，再从有到无的过程，生死之间不断轮换。"察其生命之始，而本无生；不仅无生也，而本无形；不仅无形也，而本无气。阴阳交杂在冥茫之间，变而有气，气又变而有形，形又变而有生，今又变而为死。故人之生死变化，犹如春夏秋冬四时交替也。她虽死了，人仍安然睡在天地巨室之中，而我竟还悲哀地随而哭之，自以为是不通达命运的安排，故止哀而歌了。"

庄子将死，弟子欲厚葬之，庄子曰："吾以天地为棺椁，以日月为连璧，星辰为珠玑，万物为赍送。吾葬具岂不备邪？何以加此！"弟子曰："吾恐乌鸢之食夫子也。"庄子曰："在上为乌鸢食，在下为蝼蚁食，夺彼与此，何其偏也。"以不平平，其平也不平；以不征征，其征也不征。明者唯为之使，神者征之。夫明之不胜神也久矣，而愚者恃其所见入于人，其功外也，不亦悲乎！（《列御寇·庄子处事》）

简评：这是另一则表现庄子极为豁达的寓言。庄子对一切生死现象均持淡然态度，对自己的生死更加释然，死亡是最自然的事情，何必要死后的哀荣呢？何必要多余的厚葬呢？厚葬和哀荣，不可能有丝毫的增益，因此还是免了吧。（可与本书前述"《庄子》庄子——庄子的'自传'——《庄子》中的庄子"之"以天地为棺椁"互参）。

莫然有间，而子桑户死，未葬，孔子闻之，使子贡往侍事焉，或鼓琴，相和而歌曰："嗟来桑户乎！嗟来桑户乎！而已反其真，而我犹为人猗。"子贡趋而进曰："敢问临尸而歌，礼乎？"二人相视而笑，曰："是恶知礼意！"子贡反以告孔子曰："彼何人者邪？修行无有，而外其形骸，临尸而歌，颜色不变，无以命之。彼何人者邪？"孔子曰："彼游方之外者也，而丘游方之内者也。外内不相及，而丘使女往吊之，丘则陋矣。彼方且与造物者为人，而游乎天地之一气。彼以生为附赘县疣，以死为决疣溃痈。夫若然者，又恶知死生先后之所在！假于异物，托于同体，忘其肝胆，遗其耳目，反复终始，不知端倪。芒然彷徨乎尘垢之外，逍遥乎无为之业。彼又恶能愦愦然为世俗之礼，以观众人之耳目哉！"子贡曰："然则夫子何方之依？"孔子曰："丘，天之戮民也。虽然，吾与汝共之。"子贡曰："敢问其方？"孔子曰："鱼相造乎水，人相造乎道。相造乎水者，穿池而养给。相造乎道者，无事而生定。故曰：鱼相忘乎江湖，人相忘乎道术。"子贡曰："敢问畸人？"曰："畸人者，畸于人而侔于天。故曰：天之小人，人之君子；人之君子，天之小人也。"（《大宗师·子贡吊丧》）

简评：子桑户、孟子反、子琴张是得道之人和莫逆于心的好友，他们把生死视为"一条"(一回事儿),因此子桑户死后,孟子反和子琴张并不哀伤,因为他们知道因死亡而哀伤是不符合大道的。以道的观点看待死亡问题,死比生还要悠闲,"彼以生为附赘县疣,以死为决疣溃痈",因此更没有理由为死亡哭泣了。自然之道与世俗观念是对立的,自然之道认为是对的,在世俗中是不可理喻的,自然之道认为是错的,在世俗中却奉为圭臬,"故曰:天之小人,人之君子;人之君子,天之小人也"。

表明庄子"生死自然,四时行也"观念的,还有《大宗师》中关于孟孙才善处丧的一段寓言,参见本书前述"这观思维——超脱 洒脱 飘逸"之"达观的表现就是安顺"相关章节。

庄子在《天道》中,借老子之口批评孔子,说:"夫子亦放德而行,循道而趋,已至矣!又何偈偈乎揭仁义,若击鼓而求亡子焉!意,夫子乱人之性也。"(《天道》)说的是老子劝告孔子只要遵循大道就能做得很好,为何还要劳神费力地宣讲仁义呢?"偈偈乎揭仁义"无异于为寻找离家出走的儿子而敲锣打鼓四处张扬,逃亡的儿子必定会逃得更远,这是手段和目的相悖。宣讲仁义与遵循大道是背道而驰的,也是扰乱人性的。

"知天乐者(圣人),其生也天行,其死也物化"(《天道》),一方面是庄子理想人格的一种表述(见前述"理想人格"一节),另外也是庄子对"生死自然,四时行也"的注脚。

(五)安时而处顺 视死如归

"适来,夫子时也;适去,夫子顺也。安时而处顺,哀乐不能入也,古者谓是帝之县解。"(《养生主·老聃死,秦失吊之》;《大宗师·生死一体·俄而子舆有病》)

来到世上,合乎时宜;离开尘世,顺应正道;去比来更合乎法则,更安逸超脱,更值得向往。来是义务,去是本分。生死乃"相与为春秋冬夏四时行也"(《至乐》)按时而生,顺道而死。按时来生,顺道去死。生的伟大,死的光荣。来时去顺,生死齐一,无以悦生恶死。

"知其不可奈何而安之若命。"(《人间世》)

死亡不是可悲的事情,而是一种回归,是归来,是回家,是极其自然的正道。

(六)死无生人之累 南面王乐

最能表现庄子面对死亡达观态度的是《至乐》篇中的"髑髅托梦"(参见本书

前述"庄子的'自传'"之"髑髅托梦"），庄子认为人生是劳苦的，尤其在战乱频仍的战国时期，会遭遇很多灾难和痛苦，"贪生失理""亡国之事""斧钺之诛""不善之行""愧遗父母妻子之丑""冻馁之患""春秋故及"，并时刻面对死亡的威胁；而死亡则是很安逸、很快乐的事，"无君于上，无臣于下，亦无四时之事，从然以天地为春秋，虽南面王乐，不能过也"，绝没有人生的种种牵累，自己给自己做主，有绝对的自由，甚至比当君王皇帝都快乐，因此当外人要让死后的髑髅返回人间寻求快乐时，髑髅显得特别恐慌。

（长梧子）"予恶乎知说生之非惑邪？予恶乎知恶死之非弱丧而不知归者邪？……予恶乎知夫死者不悔其始之蕲生乎？"（《齐物论》）"彼以生为附赘县疣，以死为决疣溃痈。夫若然者，又恶知死生先后之所在？假于异物，托于同体，忘其肝胆，遗其耳目，反复终始，不知端倪。芒然彷徨乎尘垢之外，逍遥乎无为之业。彼又恶能愦愦然为世俗之礼，以观众人之耳目哉！"（《天道》）

简评：《齐物论》中对人们的"悦生恶死"提出了疑问，庄子认为死亡是向大自然的回归，死亡又是生的开始，人们追求延年益寿难道不是费力不讨好的迷惑之举吗？人们害怕死亡不正像那年幼时走丢的孩子后来竟想不起要回到自己的家园？死亡其实很快乐、很自由，因此死后的人可能会后悔曾经劳神费力地去人间挣扎并且还曾祈求长生吧？在《天道》中，庄子更是将人生比作可恶的累赘和脓疮"附赘县疣"，把死亡看作治病救人治愈脓疮"决疣溃痈"，生生死死、死死生生，是一个无尽的循环（"始卒若环，莫得其伦"），生和死都是自然循环中的一个链节，没有先后喜忧之分，我们需要做的就是顺其自然，忘却自我，忘却一切，更不要去管那些世俗的、陈腐的规程礼节，"芒然彷徨乎尘垢之外，逍遥乎无为之业"，只有这样才能达到真正的自由、逍遥、快乐、永生的境域。

"其生若浮，其死若休。"（《刻意》）

简评：庄子在《刻意》中，将人生比作迷茫、虚幻、不实在的飘浮状态，死亡才是安逸、自由、舒适的休闲之境。

（七）纯任自然

"又奚傑然若负建鼓而求亡子者邪？夫鹄不日浴而白，乌不日黔而黑。黑白之朴，不足以为辩；名誉之观，不足以为广。"（《天运》）"圣人之生也天行，其死也物化。静而与阴同德，动而与阳同波。不为福先，不为祸始。感而后应，迫而后动，不得已而后起。去知与故，循天之理。故无天灾，无物累，无人非，无鬼责。其生若浮，其死若休。不思虑，不豫谋。光矣而不耀，信矣而不期。其寝不梦，其觉无忧。其神纯粹，其魂不罢。虚无恬淡，乃合天德。故曰：

悲乐者，德之邪也；喜怒者，道之过也；好恶者，德之失也。故心不忧乐，德之至也；一而不变，静之至也；无所于忤，虚之至也；不与物交，惔之至也；无所于逆，粹之至也。故曰：形劳而不休则弊，精用而不已则劳，劳则竭。水之性，不杂则清，莫动则平；郁闭而不流，亦不能清；天德之象也。故曰：纯粹而不杂，静一而不变，惔而无为，动而以天行，此养神之道也。"（《刻意》）

简评：庄子在《天运》中借老子之口批评孔子妄谈仁义是在扰乱大道，就像寻找离家出走的孩子却要敲锣打鼓虚张声势一样，孩子听到鼓声会躲得更远。黑白、是非、荣辱都不必去刻意追求，顺应自然才是唯一应该做的。老子批评孔子"击鼓求亡子"说，在《天道》中也曾提及。

《刻意》中集中描述大道是纯任自然的，生死也应纯任自然，才能"无天灾，无物累，无人非，无鬼责""其寝不梦，其觉无忧。其神纯粹，其魂不罢。虚无恬淡，乃合天德"。同时庄子也是重视生命的，但他更为强调的是养神而不是养形，养神需要达到"德""静""虚""淡""粹""清""平"的境界，"静而与阴同德，动而与阳同波"。（参见本书前述"直言不讳"之"慷慨激昂赞吾'师'""理想人格""生死观念"有关章节及本节前文之"气聚则生"）。

"死生，命也；其有夜旦之常，天也；人之有所不得与，皆物之情也。彼特以天为父，而身犹爱之，而况其卓乎！人特以有君为愈乎己，而身犹死之，而况其真乎！泉涸，鱼相与处于陆，相呴以湿，相濡以沫，不如相忘于江湖。与其誉尧而非桀，不如两忘而化其道。夫大块载我以形，劳我以生，佚我以老，息我以死。故善吾生者，乃所以善吾死也。夫藏舟于壑，藏山于泽，谓之固矣。然而夜半，有力者负之而走，昧者不知也。藏小大有宜，犹有所遁，若夫藏天下于天下，而不得所遁，是恒物之大情也。特犯人之形，而犹喜之，若人之形者，万化而未始有极也，其为乐可胜计邪？故圣人将游于物之所不得遁而皆存。善夭善老，善始善终，人犹效之，又况万物之所系，而一化之所待乎？"（《大宗师·相濡以沫》）

简评：《大宗师》中的"命"和"天"，指的就是自然，是不可变易的。生和死，像自然运行、昼夜更迭一样，生死本来就是一循环，"善吾生者，乃所以善吾死也"，大可不必贪生怕死。人生处在自然之中，本来没有可以逃遁之所，也没有必要逃遁，融于大自然中，"藏天下于天下"，什么忧虑也不会有。人不应有过多的贪求，因为欲望是无底洞，也是十分有害的，恬淡处事，一任自然，就能获得心灵的安顿。

"夫大块载我以形，劳我以生，佚我以老，息我以死。故善吾生者，乃所以善吾死也。今之大冶铸金，金踊跃曰：我且必以为镆铘。大冶必以为不祥之金。今一犯人之形，而曰人耳人耳，夫造化者必以为不祥之人。今一以天地为大炉，以造化为大冶，恶乎往而不可哉？成然寐，蘧然觉。"（《大宗师·生死一体·俄而子来有病》）

简评:"大块载我以形"在《大宗师》中两次出现。此处重在阐述要服从大自然的"安排任化",铁匠打铁时若铁块嚷嚷着非要铁匠将其锻造成莫邪宝剑不可,铁匠必认为此铁料为不祥之物;生命的形成也是多样而自然的,若无生命的东西在变为有生命的东西之前,非要造化将其变为名人显要,则造物主必认其为不祥之物。且万事万物都有定数,是否可成莫邪宝剑,托生为人还是为鸟兽虫鱼,不是自己说了算的,还要看造化,即取决于自然大道。"死"是"寐","生"是"觉","成然""遽然"都是偶然,也是必然,"成然寐,遽然觉",意为生和死都是瞬间转化的事,非常普通,合乎自然,故不必把生死挂在心上。

"古之真人,不知说生,不知恶死。其出不䜣,其入不距。翛然而往,翛然而来而已矣。不忘其所始,不求其所终,受而喜之,忘而复之。是之谓不以心捐道,不以人助天。是之谓真人。若然者,其心志,其容寂,其颡頯。凄然似秋,暖然似春。喜怒通四时,与物有宜而莫知其极。""死生,命也;其有夜旦之常,天也。""子来曰:'父母于子,东西南北,唯命之从。阴阳于人,不翅于父母。彼近吾死而我不听,我则悍矣。彼何罪焉?夫大块载我以形,劳我以生,佚我以老,息我以死。故善吾生者,乃所以善吾死也。'"(《大宗师》)

简评:前一寓言首先是对大道的赞歌(参见本书《庄子》名篇推介""理想人格"之有关章节),庄子在此段话中也在表述了要一任自然的思想。后一寓言是得道高人子来将死时说的,"阴阳"在这里也指自然之道(中国的本源哲学就是阴阳观念,万物皆阴阳,阴阳即自然),何时生何时死,都要顺应自然,否则就是不通时务。

(八) 视死亡为至乐 以安顺态度面对死亡

参见上文"达观思维"之"达观至至乐""达观的表现就是安顺"有关章节。

九、贵生思想

(一) 重生贵生

在中国传统哲学中,最为重视生命价值的学派应该是道家。道家学者都有明确的重生贵生意识。老子从"名与身孰亲?身与货孰多?得与亡孰病?"(《老子》四十四章)和"贵以身为天下,若可寄天下;爱以身为天下,若可託天下"(《老子》十三章)的贵生思想出发,极力主张"见素抱朴"(《老子》十九章)、"去甚、去奢、去泰"(《老子》二十九章),要求"知足不辱,知止不殆"(《老子》四十四章)、"致虚极,守静笃"(《老子》十六章),以求能够"长生久视"(《老子》五十九章)。

以确认个体存在价值为前提，庄子更是把个体生命本身的价值放在高于一切的位置："夫天下至重也，而不以害其生，又况他物乎！"（《让王》）在庄子看来，生命应以自身为目的，任何身外之物都不值得生命为之付出牺牲，否则就是生命的异化（与杨朱的贵生类似又有区别）。在庄子那里，个体生命的存在获得了绝对的价值。所以真正尊重生命的人是不会因富贵而"以养伤身"，也不会因贫贱而"以利累形"的："能尊生者，虽富贵不以养伤身，虽贫贱不以利累形"（《让王》）。由此出发，庄子认为只有以尊重生命的态度去为天下，方可以把天下交付给他，以珍爱生命的态度去为天下，才可以把天下寄托给他："故贵以身于为天下，则可以托天下；爱以身于为天下，则可以寄天下"（《在宥》）。从肯定生命价值的立场出发，庄子坚决反对"丧己于物""失性于俗"（《缮性》）和"以人灭天""以故灭命""以得殉名"（《秋水》）等损害生命的行为，而主张"不以物害己"（《秋水》）、"不以物易己"（《徐无鬼》）、"法天贵真，不拘于俗"（《渔父》）、"为善无近名、为恶无近刑，缘督以为经"（《养生主》），以求"可以保身，可以全生，可以养亲，可以尽年"（《养生主》）。由此可见，在庄子眼里，作为人自我的"己"应当优先于"物"的存在；同样，作为人内在规律性的"性"也应当优先于名利等世俗的价值。这样说来，一旦将自我消解于外物之中或使人的内在规定性失落于名利之中，便意味着"人"与"物"和"性"与"俗"的颠倒。正因如此，庄子在不同的场合强烈谴责了名利对个体生命的戕害：

"伯夷死名于首阳之下，盗跖死利于东陵之上。二人者，所死不同，其于残生伤性均也。奚必伯夷之是，而盗跖之非乎？天下尽殉也。""彼其所殉，仁义也，则俗谓之君子。其所殉，货财也，则俗谓之小人。其殉一也，则有君子焉，有小人焉。若其残生损性，则盗跖亦伯夷已，又恶取君子小人于其间哉！"（《骈拇》）"小人殉财，君子殉名，其所以变其情、易其性则异矣；乃至于弃其所为而殉其所不为，则一也。"（《盗跖》）

无论是为名而死还是为利而死，在本质上都是一样的，其行为本身都是对个体生命的自我戕害，都是庄子所坚决反对的。这里，通过反对以外在之物或外在之名取代内在之"我"，庄子既突出了自我的不可替代性，也相应地强调了自我或个人独特的存在价值。

虽未见到孟子批评庄子的片言只语（此公案至今无解）但孟子批评了杨朱的贵生理论（"拔一毛利天下而不为"），由于杨朱和庄子的贵生理论有相似性（"天下尽殉"因而莫若"无为"），因此孟子大概不会同意庄子的贵生思想。其实杨朱并不是主张极端自私自利，原话为"古之人，损一毫利天下不与也，悉天下奉一身不取也"，实际上这还是主张无为。

庄子在重生贵生的同时，却并不贪生怕死，而是以生为苦、以死为乐，坦然面对死亡的到来。

（二）为了贵生而让王

《庄子·让王篇》谈了许多隐士高人，为了贵生养生或者保持清狷，宁可放弃治理天下的责任，这一点未免显得没有责任感，所以孟子批评说，"拔一毛利天下而不为。"（一般认为这是针对杨朱说的，虽然杨朱的贵生思想比较极端，但将其说成是"拔一毛利天下而不为"，未免有些将杨朱妖魔化了。）

（1）尧以天下让许由，许由不受。又让子州支父，子州支父曰："以我为天子，犹之可也。虽然，我适有幽忧之病，方且治之，未暇治天下也。"夫天下至重者也，而不以害其生，又况他物乎！唯无以天下为者可以托天下也。舜让天下于子州支伯，子州支伯曰："予适有幽忧之病，方且治之，未暇治天下也。"故天下大器也，而不以易生。此有道者之所以异乎俗者也。舜以天下让善卷，善卷曰："余立于宇宙之中，冬日衣皮毛，夏日衣葛絺。春耕种，形足以劳动；秋收敛，身足以休食。日出而作，日入而息，逍遥于天地之间，而心意自得。吾何以天下为哉！悲夫，子之不知余也。"遂不受。于是去而入深山，莫知其处。舜以天下让其友石户之农。石户之农曰："卷卷乎后之为人，葆力之士也。"以舜之德为未至也。于是夫负妻戴，携子以入于海，终身不反也。

（2）大王亶父居邠，狄人攻之。事之以皮帛而不受，事之以犬马而不受，事之以珠玉而不受。狄人之所求者土地也。大王亶父曰："与人之兄居而杀其弟，与人之父居而杀其子，吾不忍也。子皆勉居矣！为吾臣与为狄人臣奚以异。且吾闻之：不以所用养害所养。"因杖策而去之。民相连而从之。遂成国于岐山之下。夫大王亶父可谓能尊生矣。能尊生者，虽贵富不以养伤身，虽贫贱不以利累形。今世之人居高官尊爵者，皆重失之。见利轻亡其身，岂不惑哉！

（3）越人三世弑其君，王子搜患之，逃乎丹穴，而越国无君。求王子搜而不得，从之丹穴。王子搜不肯出，越人薰之以艾。乘以王舆。王子搜援绥登车，仰天而呼曰："君乎，君乎，独不可以舍我乎！"王子搜非恶为君也，恶为君之患也。若王子搜者，可谓不以国伤生矣！此固越人之所欲得为君也。

（4）韩魏相与争侵地，子华子见昭僖侯，昭僖侯有忧色。子华子曰："今使天下书铭于君之前，书之言曰：'左手攫之则右手废，右手攫之则左手废。然而攫之者必有天下。'君能攫之乎？"昭僖侯曰："寡人不攫也。"子华子曰："甚善！自是观之，两臂重于天下也。身亦重于两臂。韩之轻于天下亦远矣！今之所争者，其轻于韩又远。君固愁身伤生以忧戚不得也。"僖侯曰："善哉！教寡人者众矣，未尝得闻此言也。"子华子可谓知轻重矣。

（5）鲁君闻颜阖得道之人也，使人以币先焉。颜阖守陋闾，苴布之衣，而自饭牛。鲁君之使者至，颜阖自对之。使者曰："此颜阖之家与？"颜阖对曰："此阖之家也。"使者致币。颜阖对曰："恐听者谬而遗使者罪，不若审之。"使者还，反审之，复来求之，则不得已！故若颜阖者，真恶富贵也。

（6）故曰：道之真以治身，其绪余以为国家，其土苴以治天下。由此观之，帝王之功，圣人之余事也，非所以完身养生也。今世俗之君子，多危身弃生以殉物，岂不悲哉！凡圣人之动作也，必察其所以之与其所以为。今且有人于此，以随侯之珠，弹千仞之雀，世必笑之。是何也？则其所用者重而所要者轻也。夫生者岂特随侯之重哉？

（7）子列子穷，容貌有饥色。客有言之于郑子阳者，曰："列御寇，盖有道之士也，居君之国而穷，君无乃为不好士乎？"郑子阳即令官遗之粟。子列子见使者，再拜而辞。使者去，子列子入，其妻望之而拊心曰："妾闻为有道者之妻子，皆得佚乐。今有饥色，君过而遗先生食，先生不受，岂不命邪？"子列子笑，谓之曰："君非自知我也，以人之言而遗我粟；至其罪我也，又且以人之言，此吾所以不受也。"其卒，民果作难而杀子阳。

（8）楚昭王失国，屠羊说走而从于昭王。昭王反国，将赏从者，及屠羊说。屠羊说曰："大王失国，说失屠羊。大王反国，说亦反屠羊。臣之爵禄已复矣，又何赏之言。"王曰："强之。"屠羊说曰："大王失国，非臣之罪，故不敢伏其诛；大王反国，非臣之功，故不敢当其赏。"王曰："见之。"屠羊说曰："楚国之法，必有重赏大功而后得见。今臣之知不足以存国，而勇不足以死寇。吴军入郢，说畏难而避寇，非故随大王也。今大王欲废法毁约而见说，此非臣之所以闻于天下也。"王谓司马子綦曰："屠羊说居处卑贱而陈义甚高，子其为我延之以三旌之位。"屠羊说曰："夫三旌之位，吾知其贵于屠羊之肆也；万钟之禄，吾知其富于屠羊之利也。然岂可以贪爵禄而使吾君有妄施之名乎？说不敢当，愿复反吾屠羊之肆。"遂不受也。

（9）原宪居鲁，环堵之室，茨以生草，蓬户不完，桑以为枢而瓮牖，二室褐以为塞，上漏下湿，匡坐而弦。子贡乘大马，中绀而表素，轩车不容巷，往见原宪。原宪华冠縰履，杖藜而应门。子贡曰："嘻！先生何病？"原宪应之曰："宪闻之，无财谓之贫，学而不能行谓之病。今宪贫也，非病也。"子贡逡巡而有愧色。原宪笑曰："夫希世而行，比周而友，学以为人，教以己，仁义之慝，舆马之饰，宪不忍为也。"

（10）曾子居卫，缊袍无表，颜色肿哙，手足胼胝，三日不举火，十年不制衣。正冠而缨绝，捉衿而肘见，纳履而踵决。曳縰而歌《商颂》，声满天地，若出金石。天子不得臣，诸侯不得友。故养志者忘形，养形者忘利，致道者忘心矣。

（11）孔子谓颜回曰："回，来！家贫居卑，胡不仕乎？"颜回对曰："不愿仕。回有郭外之田五十亩，足以给饘粥；郭内之田十亩，足以为丝麻；鼓琴足以自娱；所学夫子之道足以自乐也。回不愿仕。"孔子愀然变容，曰："善哉，回之意！丘闻之：'知足者，不以利自累也；审自得者，失之而不惧；行修于内者，无位而不怍。'丘诵之久矣，今于回而后见之，是丘之得也。"

（12）中山公子牟谓瞻子曰："身在江海之上，心居乎魏阙之下，奈何？"瞻子曰："重生。重生则利轻。"中山公子牟曰："虽知之，未能自胜也。"瞻子曰："不能自胜则从，神无恶乎！不能自胜而强不从者，此之谓重伤。重伤之人，无寿类矣！"魏牟，万乘之公子也，其隐岩穴也，难为于布衣之士，虽未至乎道，可谓有其意矣！

（13）孔子穷于陈蔡之间，七日不火食，藜羹不糁，颜色甚惫，而弦歌于室。颜回择菜，子路、子贡相与言曰："夫子再逐于鲁，削迹于卫，伐树于宋，穷于商周，围于陈蔡。杀夫子者无罪，藉夫子者无禁。弦歌鼓琴，未尝绝音，君子之无耻也若此乎？"颜回无以应，入告孔子。孔子推琴，喟然而叹曰："由与赐，细人也。召而来，吾语之。"子路、子贡入。子路曰："如此者，可谓穷矣！"孔子曰："是何言也！君子通于道之谓通，穷于道之谓穷。今丘抱仁义之道以遭乱世之患，其何穷之为？故内省而不穷于道，临难而不失其德。天寒既至，霜雪既降，吾是以知松柏之茂也。陈蔡之隘，于丘其幸乎。"孔子削然反琴而弦歌，子路扢然执干而舞。子贡曰："吾不知天之高也，地之下也。"古之得道者，穷亦乐，通亦乐，所乐非穷通也。道德于此，则穷通为寒暑风雨之序矣。故许由娱于颍阳，而共伯得乎共首。

（14）舜以天下让其友北人无择，北人无择曰："异哉，后之为人也，居于畎亩之中，而游尧之门。不若是而已，又欲以其辱行漫我。吾羞见之。"因自投清泠之渊。

（15）汤将伐桀，因卞随而谋，卞随曰："非吾事也。"汤曰："孰可？"曰："吾不知也。"汤又因瞀光而谋，瞀光曰："非吾事也。"汤曰："孰可？"曰："吾不知也。"汤曰："伊尹何如？"曰："强力忍垢，吾不知其他也。"汤遂与伊尹谋伐桀，克之。以让卞随，卞随辞曰："后之伐桀也谋乎我，必以我为贼也；胜桀而让我，必我为贪也。吾生乎乱世，而无道之人再来漫我以其辱行，吾不忍数闻也！"乃自投椆水而死。汤又让瞀光，曰："知者谋之，武者遂之，仁者居之，古之道也。吾子胡不立乎？"瞀光辞曰："废上，非义也；杀民，非仁也；人犯其难，我享其利，非廉也。吾闻之曰：'非其义也，不受其禄；无道之世，不践其土。'况尊我乎！吾不忍久见也。"乃负石而自沈于庐水。

（16）昔周之兴，有士二人处于孤竹，曰伯夷、叔齐。二人相谓曰："吾闻西方有人，似有道者，试往观焉。"至于岐阳，武王闻之，使叔旦往见之。与盟曰："加富二等，就官一列。"血牲而埋之。二人相视而笑，曰："嘻，异哉！此非吾所谓道也。昔者神农之有天下也，时祀尽敬而不祈喜；其于人也，忠信尽治而无求焉。乐与政为政，乐与治为治。不以人之坏自成也，不以人之卑自高也，不以遭时自利也。今周见殷之乱而遽为政，上谋而下行货，阻兵而保威，割牲而盟以为信，扬行以说众，杀伐以要利。是推乱以易暴也。吾闻古之士，遭治世不避其任，遇乱世不为苟存。今天下暗，周德衰，其并乎周以涂吾身也，不如避之，以絜吾行。"二子北至于首阳之山，遂饿而死焉，若伯夷、叔齐者，其于富贵也，苟可得已，则必不赖。高节戾行，独乐其志，不事于世。此二士之节也。

简评：《让王》篇一气呵成、不厌其烦、接二连三、连篇累牍，一口气讲了"尧让天下于许由""让子洲支父""舜让天下于子州支伯""舜以天下让善卷""舜以天下让其友石户之农""王子搜逃为君""子华子论两臂重于天下""颜阖逃为相""随珠弹雀""列子辞粟免祸""屠羊说辞赏辞觐见辞三旌之位""原宪甘贫乐道""曾子困窘而玄歌不辍""颜回知足尚学""瞻子自胜得道""孔子穷于陈蔡玄歌不辍""舜以天下让其友北人无择""汤让王于卞随""汤让王于务光""伯夷叔齐辞武王周公"等多个寓言，说明生命比任何身外之物包括封侯拜相治理天下都重要。另外，庄子认为"唯无以天下为者可以托天下也"，这与《在宥》中"故贵以身于为天下，则可以托天下；爱以身于为天下，则可以寄天下"的思想是一致的。庄子认为，"道之真以治身，其绪余以为国家，其土苴以治天下。由此观之，帝王之功，圣人之余事也，非所以完身养生也"，道是用来修身养性、"治身""养生"的，除此之外，一切免谈。

庄子贵生论的进一步落实，便是其对养生理论的提出。可以说，养生理论与贵生理论密切相关，养生理论以贵生理论为基础，养生理论又是贵生理论的目标。下文的"养生理论"也是对贵生理论的进一步阐释。

十、养生理论

（一）终其天年而不中道夭

"东周以降，养生之论日盛，非道家所特有，但超越了却病延年之说而上升为一种生命哲学的养生论则为道家所独具"（朱哲《先秦道家哲学研究》）。在庄子的价值体系中，最高的价值就是明了天人之辩，并在此基础上尽其天年。

> 知天之所为，知人之所为者，至矣。知天之所为者，天而生也。知人之所为者，以其知之所知，以养其知之所不知，终其天年而不中道夭者，是知之盛也。（《大宗师》）

所谓的"终其天年而不中道夭者"是指生命的自然延续没有受到外在因素的戕害而夭折（在现实社会里，固然不当的有为会遭到恶报，但无为或者逃避肯定也会受到外在因素的戕害。或者"有所为有所不为""处乎材与不材之间"更加有利于贵生养生）。在庄子这里，最高的"知"不是对自然规律的探索或对万物之理的剖析，而是在通晓天人关系基础上的长寿之法，这就不难看出庄子对生命存在的重视。在此认识基础上，庄子提出了一套长生久视之方。

> 至道之精，窈窈冥冥；至道之极，昏昏默默，无视无听，抱神以静。形将自正，必静必清。无劳汝形，无摇汝精，乃可以长生。目无所见，耳无所闻，心无所知，汝神将守形，形乃长生。慎汝内，闭汝外，多知为败。……故余将去汝，入无穷之门，以游无极之野。吾与日月参光，吾与天地为常。当我缗乎？远我昏乎？人其尽死，而我独存乎！（《在宥》）

简评：这是广成子回答黄帝关于长生久视的"至道"的问题。要宁静空虚，不妄动，不被外界的淆乱所惑，就可长生久视。真正的养生，要摒除"目""耳""心""知"等内外干扰，养神才能守形，要达到"入无穷之门，以游无极之野"，这样就能"吾与日月参光，吾与天地为常"，就可以永生了。

（二）养生须养形，更要养神

在此基础上，庄子对养形与养神的关系也予以深入地讨论。具体来说，庄子主张以养神为主，形神兼备，他说："纯素之道，唯神是守。守而勿失，与神为一。"

(《刻意》)而"有生必先无离形""养形必先之以物"(《达生》)。但有物也未必能养形,"物有余而形不养者有之矣"(《达生》)。故"养形果不足以存生"(《达生》),真正的养形应注意物养尺度,因为"人之所畏者,衽席之上,饮食之间"(《达生》),这就是庄子所反复强调的道理。

> 达生之情者,不务生之所无以为;达命之情者,不务知之所无奈何。养形必先之以物,物有余而形不养者有之矣。有生必先无离形,形不离而生亡者有之矣。生之来不能却,其去不能止。悲夫!世之人以为养形足以存生,而养形果不足以存生,则世奚足为哉!虽不足为而不可不为者,其为不免矣!夫欲免为形者,莫如弃世。弃世则无累,无累则正平,正平则与彼更生,更生则几矣!事奚足弃而生奚足遗?弃事则形不劳,遗生则精不亏。夫形全精复,与天为一。天地者,万物之父母也。合则成体,散则成始。形精不亏,是谓能移。精而又精,反以相天。(《达生·弃世遗生》)

简评:养生,重要的是内在而不是外在,养神为本、养形为末,外物和心智都是末节。养形须有物质条件,但物质条件丰厚也不一定能养形;养形对生命很重要,但身体机能俱佳而心神俱亡也等于一具僵尸。尽管养形为末不能解决根本问题,它也是养生的基础,但养形不足为本还会耗费精力。要想避免养形的徒劳和无奈,最好的方法就是忘我"弃世",就是破除执念,远离俗务,忘却庸生,则能无牵无挂、一身轻松、神清气爽、"与天为一",如此就能随顺自然与物推移("能移"),这也就是长生久视了。

形体之存在,固然有赖于外物之给养;生命之存在,固然有赖于形体之存在。但是如果一味弛逐物境,不遵法则厚养其形则适得其反,则必然会导致其形速亡的后果;即使形体暂时能够存在下去,其生命实际上也已不复存在,只不过是行尸走肉而已。

与养形相比,庄子更注意养神,因为神为形之主,无神则形不活,生命也就不复存在:"执道者德全,德全者形全,形全者神全,神全者圣人之道也"(《天地》)。而庄子认为,养神之道就在于"虚静""无为":"纯粹而不杂,静一而不变,淡而无为,动而以天行,此养神之道也"(《刻意》)。所以庄子反复强调"抱神以静",认为养神贵在"虚静":"虚静恬淡无为者,万物之本也"(《天道》),而"静则无为,无为也,则任事者责矣。无为则俞俞。俞俞者,忧患不能处,年寿长矣"(《天道》)。可见,庄子的养生之道极为重视心、物、形、神具养,如由"及物"到"外物"就是由"物养"进到"心养";由"保身""养形"到"心斋""坐忘"就是由"形养"进到"神养"。"心养"并非舍弃"物养",而是不止于"物养",超越"物养";"养神"也并非舍弃"养形","养神"是"养形"的深入和提高。只有心、物、形、神具养，不偏于一端，才能守住本性之真，合于自然之道，从而"尽其天年"。对于这种形神兼养而以养神为主的修养方法，庄子有一段集中的论述。

南荣趎蹴然正坐曰："若趎之年者已长矣，将恶乎托业以及此言邪？"庚桑子曰："全汝形，抱汝生，无使汝思虑营营。若此三年，则可以及此言矣！"南荣趎曰："目之与形，吾不知其异也，而盲者不能自见；耳之与形，吾不知其异也，而聋者不能自闻；心之与形，吾不知其异也，而狂者不能自得。形之与形亦辟矣，而物或间之邪？欲相求而不能相得。今谓趎曰：'全汝形，抱汝生，勿使汝思虑营营。'趎勉闻道达耳矣！"……老子曰："卫生之经，能抱一乎！能勿失乎！能无卜筮而知吉凶乎！能止乎！能已乎！能舍诸人而求诸己乎！能翛然乎！能侗然乎！能儿子乎！儿子终日嗥而嗌不嗄，和之至也；终日握而手不掜，共其德也，终日视而目不瞚，偏不在外也。行不知所之，居不知所为，与物委蛇而同其波。是卫生之经已。"南荣趎曰："然则是至人之德已乎？"曰："非也。是乃所谓冰解冻释者，能乎？夫至人者，相与交食乎地而交乐乎天，不以人物利害相撄，不相与为怪，不相与为谋，不相与为事，翛然而往，侗然而来。是谓卫生之经已。"曰："然则是至乎？"曰："未也。吾固告汝曰：'能儿子乎！'儿子动不知所为，行不知所之，身若槁木之枝而心若死灰。若是者，祸亦不至，福亦不来。祸福无有，恶有人灾也！"（《庚桑楚》）

简评：第一个寓言是老子的学生庚桑楚回答南荣趎如何抛却有害于养生的名利之心的问题。庚桑楚践行大道而名声鹊起，因此引起了君王的关注，庚桑楚认为自己未达化境，因为"大道不称"，也就是说真正的道是不求名声的。庚桑楚告诉南荣趎要抛却杂念、心无旁骛、不受干扰地修道三年，或许能抛开名利之心而达养生之境。南荣趎似乎明白了一些但还不太清楚，庚桑楚让其请教于老子，老子认为南荣趎精神负载太多，让他清醒一下再来。南荣趎静修后还是不能自已，复见老子，老子遂讲了三个层次的养生"卫生之经"，即"与物委蛇而同其波""交乐乎天"与万物和谐相处达到自由之境、"身若槁木之枝而心若死灰"，最后一个层次就是化境。（参见前述"道论"之"修道"有关章节）

对此，朱良志先生分析道："'卫生'是渐进的。'抱一'是守贞不二，专心致志；'勿失'是自得于心；'知吉凶'是心灵宁静玄深，妙通神灵；'能止乎'即归于虚静待物之状态；'能已'即进入忘己忘物之悟道境界；'能舍诸人而求诸己'即去除一切缠绕，由依他起而反归于'咸其自取'的境界；'能翛（xiāo）然'是说与万物一体，交相往来，无所滞碍；'能侗（dòng）然'是说忘却理智；'能儿子'则是'卫生'所达到的最高境界，即本真，即自然。"（朱良志《中国艺术的生命精神》）由此可以看出，卫护生命的道理就在于顺应自然，心性虚静，精神专注，混沌自在，无拘无束。个人若能保持这样的精神状态，就能使形体和精神无所不适，免于伤害。

（三）与儒家生命哲学的比较

与道家类似，儒家哲学同样是生命哲学，尊重生命、敬畏生命是儒家思想的基本出发点。

儒家认为人是天地之杰、万物之灵。孔子曾明言："天地之性，人为贵"（《孝经·圣治章》）。荀子对此进行过比较论证："水火有气而无性，草木有生而无知，禽兽有生而无义，人有气有生有知，亦且有义，故最为天下贵"（《荀子·王制》）。《周易·系辞下》明称人为"三才"之一："有天道焉，有人道焉，有地道焉。"汉儒董仲舒更认为人和天地合成宇宙万物之根本："天地人，万物之本也……三者相为手足，合以成体，不可一无也"（《春秋繁露·立元神》）。宋儒周敦颐、朱熹、邵雍等同样肯定人在宇宙中的地位。

由此出发，儒家学者都十分珍重人的生命存在。孔子的"始作俑者，其无后乎！"（《孟子·梁惠王上》）和"伤人乎？不问马"（《论语·乡党》）便足以表明他对人的生命存在的敬重。在生与死之间，孔子重视人生，珍惜生命："未知生，焉知死？"（《论语·先进》）这里，孔子对死的内涵采取了回避的态度，给人以讳莫若深的感觉。实际上，孔子是以反诘的方式表达了鲜明的死亡论。在孔子看来，人的生命之始、人的生存之道尚且不清楚，何谈生命的终结之事？因此，孔子的答非所问是要启迪弟子们在生活的实践中去体验、思考人生的意义和生活的真谛，尤其是要重视现实的生活和生命，唯有如此，才有可能进而了解与把握死的内涵。《孝经·开宗明义章》更明确指出："身体发肤，受之父母，不敢毁伤，孝之始也"，可见，生命是宝贵的，我们没有任何理由不珍视它。因此，孟子愤然指责"庖有肥肉，厩有肥马，民有饥色，野有饿莩"的现象为"率兽而食人"（《孟子·梁惠王上》）。

儒家生命意识和人生态度源于天地宇宙。在儒家看来，人是宇宙家族中的一员，而"天地之大德曰生""生生之谓易"（《周易·系辞传》），宇宙精神就是生命创造精神，又"唯天下之至诚为能尽其性。能尽其性，则能尽人之性；能尽人之性，则能尽物之性；能尽物之性，则可以赞天地之化育，则可以与天地参矣"（《礼记·中庸》）。人类理性所设想的"天道"，是宇宙万物、人类生命的本原，亦是一切价值之源。一旦人能充分拥有自己的生命理性，也就能全面发展其本性，从而能回应天地的生命精神，提升人的精神境界，在实际行动中实现人生的意义和价值。

（四）不以帝王之业害养生

参见前文"贵生理论"之"为了贵生而让王"。

（五）养生理论的名篇——《养生主》

《养生主》篇幅较短，但含义深刻，抓住了养生的关键，这就是"缘督以为经"。不单是物质生活中要在各个方面"缘督以为经"，还要对所有有可能戕害生命的生活方式退而避之，尤其在社会生活中更要如此，因为"人心险于山川"，而又"天下皆羿"，处理人际关系，更要"以无厚入有间，恢恢乎其于游刃必有余地"。

吾生也有涯，而知也无涯，以有涯随无涯，殆已！已而为知者，殆而已矣！为善无近名，为恶无近刑。缘督以为经，可以保身，可以全生，可以养亲，可以尽年。

庖丁为文惠君解牛，手之所触，肩之所倚，足之所履，膝之所踦，砉然响然，奏刀騞然。莫不中音，合于桑林之舞，乃中经首之会。文惠君曰："嘻，善哉！技盖至乎此乎？"庖丁释刀对曰："臣之所好者，道也，进乎技矣。始臣之解牛之时，所见无非牛者。三年之后，未尝见全牛也。方今之时，臣以神遇，而不以目视。官知止而神欲行，依乎天理，批大郤，导大窾，因其固然。技经肯綮之未尝，而况大軱乎？良庖岁更刀，割也。族庖月更刀，折也。今臣之刀，十九年矣，所解数千牛矣，而刀刃若新发于硎。彼节者有间，而刀刃者无厚，以无厚入有间，恢恢乎其于游刃必有余地矣。是以十九年而刀刃若新发于硎。虽然，每至于族，吾见其难为，怵然为戒，视为止，行为迟，动刀甚微，謋然已解，如土委地，提刀而立，为之四顾，为之踌躇满志，善刀而藏之。"文惠君曰："善哉！吾闻庖丁之言，得养生焉。"

公文轩见右师而惊曰："是何人也？恶乎介也？天与？其人与？"曰："天也，非人也。天之生是使独也，人之貌有与也。以是知其天也，非人也。"

泽雉十步一啄，百步一饮，不蕲畜乎樊中。神虽王，不善也。

老聃死，秦失吊之，三号而出，弟子曰："非夫子之友邪？"曰："然。""然则吊焉若此，可乎？"曰："然。始也吾以为其人也，而今非也。向吾入而吊焉，有老者哭之，如哭其子，少者哭之，如哭其母。彼其所以会之，必有不蕲言而言，不蕲哭而哭者，是遁天倍情，忘其所受，古者谓之遁天之刑。适来，夫子时也；适去，夫子顺也。安时而处顺，哀乐不能入也。古者谓是帝之悬解。

指穷于为薪，火传也，不知其尽也。（《养生主》）

简评：《养生主》是内七篇中最短的，在整部《庄子》中也仅比《马蹄》多35字，但养生的道理却讲得很透彻。以"庖丁解牛"寓言为主，加以"公文轩见右师""泽雉不蕲畜乎樊中""秦失吊老聃"三个短小精悍的寓言，说透了养生的真谛，就是"缘督以为经"，自然无为，精神自由，顺应大道，"安时处顺"。（参见前述"《庄子》名篇推介"等有关章节及下文）。

庄子所谓的养生，并非只为延年益寿。因此他的养生，在根本意义上就是如何处理自己和他人以及社会的关系，如何在错综复杂、荆棘遍地的环境中找到一个安全的存身之地。

庄子的哲学就是生命的哲学，除《养生主》集中论述养生以外，其他篇章也多有述及。

（六）庄子养生理论的重要论题

1."吾生也有涯，而知也无涯，以有涯随无涯，殆已！已而为知者，殆而已矣！"（《养生主》）

这涉及庄子的认识论，也是庄子的养生理念。庄子认为世界是不可知的，或至少是不能穷尽的，因此以有限的生命去追逐无限的知识，是不应该的。从养生的角度讲，劳神费力地去追求知识，也是对生命的戕害。另外，道家主张"去知"，有了"知"就有了偏见，就离"道"较远了，因此追求知识也是不"道"的。

2."为善无近名，为恶无近刑。"（《养生主》）

重要的不是"为善"与否，而是不要"近名"；重要的不是"为恶"与否，而是不要"近刑"。"近名""近刑"都会戕害生命。

从字面上看，"为善无近名，为恶无近刑"似乎还保留和承认着善和恶的区分，但是在这种说法的背后，善恶的区分早已经被取消了。重要的不在于善和恶，如果他们真的重要的话，庄子应该像儒家的信徒那样，把"勿以善小而不为，勿以恶小而为之"奉为圭臬的。要紧的是"无近名"和"无近刑"，因为他们都是关乎着生命的。刑当然是对生命的伤害，名又何尝不是如此呢？于是我们看到道德（譬如善和恶的区分）在生命面前的退场，至少是退却。可参见本书下篇之"《庄子》中几处歧义句的解析"。

3."缘督以为经，可以保身，可以全生，可以养亲，可以尽年。"（《养生主》）

问题是清晰的，所谓的保身、全生、养亲、尽年，归根到底都是养生。庄子不愿意执着于某个东西，无论他是善的或者恶的，那对生命都没有什么好处。他要的是虚心以游世，就是这里所说的"缘督以为经"。

《养生主》说："为善无近名，为恶无近刑。缘督以为经，可以保身，可以全生，可以养亲，可以尽年。"这是庄子对全生之方的一个概括性的说明。《天下》篇述庄子学说所云"不遣是非以与世俗处"，即"为恶无近刑"一语的注脚。如果说"为善无近名"表现了庄子与世俗价值的距离，"为恶无近刑""不遣是非"则表现了庄子为了与世俗处而不得不采取的做法，不遣是非即随顺世俗之价值。

为善、为恶、缘督、养亲、尽年：①"为善无近名"，阮毓崧云："《人间世》篇'美成在久'之意。"成就一件好事要靠长期经营，需要很长的时间，好事不是一时能促成的，"故法言曰：无迁令，无劝成，过度益也。""迁令劝成殆事"（《人间世》），迁令（改变所受的使命，引申为违背自然规律的有为）和劝成（不是任从自然发展而是努力地去做以达成功）都是有害的、危险的，而应该加以避免的。"美成在久，恶成不及改，可不慎与！"（《人间世》），美成耗费太大不宜提倡；恶成容易但有害而又难以弥补，因此美成和恶成都是要慎加避免的。②"为恶无近刑"，王夫之云："声色之类，不可名之为善者，即恶也。""人之所取畏者，衽席之上，饮食之间，而不知为之戒者，过也！"（《达生》），有心为之的"饮食""衽席"之事是恶，"过者"此恶过也，即过恶。刑，即伤害。为"恶"的事，不要干预自然的规律和伤害到身体（都是"刑"）。③刻意与人方便的事即为善事，刻意与己方便或使自己愉悦的事即为恶事，不刻意为己为人，抛却人为，即守中之道，顺其自然"缘督以为经"也。王夫之云："奇经八脉以任督主呼吸之息，身前之中脉曰任，身后之中脉曰督。"李祯云："人身惟脊居中，督脉并脊里而上，故训中。"缘，顺也；经，常也。诸脉之中，任督二脉最重要，而督脉为中中之中，未有丝毫偏颇，"缘督以为经"，只循督脉，即守中之意。④"养亲"，体养亲志，此亲字可兼指生身父母与自然大地父母。很多人认为"养亲"指供养亲人，但供养亲人与养生没有关系（或曰养生也包括养父母之生？），此非养亲本意。或者，更深入地解读此"养亲"之"亲"，与"亲人"之"亲"没有关系，实乃"养新"或"养心"，即颐养心志，也就是"养神"之意。⑤"尽年"，尽其天年，此处的"年"可兼指应得的寿数与永在的生命。

4. 文惠君的"吾闻庖丁之言，得养生焉"，当然是点睛之笔。

庖人、刀和牛在养生的主题下各自象征着什么呢？简单地说，他们分别代表着人、生命和社会。不是有不同的人吗？至人、神人、圣人、君子、俗人等，就好像是不同的庖人。他们以不同的方式面对社会，相刃相靡的、逐万物而不返的、行为物役心为物溺的，以及逍遥游于其间的，就好像是不同庖人的不同的运刀解牛的方式。因此，他们也就有着不同的命运，劳形怵心的、中道夭折的或者尽其天年的，好比是不同庖人手中的刀，或一月，或一年，或十九年而如新。通过解牛的寓言，庄子要告诉人们的是：我们该如何处理与一个错综复杂的社会的关系，才能够使我们永不受伤害甚至悠游自在呢？但是即便你再戒慎怵惕，形体被伤害也是你不得不接受的事实。

文慧君的"得养生焉"说明他通过庖丁解牛的故事悟出了许多哲理，如"庖丁解牛"讲的是处置生命的方法。"缘督以为经"是养生之道，只有这样，其"刀"才能"是以十九年而刀刃若新发于硎"；"彼节者有间，而刀刃者无厚，以无厚入有间，恢恢乎其于游刃必有余地矣"是处世哲学；"虽然，每至于族，吾见其难为，怵然为戒，视为止，行为迟，动刀甚微，謋然已解，如土委地，提刀而立，为之四顾，为之踌躇满志，善刀而藏之"，虽有绝对把握也不能掉以轻心。

5. 养只能够养其所养，而不能养其所不能养。所能养者是心，所不能养者是形。因此所谓的养生，主要的就不是养形，而是对心的培护。"安时而处顺，哀乐不能入也"。其实无论是解物还是解心，仍然都可以归结到"缘督以为经"上面来。这五个字确实是《养生主》一篇的核心。

6. 养生的真谛就在于，在复杂和拥挤的世界中发现空隙，然后游于其中，尽其天年。但要找到缝隙，你的心首先要是虚的，不能为功名利禄等充满。以虚的心来面对世界，这个世界的缝隙才会向你敞开，你才会在这个世界中自由地遨游。

7.《养生主》最后以这样一句意味深长的话结束——"指穷于为薪，火传也，不知其尽也。"这是真正的达观，达观地超越了形体，超越了道德，也超越了生和死。其实，真正的养生最后总是要自己融入到宇宙大化之中，在这里，死生存亡连为一体。

8.《人间世》记载颜阖问蘧伯玉在暴君面前的全生之法，蘧伯玉回答说："戒之慎之，正汝身也哉。形莫若就，心莫若和。虽然，之二者有患，就不欲入，和不欲出。形就而入，且为颠为灭，为崩为蹶。心和而出，且为声为名，为妖为孽。"形就而不入，就是形之委蛇。"才全而德不形"才是"全才"，才是"真人至人"，才能达到理想人格，也只有这个时候，才能真正做到"缘督以为经"，才能达到养生的最高境界（参见前文"理想人格"部分）。

《达生》篇中对养生理论也有集中又精辟的论述，详见后文。

9. "善养生者，若牧羊然，视其后者而鞭之。"（《达生·养生之论》）

这是一句非常形象、非常通俗的表述。赶羊的时候，不要每一只都管，哪一只落后，抽上一鞭子就赶上去了。都不甘落后了，整个羊群就走快了。这与"木桶效应""补短板"是一样的道理。

10. "无入而藏，无出而阳，柴立其中央。三者若得，其名必极。"（《达生·养生之论》）

这是田开之向周威公讲养生之道时所说的话，田开之的养生，要求内外兼养，内指修身、外指养形。只知养形而忽略修身就不知避祸，虽身体康健但易被外物伤害；只知修身而忽略养形就百病缠身，虽品德高尚但短命夭折而失去了革命的本钱,这与上述"视其后者而鞭之"是一样的道理。"无入而藏"不要隐世逃避,就是不要只注重修身养性;"无出而阳"不要博取名声,就是不要只关心身体健壮;"藏"指内心,"阳"重外表;"柴立其中央"不偏不倚,懂大道的人就应破除我念,抛却是非好恶之心。若能三方面都具备,就是做到了养生的极致。不出世,也不入世,同时把握大道"寓诸庸"("道通为一……复通为一。唯达者知通为一。为是不用,而寓诸庸。庸也者,用也。用也者,通也。通也者,得也。适得而几已。因是已,已而不知其然,谓之道"——《齐物论》),这就是"三极"。再者,庄子固然反对抛头露面的"有为",但对于把自己藏于深山的隐士,庄子其实也不赞同。就当时的实际情况来讲,很多策士都主张"杀隐士",因为隐士对统治者和社会一无所用,因此作为隐士本身并不能免祸。如此,不可以有为、不做传统的隐士,就只有"柴立其中央"了。(传统上都把"无出无入"解释为过于隐藏和过于张扬,隐藏和张扬是一左一右,不左不右就是中间了,"柴立其中央"就不是第三种方式,那紧接着的"三者若得"就没法解释了。)

11. "人之所取畏者,衽席之上,饮食之间,而不知为之戒者,过也!"(《达生·养生之论》)

养生的要点还在于做任何事情都不要过度,要"寓诸庸",特别是男女大欲和饮食,过度都是极其有害的。"酒、色、财、气"是四害,"酒是穿肠毒药,色是刮骨钢刀,财是下山猛虎,气是惹祸根由",四害加饮食,就是五害了,不过饮食和酒有一定联系。

12. "若夫以鸟养养鸟者,宜栖之深林,浮之江湖,食之以委蛇,则平陆而已矣。"(《达生·孙休求教》)

这是扁子向他的弟子讲的养生之道,即"以鸟养养鸟"而不要"以己养养鸟"。以适合人生存的方式("己养")去"养鸟",鸟就无法消受,最后不适应而恐惧、而死亡;只有以鸟所习惯的生存方式("鸟养")去"养鸟"、对待鸟,鸟才感到舒适自在,什么是"鸟养"的方式呢?那就是让鸟回归自然、自由飞翔。这里讲的道理就是,养生因人而异,一定要根据不同的对象采取不同的方法。"以鸟养养鸟"的另一层意思是,与不同的人讲话、和不同的人打交道,也要看对象,否则"对牛弹琴"不说,或许还会引起误解,甚或引来灾祸。

13. 纯气之守和醉者神全:

"子列子问关尹曰:'至人潜行不窒,蹈火不热,行乎万物之上而不栗。请问何以至于此?'关尹曰:'是纯气之守也,非知巧果敢之列。……夫醉者之坠车,虽疾不死。骨节与人同而犯害与人异,其神全也。'"(《达生·纯气之守》)

得道之人百毒不侵，并不是由于得道后真的强健，也不是变得特别勇敢，而是由于有"纯气之守"，就是能够心平气和，处世办事顺物自然，不去碰触那些伤身害性的东西，因而能够保全身体和心性。就像喝醉了酒，因无知无觉而能顺遂外物，即便遇到翻车事故，也不会受到很大伤害，这与心平气和的"神全"异曲同工。

14. 养生不可太过，过犹不及。这在《达生》篇中有明确论述，可参见前文"养生须养形，更要养神"有关内容。

15. 庄子养生自保思想最独特的说法是"无用"。以"无用"求得避世自保。

16. 老子与庄子养生的区别：老子的思想旨在以无为哲学劝导人们少为，一者因为"执者失之，为者败之"；二者在于"反者道之动"，物极必反，因而延缓发展的进程从而达到恒久，因此老子重视养生养寿；庄子则根本否定人的一切有为以及否定人类一切活动，须知取消人类一切活动整个人类就死定了，如果没有运动整个世界就是一片死寂。庄子的无为，即是基于万物齐一思想，为与不为是一样的，自然而然最好，同时"人不及天"，过多人为往往"遁天倍情"，因而反对有为，其实是不主张养寿的。老子用自然，庄子任自然。传老子活了二三百岁，庄子活了大约八十岁，也算高寿。

十一、痛苦意识

庄子的人生哲学源于生命的疼痛和万世的哀怨，他以极大的热情、激情和使命感关怀生命。他的出世哲学并不像枯槁沉渊者那样一定要让肉体离开尘世，而是要发挥心的作用，让精神齐同万物，不滞于物，去我顺物，不求功名。

庄子非常关心生命，他的哲学其实就是生命的哲学，一切围绕生命。庄子深切地感到了生命的哀痛，他要为自己和世人寻找一种解脱痛苦的方法，但他的着眼点与其他的思想家不同，他的思维是独特的，他所得到的方法也与世人迥异。

对浪漫自由的赞许和对虚无软弱的批评，都抓住了庄子思想中某种重要的东西，但是都未能从根源处理解庄子。庄子思想的精神根源，实际上是对人生痛苦的感受。庄子行文风格诙谐洒脱，充满对一切满不在乎和冷眼旁观的冷嘲之意，这常常使人误以为，庄子思想的主旨是教人在任何黑暗的环境里都能心平气和，甚至能体会由安顺平和而来的内心快乐。自从晋人郭象注庄以来，这已成了一个理解庄子思想的传统。有的古人注庄，直接就认为庄子是教人快乐的，但是实际上，庄子的痛苦感受并没有真的被毫无心肠地遗忘。正因为这种痛苦意识发生作用，庄子思想才贯穿着与现实世界激烈对抗的精神。庄子确实主张对世事冷漠淡然，但这并不是出于天性,而是出自十分用力的自我劝说。他这样用力地劝说别人(同时也劝说自己)淡忘一切,逍遥游世,不是为了实现和解,乃是为了以故意作出的玩世不恭的态度来表达内心深处的不可消去的恨意。庄子思想的本质是与某种埋在精神深处的痛苦结合在一起的,若不能把握这种痛苦,对庄学的理解就会走上轻浮一路。郭象注自有独到之处,算得上是大手笔,但就是失之于宣布一种轻浮的快乐,而这种快乐并非庄子本意。

古今的注庄解庄者也多有人重视庄子痛苦意识。最早解释庄子思想的《庄子·天下》篇,就说庄子是"以天下为沈浊,不可与庄语。"(有两种解释,一为不能正儿八经地谈论,二为庄子懒得和天下人对话)唐成玄英《庄子疏》说庄子是"叹苍生之业薄,伤道德之陵夷,乃慷慨发愤,爰著斯论,其言大而博,其旨深而远,非下士之所闻。"后来注庄者如宣颖、刘文英、王先谦等,都注意到庄子的痛苦,他们的见解对我们准确理解庄子思想有启示作用。庄子痛苦意识的分析有两方面的意义。一方面,对人世间黑暗和痛苦的体认是庄子思想的一个组成部分,若要全面分析庄子思想不能将这一部分遗漏,否则就容易误以为庄子主旨是追逐一种无心肠的快乐;另一方面,在庄子的痛苦意识中,体现了庄子为人的一个基本品格,就是似乎太过认真乃至书生气地看世界(本不应这样批评庄子)。庄子固然生活在一个苦难深重的时代,但是许多人照样兴高采烈地奔营他们的利益和私趣。如果不是有一种书生的认真和呆气,怎么会觉得日常奔逐私利的生活中,竟然埋藏着那样多使人难以忍受的污秽与罪恶,乃至于非把现实世界看作一片无意义的荒原不可?

庄子思想贯穿的东西,便是一种认真的精神。"认真"这两个字是指一种生命气质而不是技术态度,庄子对人生痛苦的体验,是由于做人太认真,以为人必须要有合乎理想的生活方式。马马虎虎的人,聪明取巧的人,都不会有他那样的人生痛苦感受。庄子追求游世逍遥,是因为意识到认真的痛苦,因此提出种种理由劝自己(也劝别人)不要认真。他虽然夸张地渲染不认真的轻松自得,内心却不能真的轻松,而是激烈地与世道对抗。最后,道的世界是自然真实世界的呈现,这种呈现把现实的人生世界宣布为假,把一个理想主义的世界宣布为真,其中贯穿的东西就是人应该有一个理想的居住世界这一纯良认真的意图。

庄子的痛苦意识体现在以下几方面。

1. 生命的孤弱

(1)战国中期严酷的人类相互残杀,首先表现为大规模的战争。孟子说尽那时统治者的暴虐和人民的痛苦:"今夫天下之人牧,未有不嗜杀人者也。(《孟子·梁惠王上》)""民之憔悴於虐政,未有甚於此时者也。(《孟子·公孙丑上》)"庄子说卫国国君"轻用民死",以至国境处处可见死者尸体,如同干枯的蕉叶一片片布满山泽(《庄子·人间世》:"回闻卫君,其年壮,其行独,轻用其国,而不见其过,轻用民死,死者以国量乎。泽若蕉,民其无如矣。"),庄子却以一个普通人的身份体会到普通人在这黑暗世道里的艰难与绝望。从人生痛苦的深度上讲,墨子和孟子的感受皆不及庄子。子产与申徒嘉的对话(申徒嘉曰:自状其过,以不当亡者众;不状其过,以不当存者寡。知不可奈何而安之若命,惟有德者能之。游于羿之彀中,中央者,中地也①,然而不中者,命也)(《德充符》),其主旨是申徒嘉对自己的生死祸福淡然冷漠。被砍了一只脚有什么呢?"知不可奈何而安之若命。"但这里最意味深长之处是申徒嘉对自己被砍了一只足而子产健全无损这件事的解释。他的解释是这样的:大家都在险恶之地生存,如同"游于羿之彀(gòu)中"。羿是上古神射手,彀中是弓矢射程之内,生存之险恶犹如人始终处在神射手的射程之内。(郭象注说:"弓矢所及为彀中,夫利害相攻天下皆羿也。")在这种情况下,被射中与不被射中,与一个人的行为巧拙无关,纯是那黑色偶然之"命"。所以自己被射中没有什么好愧疚的,子产偶尔躲过也没有什么好得意的。灾难的降临无理可讲也无可抗拒,也许连控诉的对象都没有,这就是"命"的冷酷无情的意义。

(2)人生乱世,要学会"无用"于世,才能不被人注意,免祸自保。可是另一方面,"无用"并不能真的自保。一直默默不会鸣叫的雁(鹅)得罪了谁呢?可它还是被杀掉了。这是一个用心很深的比喻。这比喻可能是庄子时代某些隐者真实遭遇的反映。不能鸣之雁的"无辜"被杀,说明生在黑暗世道,能否免祸不是由自己能否作出明智选择来决定的,最终起作用的是黑色偶然之"命"。这不仅在个人参与社会政治活动的情况下是如此,而且在个人寻求避世自保的情况下也是如此。这种情形进一步使个人生命显得脆弱无根。在《庄子》内篇和外篇中,庄子屡次写到怪病的发生,这很可能是隐者生活中一种真实的经历。庄子经常谈到生命在自然意义上的脆弱,如《大宗师》中子祀、子舆、子犁、子来四个世外高人的故事。

(3)庄子认为人的苦难是找不到根源的,这种苦难好像是从望不到低的黑暗深渊里层出不穷地浮现出来。人世间就是这样危险,你追逐一个什么目标,却不知道自己同时也成了别人的目标(螳螂捕蝉,黄雀在后)。《庄子》文中,前后语

---

① "中央者,中地也",历来注家语焉不详,大都解释为"游于羿之地很容易被射中",皆未对"中央"作出合理解释。其实,"中央"之"中"为去声,意为"被射中","央"可解为名词,即"靶子";"中央者"就是"如果被射中","中地也"就是"那是因为你正处在羿的射箭必中之地",如此,"不中者"就纯属侥幸了。

涉利害之心引起人心堕落、人世危殆的地方颇不少。我们应视之为一种对人类相互残杀现象的原因的思索。庄子固然时时指斥统治者祸乱天下人心，叹息普遍的贪利之心造成人间大悲剧。但他更深刻的感受是觉得人类罪恶的根源深不见底，并不能由少数统治者负最后的责任。这情景对于具体的受害人来说，就觉得灾难是没有原因的，是一种黑色的偶然性，连应该指责的对象也消失了，只剩下一片无名的悲凉。

2. 精神的奴役

人在追逐外物时会导致精神的痛苦，造成对自己的内在伤害。

"夫富者，苦身疾作，多积财而不得尽用，其为形也亦外矣！夫贵者，夜以继日，思虑善否，其为形也亦疏矣！人之生也，与忧俱生。寿者昏昏，久忧不死，何苦也！其为形也亦远矣！"（《至乐》）"其寐也魂交，其觉也形开，与接为构，日以心斗。缦者，窖者，密者。小恐惴惴，大恐缦缦。其厌也如缄，以言其老洫也。近死之心，莫使复阳也。"（《齐物论》）"终身役役，而不见其成功，苶然疲役，而不知其所归，可不哀邪！人谓之不死，奚益？其形化，其心与之然，可不谓大哀乎？"（《齐物论》）

简评：现代研究表明，较之于普通的穷人（不含不能生存或异常艰难的情况），富人的生存压力更大，幸福指数并不高。其实这一点庄子早就看透了。财富都是身外之物，富人拼命"积财"，劳心费力，"苦身疾作"，甚而以消耗身心健康为代价，这是再傻不过的事情了。同样，有尊贵地位的"贵者"，精神上其实也很困苦，"夜以继日，思虑善否"，耗尽元气，伤害身体，到头来还不一定如其所愿，甚或"聪明反被聪明误"，引火烧身，身败名裂，这也是极不明智的。这两种情况都是有害无益的，而人们却不知反悔，甘愿遭受精神的奴役，真是太可悲了。

人的生命的旅程，本来就充满劳苦和忧虑，只有死亡才是回归自然、才能得到安顿，而人们还在刻意徒劳地追求长生不死，结果是伤身害性且离大道越来越远，这也是十分可悲的。

《齐物论》中，描述现实社会人们勾心斗角，无所不用其极，而不懂得向大道寻求心灵的安宁，漫无目的地终劳一生，只不过是行尸走肉，尸位素餐，一具僵尸而已。

世人皆被上述种种所奴役，没有挣脱的办法和可能，这是多么无奈的悲哀！

3. 善恶的困惑——追寻人类灾难的根源

人间什么是善？什么是恶？有无绝对的标准？在道的层面上是不应该有善恶的，但客观世界、现实社会中，又的确存在着善和恶，判断是善还是恶，每个人都有自己的标准，如何把握也是令人苦恼的。

庄子深刻感受到了现实社会的丑恶和人们生存环境的险恶。"圣贤"提倡"仁义礼乐",而正是由于社会道德的沦丧,才出现了"仁义礼乐";从另一方面讲,是否可以说,由于"仁义礼乐"的出现才使社会道德沦丧?有了提倡,就有了偏爱;有了偏爱,就是对另一部分的不公平;有了不公平,就有了争斗;有了争斗,社会就更加地礼崩乐坏了。从这个意义上也可以讲,"仁义礼乐"才是道德沦丧的根源啊!自圣人提出"仁义礼乐"以后,人类社会的灾难就开始了,而且越是大张旗鼓地提倡"仁义礼乐",人类的灾难就愈演愈烈,真是可悲啊!

庄子有时不仅仅是把人类灾难的根源归于"仁义礼乐",他还向更深处思考,或许人类的滥用智慧,也是灾难的根源之一,或许,再往前推,人类初民的"发蒙"和"开窍",也会是灾难的根源?

庄子一直在追寻着人类灾难的根源,他有各种不同版本的人类灾难起源说,但又是那么不确定,因而在他的心灵深处,也感受着深深的痛苦。(关于此节的论述,可参见本书上篇"六、只可走近 很难走进——初识庄子(一)读《庄》笔记 庄子随想"之"追寻人类灾难的根源")。

十二、隐者庄子——作为隐者的思想家——出世入世

"道无以兴乎世,世无以兴乎道,虽圣人不在山林之中,其德隐矣。隐故不自隐。古之所谓隐士者,非伏其身而弗见也,非闭其言而不出也,非藏其知而不发也,时命大谬也。当时命而大行乎天下,则反一无迹;不当时命而大穷乎天下,则深根宁极而待;此存身之道也。古之存身者,不以辩饰知,不以知穷天下,不以知穷德,危然处其所而反其性已,又何为哉?道固不小行,德固不小识。小识伤德,小行伤道。故曰:正己而已矣。乐全之谓得志。"(《缮性》)

简评:隐者并非有意识地隐逸,隐者的德行就是有德而不张扬,其本身就是隐逸的,隐者圣人虽然自身不隐匿在山中而是出于人群之中,他的德性也是隐逸的。由于德性本身就具备隐逸的特质,所以并不是隐士有意识地隐藏自己。

古代的隐者,并不是一定要隐身、不言、藏智,这是因为时遇和命运都乖谬啊。时命顺的时候就返归混沌纯一之境而行无为之道(按自然规律办事),时命不顺的时候则固守本真决然寂静而等待时机,这就是圣人的存身之道。古代圣人的处事方式,就是不张扬自己的聪明才智、不用智慧穷究天下,不用智慧穷究道德,乐天知命返璞归真,根本不用去刻意强求。道是包罗万象的,德是没有偏见的,偏见认知伤害德行,狭隘之心有碍大道,管好自己就行了。追寻大道,不去刻意追求快乐,或者说没有快乐,就是"至乐","至乐"就是"乐全",到达"乐全"

之境，没有任何执念，就符合大道了（"得志"）。

最早的隐士可以追溯到殷周之际（传说中更早还有巢父、善卷、王子搜、狐不偕、务光以及被衣（蒲衣子）、王倪、啮缺、许由[①]等），武王和纣那个时代。我们看《史记》的列传，可以看到第一种就是《伯夷叔齐列传》，他们是要给自己的心灵和价值观念找一个可以置放的地方。他们找不到，就只好选择这样一种在山林里靠采薇度日的生活（不食周粟，隐迹山林）。在山林里面显然会面临生存的困境，于是这种方式慢慢地就被很多人所遗弃了，他们会选择另外一种方式。同时像伯夷、叔齐这样的隐士，他们也会面临自己的道德困境，因为当他们选择逃避的时候，也就意味着他们放弃了一些原本应该承担的责任，概括起来就是我们中国传统社会里最重要的两种责任，也是人和人之间的关系，就是君臣和父子。子路批评这些隐者，"欲洁其身而乱大伦"。庄子清楚地意识到伯夷、叔齐这样的避世型隐士所面临的困境。你可以在人群里面实现你的目的，也就是隐居的目的。他是希望可以在这个社会里面，在人群里面来实现他隐居的愿望。当然，你必须找到一个新的落脚点，这就是庄子所做的一个非常清楚的区分，即心和形的区分，就是心灵和形体。他选择的是一种"心隐"的方式，这种心隐就是说，形体可以不隐藏，可以生活在这个世界上，可以和别人一样每天吃喝玩乐；而和所有的人都不一样的，是他们心灵的安顿。"形莫若就，心莫若和。虽然，之二者有患，就不欲入，和不欲出。形就而入，且为颠为灭，为崩为蹶。心和而出，且为声为名，为妖为孽。"生活方式随顺世俗，心态言论随顺世俗，但要把握尺度，掌握好原则，不要丧失真性。可以随波逐流，但决不能助纣为虐。庄子通过这样一种心隐的方式，通过忘形给隐士的生活提供了一种新的形式，这种形式在《庄子》里有一个词，我们可以记住，叫"陆沉"。"是圣人仆也。是自埋于民，自藏于畔。其声销，其志无穷，其口虽言，其心未尝言。方且与世违，而心不屑与之俱。是陆沉者也，是其市南宜僚邪？"（《则阳》）这里面有几个界限，有一个界限是所有的隐者所共同的，这就是清和浊的界限。但是对不同的隐者来说，用来表现清和浊的界限是不同的，第一种就是与人群有界限，第二种就是与权利的界限，当然也可以有不

[①] 陆德明云："许由，箕山隐人也。"箕山，在今河南登封市南，右临颍水之源，《高士传》云："许由字武仲，尧闻，致天下而让焉，乃退而遁于中岳颍水之阳，箕山之下，隐。尧又招为九州长，由不欲闻之，洗耳于颍水滨。时有巢父，牵犊欲饮之，见由洗耳，问其故。……巢父曰：'子若处高岸深谷，人道不通，谁能见子？子故游浮，欲闻求其名誉。污吾犊口。'牵犊上流饮之。"

《庄子·天地》篇："尧之师曰许由，许由之师曰啮缺，啮缺之师曰王倪，王倪之师曰被衣。"

同的说法。东方朔直接点出了隐士生活的一个很大的变化，由山林里的隐居，不仅仅转向世俗社会，而且是朝廷里的，政治权利里的一种隐居，他也提到了庄子这个词"陆沉"，他要"陆沉于俗，避世金马门"，所有士都很贪婪，隐士也一样，隐士最后想得到人们可以得到的一切，比如说最初的隐士是在山林里面，生存空间很小，接下来到人群里面，再接下来就到朝廷里面去，他可以在享受世俗社会的种种快乐的同时，保持独立的或是他自己认为隐藏起来的心灵。魏晋时期，阮籍就是一个典型。稍后一个典型就是郭象，他给东方朔、阮籍以及其他一些人的生活方式提供了理论依据，我们知道郭象是历史上最有影响力的一位《庄子》注释者，但由于郭象的隐匿思想和庄子有所区别，同时由于他的放荡不羁和玩世不恭，使其将自己的感情融入注《庄》中，因此郭注在很多方面其实并不代表庄子的真实意图。其实从第二种形式到第三种形式，他们的方式都是建立在心和形分离的基础上的，虽然我的形体是这样的，但是我的心灵是可以那样的，这就是第二阶段的隐者和第三阶段的隐者所共同采取或者说他们共同接受的东西。

十三、生命进化

庄子书中的进化论。

进化论是近代英国学者达尔文（1809－1882）在近代生物学和实验科学的基础上，于 1859 年提出的，但在 2300 多年前，当时没有任何科学研究的手段，庄子却提出了他的进化论。尽管庄子的进化论存在很多缺陷（达尔文的进化论也有很多缺陷），而且我们今天甚至不能完全懂得庄子在谈到万物进化时到底讲了什么，但无论如何，庄子的进化思想，是我国古代先哲们创造的思想奇迹。

（一）《秋水》

"物之生也，若骤若驰，无动而不变，无时而不移。何为乎？何不为乎？夫固将自化。"

这是河伯与海若七问七答之第五答的结论。万物产生和存在，若骏马奔驰，瞬息万变，"逝者如斯不舍昼夜"。每一步都有变化，每一时都在推移，为什么这样为什么不那样，万物遵循自然规律而变化自有它的道理。

（二）《寓言》

"万物皆种也，以不同形相禅，始卒若环，莫得其伦，是谓天均。"

世间万物，每一种都可看作他物的本源、根源、初始和种子，可由此变为他物。万物是相互转化的，本质一样，只是存在的形式不同而已，此一物的开始就是彼一物的终结，此一物的终结又是另一物的开始，始和终、终和始相互连接在一起，像一个封闭的圆环，不存在终和始、先和后，一切都是相对的，以某一点为参照，处于该点前面的转了一圈之后就到了该点的后面，处于该点后面的向后追寻其实是在该点的前面。生和被生也是相对的，此世为夫和妻，来世或为妻与夫，此世为父和子，转世或为子和父，根本没有固定的伦理关系，这就是大自然自我协调均衡的道。

（三）《至乐》

"种有幾，得水则为䘖，得水土之际则为䵷蠙之衣，生于陵屯则为陵舄，陵舄得郁栖则为乌足。乌足之根为蛴螬，其叶为胡蝶。胡蝶胥也化而为虫，生于灶下，其状若脱，其名为鸲掇。鸲掇千日为鸟，其名为干余骨。干

译文及注释：宇宙间，各种物类都在不停地变化着。这各种物类又各有其所自出，即所谓"幾"①。这种原始的微生物，得到水汽就变成䘖②，这䘖在水土之间，就变成䵷蠙之衣，即泽泻③，泽泻生在高爽的地方，就变成陵舄④，陵舄生在粪壤里面，就变成乌足草⑤。乌足草的根变为蛴螬⑥。它的叶变成蝴蝶⑦。蝴蝶须臾间又化为小虫⑧。这虫生于灶下，是软而无皮无壳的，一般叫做鸲掇⑨。鸲掇经

---

① 此句各家解释不同。默按：此"种"字，指各种物类言，此各种物类，又各有其所自出，即幾是也。此"幾"字，与下三机字同义。张湛注《列子·天瑞》篇云："机者，群有之始，动之所宗，故出无入有，散有反无，靡不由之也。"并可皆以释此"幾"字之义。
② 一种水草，即水舄（xì）。此草生于水中节节复生，无根著土。
③ 据各家所考，俗称虾蟆（má）衣者，当即此处之䵷蠙（wā pín）之衣。据《本草》注："泽泻叶狭而长，丛生浅水中。"按既生浅水中，亦可称为水土之际也。又，水藻、浮萍之类，因蛙蠙隐于其下，故名蛙蠙之衣。
④ 阮毓崧云：陵舄与泽泻，本系一物……因有生水生陵之异，故其名异。又，车前草。
⑤ 司马彪云：郁栖，虫名。乌足，草名，生水边也。言郁栖在陵舄之中，则化为乌足也。李颐云：郁栖，粪壤也。言陵舄在粪壤则化为乌足也。按李说较胜。
⑥ 金龟子幼虫。又，阮毓崧云：《尔雅·释虫》"蟦，蛴螬（qí cáo）。"郭璞注云："在粪土中。"据此，知乌足系陵舄在粪壤所化，其根在粪土中又化为蛴螬也。
⑦ 司马彪云：蝴蝶，蛺（jiá）蝶也。草化为虫，虫化为草，未始有极。
⑧ 陆德明云：蝴蝶，一名胥。俞樾谓：一名胥之说，失其义。此胥也句，当属下句读之。本云"蝴蝶胥也化而为虫"与下文"鸲掇千日为鸟"，两文相对。千日为鸟，言其久也，胥也化而为虫，言其速也，《列子·天瑞》篇《释文》曰："胥，少也，谓少时也。"得其义矣。
⑨ 蝴蝶所化之虫又生于灶下。司马彪云：得热气而生也。其状若脱，言其软而无皮无壳，若脱皮壳者，一般名为鸲掇（qú duō）。又，脱，同蜕，蜕皮。鸲掇，一种幼虫，其状如刚蜕皮的样子。

余骨之沫为斯弥，斯弥为食醯。颐辂生乎食醯，黄軦生乎九猷，九猷生乎瞀芮，瞀芮生乎腐蠸。腐蠸生乎羊奚，羊奚比乎不箰，久竹生青宁；青宁生程，程生马，马生人，人又反入于机。万物皆出于机，皆入于机。"

过千日化为鸟，名叫乾馀骨。乾馀骨口中吐出的沫[1]，化为斯弥虫。斯弥虫又化为食醯[2]，即爱吃醋的食醯。另一虫叫颐辂的[3]，又从食醯生出。颐辂化出九猷虫。黄軦虫又从九猷而生[4]。九猷生于瞀芮虫。瞀芮生于腐蠸虫[5]，蠸生于羊奚草[6]。羊奚草的根比连于久不生笋的竹子，生青宁虫[7]。青宁化生为程这种虫。程又化生为马齿菜。马齿菜又化生为人参[8]。人参又返于"种有几"之几[9]。要之，万物皆出于机，皆入于机，乘时而观化，又有什么优乐的不同呢？

简评：《至乐》中此一小段就是庄子进化论的总纲。或许庄子也没有明确地找到进化的路径，或许庄子故意讲得扑朔迷离，后人总是不得要领，公说婆说、见仁见智，对此段没有合理和统一的解释。进化论是达尔文根据近代生物学和实验科学归纳推理总结出来的，人们不理解两千多年前的庄子是如何思考出他的进化论的。无论如何，庄子当有他的道理和根据。

上面这段话很难懂，各家解注不一，笔者参考各家注并综合分析，给出其文字训诂及词文阐释，虽不一定精当，但也不无资料参考意义。

（四）《知北游》

"有先天地生者物邪？物物者非物。物出不得先物也，犹其有物也。犹其有物也，无已。"天地产生之前有东西存在吗？统领、掌管、成就、驱使万物的东西不应当是确定的"物"。在"物"出现之前不可能凭空产生另外的某物，某物的生

---

[1] 李颐云：沫，口中汁也。斯弥，虫名。
[2] 食醯，虫名，蠛蠓（miè měng）也。醯（xī），醋也。此虫因喜食醋而得名，为斯弥虫之所化也。
[3] 司马彪云：颐辂（lù），虫名。此虫又从蠛蠓而生。
[4] 黄軦（kuàng）、九猷（yóu），皆虫名。
[5] 瞀（mào）芮，小虫也。腐蠸（quán），成玄英云：萤火虫也。一云：瓜中黄甲小虫。
[6] 羊奚，竹菰。菰：a. 多年生草本植物，生长在池沼里，地下茎白色，地上茎直立，开紫红色小花，花单性，雌花在顶部，雄花在下部。嫩茎的基部经某种菌寄生后，膨大，做蔬菜吃，叫"茭白"。b. 同"菇"。
[7] 箰（sǔn），俗作"笋"。司马彪云：青宁，虫名。羊奚之草其根比连于久不生笋之竹，则生青宁。又，比，比连。不箰，不生笋的竹子。久竹，老竹。
[8] 此三句，注家皆无确解。陈懿典云：程，虫名。马，马齿菜、马兰草之类。人，人参、人面子之类。方虚名注同。按此仅可备一说。
[9] 陈懿典云：至于马生人，而生生化化，又复归于尽矣。按此，又返于种有几之几也。

成需要有一个前提,即要有生成它的"物"的存在才行,也就是说,某物生成之前还应有物,物之前有物,一直向前推,终无穷尽。

这里,庄子其实是提出了一个悖论,成就和驱使万物的不应是"物",而某物必由他物生,一直推去,则生成某物的还应是"物"。在源头上,到底是有物呢还是无物呢?或许,那个状态就是"道"吧,似物而非物。

适者生存,有两种适合,一种是被动地,一种是主动地(创造条件适合)。庄子的人生哲学,只是一个达观主义。"何谓无始而非卒?""化其万物而不知其禅之者,焉知其所终?焉知其所始?正而待之而已耳。(《山木》)""庸讵知吾所谓天之非人乎?所谓人之非天乎?(《大宗师》)"(《大宗师》《养生主》《人间世》《德充符》《齐物论》《山木》各篇皆有叙述)(胡适《中国哲学史大纲》)此处《山木》中所说的,就是万物相互生化转化时,以循环往复的观点看("始卒若环,莫得其伦"),是说不清谁前谁后、谁因谁果、谁是继承者谁是被继承者的,如此就更谈不上哪是终结哪是开始了,抛却执念和偏见,随顺自然变化就是最好的。《大宗师》中的话,是说不要以个人的"我执"妄测事物的真伪,你认为符合大道的可能是个人的偏见,你认为是主观偏见的的东西可能正是符合大道的。

(五)《天运》

"天其运乎?地其处乎?日月其争于所乎?孰主张是?孰维纲是?孰居无事推而行是?意者其有机缄而不得已乎?意者其运转而不能自止邪?云者为雨乎?雨者为云乎?孰隆施是?孰居无事淫乐而劝是?风起北方,一西一东,有上仿徨。孰嘘吸是?孰居无事而披拂是?敢问何故?"(可直比于屈原《天问》)

简评:此段既涉及庄子的宇宙观,又涉及了他的自然进化论。庄子通过连贯酣畅的一连串提问,表达其进化论观念,同时也提出了很多很值得思考的问题。此段选自《天运》,也表现出了庄子作为文学家行云流水般的写作技巧。

(六)《齐物论》中的"庄周梦蝶"

"昔者庄周梦为蝴蝶,栩栩然蝴蝶也,自喻适志与,不知周也。俄然觉,则蘧蘧然周也。不知周之梦为蝴蝶与?蝴蝶之梦为周与?周与蝴蝶,则必有分矣。此之谓物化。"(《齐物论》)

简评:"庄周梦蝶"是《庄子》中最著名的寓言之一,主要反映的是认识论问题(见前述"慷慨激昂赞吾'师'——直言大道"有关内容),从另一角度来讲,也可以看作蝴蝶与庄周的互化,可与进化思想挂钩。

此处主要讲的是齐物思想和认识论,但从某个侧面也可理解为万事万物都是可以相互转化的。

十四、宇宙观念

以下篇章中庄子谈到了他的宇宙思想，即庄子的时空观。

"宇泰定者，发乎天光。发乎天光者，人见其人，物见其物。人有修者，乃今有恒。有恒者，人舍之，天助之。人之所舍，谓之天民；天之所助，谓之天子。""道通，其分也成也，其成也毁也。所恶乎分者，其分也以备。所以恶乎备者？其有以备。故出而不反，见其鬼。出而得，是谓得死。灭而有实，鬼之一也。以有形者象无形者而定矣！出无本，入无窍，有所出而无本者有实。有实而无乎处，有长而无乎本剽。有实而无乎处者，宇也；有长而无本剽者，宙也。有乎生，有乎死；有乎出，有乎入。入出而无见其形，是谓天门。天门者，无有也。万物出乎无有。有不能以有为有，必出乎无有，而无有一无有。圣人藏乎是。"（《庚桑楚》）

简评：第一句将人的心境比为"宇"（宇，有人释为上下四方的空间），一方面说明心境安泰就能得到人民归附（舍，处所、住处，引申为归附）和上天的垂爱，如此就能接近大道；另一方面是说，人的心境就像宇宙一般辽阔，宇宙也因此包含于人们的心灵之中，这与宇宙"全息理论"类似。

后面讲事物的成就和毁灭都是相对的、互相转化的，有分（分离开、分解）必有成（完备的事物）、有成必有毁，用木料做桌子，桌子成了，木料就毁了。为什么要使物件分解呢？只有某物的分解（做原料）才能形成完备的他物（成品）。那为什么一定要形成完备的事物呢？就是人们要追求"完备"。不断追求新的完备，就把已经形成的"完备"分解了（"所恶乎分者，其分也以备。所以恶乎备者？其有以备"）。（有人解释为，对于事物的分离有时喜欢有时厌恶，对于事物的完备同样有时喜欢有时不喜欢，厌恶"分"有其原因，厌恶"备"也有其理由。笔者认为此解释不合理。）

一味心神外驰而不知收敛返归，就会灵魂出鞘（见鬼）、走向灭亡，心神外驰而洋洋自得（自认为获得），得到的却是死亡。心神外驰、心性泯灭而形体犹存，何异于鬼（鬼之一种）。人生在世不仅仅是徒有形骸（有形）而能效法大道（无形）返璞归真，则内心就会安宁。

大道来无影去无踪（"出无本，入无窍"）；天下流行（"出"）又找不到源头（"无本"）的自然大化（道）却是实实在在存在的（"有实"），虚静缥缈融入无限（"入"）而又看不见归处（"无窍"）的大道是长久广大的（"有长"）；大道真实存在而又找不到它的确切处所（其实是无所不在），长期存在又探不到它的本末终始（其实是永恒不灭的)。接着出现了宇宙的概念，所谓"宇"(空间)，是"有实而无乎处者"，即无所不在而又不见踪迹的大道，所谓"宙"(时间)，是"有长而无本剽者"，即亘古不灭而又无始无终的大道，"宇"是大道，"宙"是大道，"宇宙"即大道。

万物都有生、死、出、入，出入乃是一个循环而没有行迹可循，这就是自然的造化之门。这自然变化的总门，就是"无有"。万事万物都是由"无有"产生的，而"有"不能从已经存在的"有"中产生，它一定是从"无有"中产生的，而"无有"恒为"无有"，"无有"是亘古不变的。圣人就隐身在这空灵虚静、玄妙无比的境域。

上述都是论述大道品性的，同时精妙地给出了宇宙的概念，将宇宙与大道紧密相连，层层递进，缜密有序，就其形而上的抽象思维和论说的雄浑而言，可直比《齐物论》。

"瞿鹊子问乎长梧子曰：'吾闻诸夫子，圣人不从事于务，不就利，不违害，不喜求，不缘道，无谓有谓，有谓无谓，而游乎尘垢之外。夫子以为孟浪之言，而我以为妙道之行也。吾子以为奚若？'长梧子曰：'是黄帝之所听荧也，而丘也何足以知之。且汝亦大早计，见卵而求时夜，见弹而求鸮炙。予尝为女妄言之，女以妄听之。奚旁日月，挟宇宙，为其吻合，置其滑涽，以隶相尊。众人役役，圣人愚芚。参万岁而一成纯，万物尽然而以是相蕴。予恶乎知说生之非惑邪？予恶乎知恶死之非弱丧而不知归者邪？丽之姬，艾封人之子也。晋国之始得之，涕泣沾襟，及其至于王所，与王同筐床，食刍豢，而后悔其泣也。予恶乎知夫死者不悔其始之蕲生乎？梦饮酒者，旦而哭泣，梦哭泣者，旦而田猎。方其梦也，不知其梦也。梦之中又占其梦焉，觉而后知其梦也，且有大觉而后知此其大梦也。而愚者自以为觉，窃窃然知之。君乎牧乎？固哉！丘也与女皆梦也，予谓女梦亦梦也。是其言也，其名为吊诡。万世之后，而一遇大圣，知其解者，是旦暮遇之也。既使我与若辩矣，若胜我，我不若胜，若果是也，我果非也邪？其或是也，其或非也邪？其俱是也，其俱非也邪？我与若不能相知也。则人固受其黮闇，吾谁使正之？使同乎若者正之，既与若同矣，恶能正之？使同乎我者正之，既同乎我矣，恶能正之？使异乎我与若者正之，既异乎我与若矣，恶能正之？使同乎我与若者正之，既同乎我与若矣，恶能正之？然则我与若与人，俱不能相知也，而待彼也邪。化声之相待，若其不相待。和之以天倪，因之以曼衍，所以穷年也。何谓和之以天倪？曰：是不是，然不然。是若果是也，则是之异乎不是也亦无辩，然若果然也，则然之异乎不然也亦无辩。忘年忘义，振于无竟，故寓诸无竟。"(《齐物论》)

简评：这是赞美大道的论辩。大道无为，大道无言，大道无辩。其中也谈到了宇宙的概念。详细解读可参见有关章节。

"于是泰清问乎无穷，曰：'子知道乎？'无穷曰：'吾不知。'又问乎无为，无为曰：'吾知道。'曰：'子之知道，亦有数乎？'曰：'有。'曰：'其数若何？'无为曰：'吾知道之可以贵，可以贱，可以约，可以散，此吾所以知道之数也。'泰清以之言也问乎无始，曰：'若是，则无穷之弗知与无为之知，孰是而孰非乎？'无始曰：'不知深矣，知之浅矣；弗知内矣，知之外矣.'于是泰清中而叹曰:'弗知乃知乎,知乃不知乎!孰知不知之知?'无始曰:'道不可闻,闻而非也;道不可见,见而非也;道不可言,言而非也!知形形之不形乎!道不当名.'无始曰:'有问道而应之者,不知道也;虽问道者,亦未闻道。道无问,问无应。无问问之,是问穷也;无应应之,是无内也。以无待问穷,若是者,外不观乎宇宙,内不知乎大初。是以不过乎昆仑,不游乎太虚.'"(《知北游》)

简评:通过"泰清""无穷""无为""无始"对道的阐述,说明了"大道无为""道不可闻""道不可见""道不可言""道不当名"的道理,其中涉及宇宙的概念。详细解读可参见有关章节。

"庄子曰:'知道易,勿言难。知而不言,所以之天也。知而言之,所以之人也。古之人,天而不人。朱泙漫学屠龙于支离益,单千金之家,三年技成而无所用其巧。圣人以必不必,故无兵;众人以不必必之,故多兵。顺于兵,故行有求。兵,恃之则亡。小夫之知,不离苞苴竿牍,敝精神乎蹇浅,而欲兼济导物,太一形虚。若是者,迷惑于宇宙形累,不知太初。彼至人者,归精神乎无始,而甘暝乎无何有之乡。水流乎无形,发泄乎太清。悲哉乎!汝为知在毫毛,而不知大宁.'"(《列御寇》)

简评:此段论述道的品性和功用,要审时度势、有的放矢,其中涉及宇宙的概念。参见本书上述"直言大道"之"庄子论'知道易,勿言难'"。

《让王》中叙述舜以天下让善卷时,善卷曰:"余立于宇宙之中,冬日衣皮毛,夏日衣葛絺。"此句讲述善卷遵从大道、无为逍遥的生活方式,出现了宇宙的概念。

《应帝王》:"南海之帝为儵,北海之帝为忽,中央之帝为浑沌。儵与忽时相与遇于浑沌之地,浑沌待之甚善,儵与忽谋报浑沌之德,曰:'人皆有七窍以视听食息,此独无有,尝试凿之.'日凿一窍,七日而浑沌死。"

有人认为这是《庄子》中最精彩的寓言。简文云:儵、忽取神速为名,浑沌以合和为貌。神速,譬有为;合和,譬无为。宣颖云:南方阳,故以言儵而有;北方阴,故以言忽而无;中者,阴阳所浑,以喻自然,守中则自然之道全也。李大防云:儵谓明,喻有象;忽谓暗,喻无形;浑沌谓明暗不分,非有非无,喻自然。此段也可看作道家的"宇宙发生论"。"浑沌",可视作"无极"或"太极",是"一";儵与忽可视作"两仪"或"阴阳",是"二";二与一为"三"。二又不安其份,于是开孔凿窍,以至于"七",从此智端一开,则天下的事事物物由此生,是非善恶由此成,而交光互影的华严世界,就呈现出森罗万象了。

十五、科技发展与预测

庄子思想是形而上哲学的代表,但哲学既是抽象思维的结果,同时也是对现实社会的反映。《庄子》艺术主要是讲思想意识问题，而里面也涉及了某些对自然现象的探索，对人们、对客观世界进行研究具有一定的启发和促进，这种探索发展到现代就成为了科技。庄子思想的古代科学背景，主要体现在三方面：①走出巫术的丛林，庄子言谈虽然诙谐诡怪，但与巫术截然不同。②高超的工艺技巧及经验。战国时期虽然社会极度混乱，但人们的思想比较自由开放，因而技艺和生产发展得很快。以鲁班为例，不但发明了锯子，而且据说当时就曾发明了"无人飞机"，制作的飞鸟可在天空中飞几天后返回。另外，更加伟大的工匠大师可能是墨家学派的创始人墨翟，有一次与鲁班就城堡的攻防技术论战，鲁班攻而墨翟守，三天三夜，鲁班一直处于下风，最后鲁班不得不心服口服认输，墨翟可能是春秋战国时期最伟大的科学家，甚或是中国历史上最伟大的科学家，只可惜他的技艺和智慧未能流传下来。③广泛的知识经验。《庄子》之所以那么博大精深，如果没有庄周对客观世界和人类社会的深刻洞察，是成就不了《庄子》的。在先秦的诸子著作中，诚如鲁迅所说，《庄子》"汪洋辟阖，仪态万方，晚周诸子之作莫能先也"（《汉文学史纲要》第三篇《老庄》）；考量内容，也完全可以说，《庄子》万象毕罗，涵盖天地，为诸子之首。《庄子》中凝聚了当时的人们的认识能力下，在生活的各个方面所能观察和获得的经验知识。对《庄子》中范围广泛、内容多样的自然致用方面的经验知识做精确的分类是很困难的，这里姑且分为天体、万物和人这样三个方面，具体为：①天体的描述；②万物的记述；③人的揭示。（这一部分在《庄子》中特别多，若没有对生活中诸多事物的详细观察和深刻体验，是很难论说得如此深刻的，其中有一些罕为人知的稀奇现象和高深知识。）限于篇幅，本书对此不加详述，有兴趣的读者可参阅该方向的有关资料。

其实，相较于对客观世界的思考，庄子更重视的是对人类精神世界的探索。人类生存延续的最大威胁来自人类自身，只重视科技理性而忽略价值理性的社会是危险的，科技理性的过度膨胀必然会给人类带来难以想象的灾难。而要避免这一悲剧的发生，就必须注意在大力提倡科学技术是第一生产力、充分弘扬科学精神的同时，还要有人文关怀，要通过人文关怀来弥补和克服科学的盲点和局限。只有调整好科技文化和人文文化的关系，学会用人文文化来调控科技文化，才能避免人类被科技异化的厄运和遭受自然惩罚的悲剧。只有在总体上理智地发展与自然的平衡与和谐，人类才能最终拯救和完善自己，可持续发展战略才能得以顺利实施。

《庄子》中几次提到"千年以后"人类社会将出现的灾难，这也许是庄子的预测，不幸的是有些灾难已经出现，而且还不止一次地出现。

十六、乌托邦之幻

庄子还描述了远古时期的美好图景，可称之为庄子的乌托邦，主要见于下列篇章。

市南宜僚见鲁侯："市南宜僚见鲁侯，鲁侯有忧色。市南子曰：'君有忧色，何也？'鲁侯曰：'吾学先王之道，修先君之业；吾敬鬼尊贤，亲而行之，无须臾离居。然不免于患，吾是以忧。'市南子曰：'君之除患之术浅矣！夫丰狐文豹，栖于山林，伏于岩穴，静也；夜行昼居，戒也；虽饥渴隐约，犹旦胥疏于江湖之上而求食焉，定也。然且不免于罔罗机辟之患，是何罪之有哉？其皮为之灾也。今鲁国独非君之皮邪？吾愿君刳形去皮，洒心去欲，而游于无人之野。南越有邑焉，名为建德之国。其民愚而朴，少私而寡欲；知作而不知藏，与而不求其报；不知义之所适，不知礼之所将。猖狂妄行，乃蹈乎大方。其生可乐，其死可葬。吾愿君去国捐俗，与道相辅而行。'君曰：'彼其道远而险，又有江山，我无舟车，奈何？'市南子曰：'君无形倨，无留居，以为君车。'君曰：'彼其道幽远而无人，吾谁与为邻？吾无粮，我无食，安得而至焉？'市南子曰：'少君之费，寡君之欲，虽无粮而乃足。君其涉于江而浮于海，望之而不见其崖，愈往而不知其所穷。送君者皆自崖而反。君自此远矣！故有人者累，见有于人者忧。故尧非有人，非见有于人也。吾愿去君之累，除君之忧，而独与道游于大莫之国。方舟而济于河，有虚船来触舟，虽有偏心之人不怒。有一人在其上，则呼张歙之。一呼而不闻，再呼而不闻，于是三呼邪，则必以恶声随之。向也不怒而今也怒，向也虚而今也实。人能虚己以游世，其孰能害之！'"（《山木》）

简评：本段讲述"市南宜僚见鲁侯"的寓言，市南宜僚向鲁侯描述古代淳朴的乌托邦社会，鲁侯非常向往，想学道修道却又怕辛苦，类似"叶公好龙"。修道需要心灵空虚，不能有执见和偏心，心虚了才可得道，得道了才能逍遥，无往而不利。最后讲了"方舟而济于河"的故事，奉劝人们抛却偏执的怒心，"虚己以游世"。参见本书前述"理想人格"之"知天乐者"。

市南宜僚受酒而祭："仲尼之楚，楚王觞之。孙叔敖执爵而立。市南宜僚受酒而祭，曰：'古之人乎！于此言已。'曰：'丘也闻不言之言矣，未之尝言，于此乎言之：市南宜僚弄丸而两家之难解；孙叔敖甘寝秉羽而郢人投兵；丘愿有喙三尺。'彼之谓不道之道，此之谓不言之辩。故德总乎道之所一，而言休乎知之所不知，至矣。道之所一者，德不能同也。知之所不能知者，辩不能举也。名若儒墨而凶矣。故海不辞东流，大之至也。圣人并包天地，泽及天下，而不知其谁氏。是故生无爵，死无谥，实不聚，名不立，此之谓大人。狗不以善吠为良，人不以善言为贤，而况为大乎！夫为大不足以为大，而况为德乎！夫大备矣莫若天地。然奚求焉，而大备矣！知大备者，无求，无失，无弃，不以物易己也。反己而不穷，循古而不摩，大人之诚！"（《徐无鬼》）

简评：孔子到楚国去见到得道高人孙叔敖和市南宜僚，感叹乌托邦理想社会的风貌，认为无为之治是最理想的状态，是对大道的赞美。

"孔子之楚，舍于蚁丘之浆。其邻有夫妻臣妾登极者，子路曰：'是稯稯何为者邪？'仲尼曰：'是圣人仆也。是自埋于民，自藏于畔。其声销，其志无穷，其口虽言，其心未尝言。方且与世违，而心不屑与之俱。是陆沉者也，是其市南宜僚邪？'子路请往召之。孔子曰：'已矣！彼知丘之著于己也，知丘之适楚也，以丘为必使楚王之召己也。彼且以丘为佞人也。夫若然者，其于佞人也，羞闻其言，而况亲见其身乎！而何以为存！'子路往视之，其室虚矣。"（《则阳》）

简评：孔子带领弟子到鲁国，路遇市南宜僚，市南宜僚惧怕孔子会保荐自己为官，因而躲避逃走，说明了市南宜僚所看重的乌托邦社会愿景。

庄子乌托邦在哲学上的概念是无物，无封，无是非。未始有物，未始有封，未始有是非。

老子的乌托邦："甘其食，美其服，安其居，乐其俗，邻国相望，鸡犬之声相闻，民至老死不相往来。"就是说人们很容易满足，没有贪求无已之心，人与人之间也疏于交往。庄子的乌托邦："知作而不知藏，与而不求其报。"这不仅仅是没有贪欲，而且是乐于劳作，乐于帮助别人，却不求回报。这样的少私寡欲，就不是靠否定人的活力来求得宁静平衡（这是老子"小国寡民"说给人的印象），而是以否定人的占有心，植入自然本有的活力来追求生命充实。

十七、世界观 人生观 价值观

（一）世界观

1. 在道的层面上，世界万物是一体的，没有差别的。万物一齐，道通为一。大道者，"通天下一气耳"。

2. 这个世界是混乱不堪的，混乱的源头自远古"圣贤"开始。

"夫尧，畜畜然仁，吾恐其为天下笑，后世其人与人相食与！……夫尧知贤人之利天下也，而不知其贼天下也。"（《徐无鬼·贤人之贼天下》）

简评："大道不称"。口口声声宣扬仁义的上古"圣人"尧帝，其实并非真的懂大道，肆意宣扬大道可能适得其反，到头来会受到世人的耻笑。越是妄谈"仁义"，越是毒害社会，任何"仁义"都有虚假的成分，在宣扬"仁义"的同时，虚假和邪恶的东西便会泛滥，千年以后，必然会发展到"人吃人"的极端糟糕的程度。尧帝等人以为所谓的"贤人"能给天下谋福利，却不知正是这些"贤人"将会使天下祸乱。

"吾语女，大乱之本，必生于尧、舜之间，其末存乎千世之后。千世之后，其必有人与人相食者也！"（《庚桑楚·老聃门人庚桑楚》）

简评：《庚桑楚》中，对"圣人"冠冕堂皇地宣讲"仁义"持批评态度，对其后果持悲观态度。庄子认为这个世界是无比混乱的，混乱的根源在于尧、舜等"圣人"鼓吹"仁义"，千年以后这种混乱会达到极致，将会出现人与人相食的现象。庄子对世界的看法是悲观的，但历史的发展在某种角度上，不正是被庄子不幸言中了吗？现在的社会，人与人倾轧，丑恶现象愈演愈烈，这是很值得人们警醒的。

庄子多次说到人类灾难是何时开始的。有关这一点他的说法不一，详见本书上篇之"只可走近 很难走进——初识庄子"之"庄子随想"之"《庄子》中对古圣贤褒贬并用、随心所欲""追寻人类灾难的起源"。

（二）人生观

1. 关注生命，悲悯人生

庄子哲学中最主要的问题就是生命问题，庄子思考的主要是生命在乱世中的安顿。他不是不管新秩序，而是觉得这问题非他所能关怀，或者只有在安顿生命后才能关怀，于是就选择了放弃，或者说暂时放弃。这种放弃的态度使他可以不必殚精竭虑地进入这个世界，从而可以与世界保持适当的距离。我们得承认，同样一个世界折射到不同人的心灵里面的时候，产生的景象是不同的。这一方面取决于心灵的敏感或者迟钝，另一方面也取决于这个世界究竟在多大程度上进入了你的头脑，从而成为心灵感受的素材。《人间世》表现的就是庄子感受到的世界。"人间世"这三个字包含着多少内容，对于每个世间的人当然是不同的。既可以将其看作是一个整体，又可以分开来各个品味，这人和这世界以及这人、这世界之间。人生活在世界上，他和这个世界究竟应该如何相处呢？"六合之外，圣人存而不论；六合之内，圣人论而不议"（《齐物论》）。

2. 人生即便超脱，也有不得已之事

古往今来，庄子是最达观、最洒脱、最超脱的，他可以打破世间一切的戒律，特立独行，藐视一切。即便如此，《庄子》中也讲到了不得不做的事情。《人间世》是这样来描述君臣和父子的：

"仲尼曰：'天下有大戒二，其一命也，其一义也。子之爱亲，命也，不可解于心。臣之事君，义也，无适而非君也，无所逃于天地之间，是之谓大戒。是以夫事其亲者，不择地而安之，孝之至也。夫事其君者，不择事而安之，忠之盛也。自事其心者，哀乐不易施乎前。知其不可奈何而安之若命，德之至也。为人臣子者，固有所不得已。行事之情而忘其身，何暇至于悦生而恶死。夫子其行可矣。……'"（儒家观点为"知其不可为而为之"）

"擎跽曲拳，人臣之礼也，人皆为之，吾敢不为邪？"（《人间世》）

虽说"天下有大戒二"，"子之爱亲，命也，不可解于心；臣之事君，义也，无适而非君也，无所逃于天地之间，是之谓大戒。"，但庄子以为这是无可奈何的事情，并不是喜欢为之，庄子所要做的是，

"且夫乘物以游心，托不得已以养中，至矣。""为人臣子者，固有所不得已"（以上《人间世》）"以知为时者，不得已于事也"（《大宗师》）"感而后应，迫而后动，不得已而后起""动以不得已之谓德""出为无为，则为出于无为矣！欲静则平气，欲神则顺心。有为也欲当，则缘于不得已。不得已之类，圣人之道""无门无毒，一宅而寓于不得已，则几矣"。

庄子在《天下》篇中说："以天下为沈浊，不可与庄语。以卮言为曼衍，以重言为真，以寓言为广。"在这里，庄子承认自己的无奈，不能直抒己见，真理受委屈，个人也受委屈，不得不采取"三言"的方式绕着弯子说话，这也是庄子的不得已。

翻看《庄子》，竟然发现还有许多的"不得已"，"不得已"在整部《庄子》中出现的几率很高。伟大如庄子，竟有如此多的无奈，但庄子还是很潇洒、很快乐的，因为他承认这些"不得已"，他也能正确地处理这些"不得已"。庄子不将这些"不得已"作为羁绊，承认这些"不得已"的合理存在，"安之若命""乘物游心""顺物自然"，不滞于物、去我顺物、因任自然、因势利导。在庄子那里，真正做到了没有任何羁绊，庄子是绝对自由的。

我们常人，更会遇到许许多多的"不得已"，也就是"没办法的事儿"。一些人会因为这些"不得已"而闷闷不乐，甚至揪心苦恼，甚或做一些摆脱这些"不得已"的努力，有时又因摆脱不了这些"不得已"而更加苦恼以致抑郁，摆脱了旧的"不得已"，又会有新的"不得已"，因此烦恼永不消失。其实有些"不得已"是不必摆脱的，"顺物自然"就可以了。我们要向庄子学习，不将这些"不得已"作为羁绊，承认它的合理存在，因势利导，在"不得已"面前获得精神自由。

况且，有些"不得已"是由于我们自己的原因，没有处理好事情，使它变成了"不得已"，这时就更不应该责怪别人了。

家庭、婚姻、恋爱、感情、社会、生活、工作、交友、健康、事业……莫不如是。

明乎此，你还有烦恼吗？

3．庄子处世的方式——游

世界的无法逃避并不只引申出我们必须积极地进入世界这样一个结论，我们还可以有另外一种方式，这种方式既不是逃避，也不是进入。在这个世界出现，但是又和它保持距离。也许对于庄子来说，他很喜欢的一个字眼——"游"——比较适合表现这种状态。"游"其实就是若即若离，也是不即不离，这是庄子选择的与世界相处的方式。楚狂接舆过孔子之门时的歌中唱道：

"孔子适楚，楚狂接舆游其门曰：凤兮凤兮，何如德之衰也！来世不可待，往世不可追也。天下有道，圣人成焉。天下无道，圣人生焉。方今之时，仅免刑焉。福轻乎羽，莫之知载；祸重乎地，莫之知避。已乎已乎，临人以德；殆乎殆乎，画地而趋。迷阳迷阳，无伤吾行，吾行却曲，无伤吾足。"（《人间世》）

这是庄子面对人间世时唱出的一曲心灵的悲歌，也是和儒家进行的一场心灵的对话。如果与很可能是作为这悲歌的写作素材的《论语》中那几句简单的话相比较，无奈色彩的增加是显而易见的。《论语·微子》说，"楚狂接舆歌而过孔子，曰：凤兮凤兮，何德之衰？往者不可谏，来者犹可追。已而已而，今之从政者殆而。"对人和世界关系的思考，似乎是《人间世》要讨论的中心。

4．将生命融入大道方得永恒——生命论、本体论

《大宗师》篇中所论及的，不止单论"道体"，而尤致意于"生命"的认识。"道"为无始无终的一大生命，万物的生命亦即此大生命之所散发。故道的生命，即万物的生命；万物的生命，亦即道的生命。道的生命，是无始无终的；万物的生命，也是"始卒若环，莫得其伦"，同样是无始无终的。庄子既视为"天地与我并生，而万物与我为一"，则所谓"生死"的问题，不过如昼夜更替，吾人不必好昼而恶夜，即勿需乐生而悲死，这才算认识了生命的大道，也可说解放了为躯壳所限的"小我"，而成为与大化同体的"大我"了。若能解放了为躯壳所限的小我，即可不至自私用智，妄生是非，而有"人为"上的种种措施。此之谓"不以心损道，不以人助天"，此之谓"安排而任化，乃入于寥天一"，此之谓"离形去知，同于大通，此谓坐忘"，此之谓"朝彻而后能见独，见独而后能无古今，无古今而后能入于不生不死"。这便是庄子的"生命论"，也就是他的"本体论"。

5．生命的意义在于不断改进自己

蘧伯玉行年六十而六十化……（《则阳·是非无定论》）

庄子谓惠子曰，孔子行年六十而六十化……（《寓言·庄子惠施论孔子》）

《则阳》中提到"蘧伯玉行年六十而六十化"，即得道高人蘧伯玉活到六十岁，

每年都在不断地改进自己。圣人尚如此,我们普通人更应该不断学习、不断追求进步,否则就会变成行尸走肉。《寓言》篇中,又出现了劝人加强自我修养的语句,如"行年六十而六十化",但这里的榜样由蘧伯玉变成了孔子,这二位都是圣人。《则阳》《寓言》二篇的叙述出现了些许不统一的情况,或许也可说明《庄子》的外、杂篇,可能非一人一时之作的研究结论。

6. 生命的安顿——不强求

"自状其过,以不当亡者众;不状其过,以不当存者寡。知不可奈何而安之若命,唯有德者能之。游于羿之彀中,中央者,中地也,然而不中者,命也。"(《德充符·申徒嘉与子产》)

"若成若不成,而后无患者,唯有德者能之。""知其不可奈何而安之若命,德之至也。"(《人间世》)

简评:《人间世》中,叶公子高受命出使而诚惶诚恐,怕应对有误而招致祸患。孔子给他讲,忠君报国及尽孝事亲是人生在世所"不得已"的两件大事,是逃不掉、也不应该逃避的,对于这样的不想去做而又不得不为之的事情,能做到遵从大道、顺应自然、坦然承受、安之若素,就达到极致了。对于"不得已"而为之的事情,仍然尽心去做就足够了,不要太关注它的结果。只要遵从大道去做,"无为为之",无论结果是成是败,都不会有大的祸患,这是遵从大道的缘故,也只有遵从大道的人,才能做到在任何情况下都能免于祸患。

《德充符》中,高官厚禄的执政者子产嘲笑和攻击失掉了一条腿的申徒嘉,二人同在伯昏无人处学道受业。申徒嘉说,反思自己的行为过错,都认为自己不应受到责罚,若别人没有揭示自己的过错,而认为自己应该受到惩罚的,基本上没有,人们都是自以为是、不愿受到责罚的。人生在世,难免遇到自己不情愿的事,正确的做法就是顺应自然,接受自然大化的安排,也只有懂得大道的人才能这样。人生非常复杂,社会异常混乱,人们相互倾轧攻击,谁都难免被别人算计。善于算计的人心术高超,往往很难使人躲避。就像人们处在神箭手后羿的射箭范围之内,被射中是很正常的,因为你在后羿的掌控范围之内,偶尔没有被射中,那是后羿不想射中你,而不是后羿箭术不精或者你自己善于躲避,这也是自然大化的安排,并没有任何值得庆幸或值得祝贺、值得炫耀的。

这两则寓言讲了同一个道理,就是要"安之若命",安排任化,顺物自然,顺应自然,这才是应对人生种种磨难的不二法门。

7. 生命的最高追求就是"尽年"——既不刻意增益,也不人为减损。"尽年"的思想是庄子养生理论的核心,也是庄子人生观的重要内容。详见前述有关内容。

（三）价值观

自由是无价的，自由是最高的价值。参见本书"庄子的'自传'"有关内容。

生命是无价的，功名利禄全是浮云。参见前述"贵生思想""养生理论"有关内容。

庄子视高官厚禄为腐鼠。

重视气节——大是大非和民族大义面前含糊不得。

绝不同流合污——斥责"窃钩者诛，窃国者为诸侯"（《胠箧》）。

一切以"道"（自然）为准则。

十八、出世入世 与时俱化 乘物游心寓诸庸 物物而不物于物

（一）处事观

倡导无用是因为无用有用，这就是无用之用。无用之用的提出是基于有用之害，有些时候，无用是因为人们不能发现它的用途，无用的东西从另一个角度来看就是有用的。对庄子来说，无用主要指的是一种生活态度，他要隐藏自己的才能，以全生避祸。《齐物论》中将其称作"寓诸庸"。

与时俱化。

安之若命。

"复仇者不折镆干，虽有忮心者不怨飘瓦，是以天下平均。"（《达生·纯气之守》）

"相濡以沫，不若相忘于江湖。"（《天运·孔子问仁》）

"浮游乎万物之祖，物物而不物于物。"（《山木》）

"缘督以为经。以无厚入有间。游刃有余。"（《养生主》）

有为则有患，"虚以待物"，"心斋"。无为有为。无为而治，无为而至。（《人间世》）

无用之用。"乘物以游心。"

不才之才，材与不材。

"人皆知有用之用，而莫知无用之用也。"（《人间世》）

用之非用，用之所用；大而无用；无用之用，优游自得。

（以上内容在本书相关章节中均有涉及，详见前述）。

（二）如何做人

知其不可奈何而安之若命，德之至也……若成若不成，而后无患者，唯有德者能之。(《人间世》)

自状其过，以不当亡者众；不状其过，以不当存者寡。知不可奈何而安之若命，唯有德者能之。游于羿之彀中，中央者，中地也，然而不中者，命也。(《德充符·申徒嘉与子产》)

简评：此处《人间世》《德充符》中讲的道理可以代表庄子的人生观，也可作为庄子处世的基本思想。（详解见前述"生命的安顿"）。

"周将处乎材与不材之间……物物而不物于物。"(《山木·有用与无用》)

要点是：①不要走极端，走极端则有风险，是人为；②当材则材，当不材则不材，任自然，顺时而变，不拘泥于物。

"夫有土者，有大物也。有大物者不可以物，物而不物，故能物物，明乎物物者之非物也，岂独治天下百姓而已哉！"(《在宥·役物而不役于物》)

有土地的国君是拥有大事物的，国君不能把这种大事物当作一般的"物"来对待，要超然物外，心怀天下。有大物而不执着于"物"、不迷恋于"物"，才能役使万物、驱使万物、主宰万物。懂得了役使外物而不执着于外物的道理，岂止是用于正确治理天下百姓方面呢！

"且君子之交淡若水，小人之交甘若醴；君子淡以亲，小人甘以绝。彼无故以合者，则无故以离。"(《山木·林回弃金负子》)

圣人君子之间的交往很纯粹，没有利害关系的考量；势力小人之间的交往以利益为驱使，表现出甜甜蜜蜜。君子间交往由于平淡纯粹而相互信任；小人间交往因唯利是图，最终会分道扬镳甚至反目成仇。无缘无故、不合常理而结合的，也会由于不合常理的因由而相互背叛。

"既以与人己愈有。"(《山木·孙叔敖三出三去》)

帮助别人就是帮助自己。付出的越多，得到的也会越多，而且有些东西是无法用金钱去衡量价值的。助人为乐，自己将会拥有更多的快乐。

"勿已则隰朋可。其为人也，上忘而下不畔，愧不若黄帝，而哀不己若者。以德分人谓之圣；以财分人谓之贤。以贤临人，未有得人者也；以贤下人，未有不得人者也。其于国有不闻也，其于家有不见也。勿已则隰朋可。"(《徐无鬼·管仲荐相》)

知音典范：管仲与鲍叔牙、伯牙与钟子期、司马相如与卓文君、庄子与惠子、郢人与匠石。

简评：齐桓公在管仲病重即将撒手人寰的时候，请教管仲何人能接他的宰相之位，管仲首先摈弃了阿谀奉承、不学无术的小人，也不同意举荐自己的至交鲍叔牙，而是推举平素和自己交往平淡的隰朋。隰朋对上衷心，对下慈爱，虚心待己，同情弱者，帮助才能德行不如自己的人。自己有德行也能将德行传授给别人，自己有资财却能乐善好施，隰朋兼备了圣人和贤人的品格。自以为是就会不得人心，礼贤下人就能万人来归；国家大事需要放权而不是过问太细，家庭小事清官难断不必计较。隰朋具备了做一个宰相的基本条件。管仲的评论可谓知人善任，而且任人不唯亲。真正的知音不在于名利权势方面的交换。

（三）识人术

"孔子曰：'凡人心险于山川，难于知天。天犹有春秋冬夏旦暮之期，人者厚貌深情。故有貌愿而益，有长若不肖，有顺懁而达，有坚而缦，有缓而釬。故其就义若渴者，其去义若热。故君子远使之而观其忠，近使之而观其敬，烦使之而观其能，卒然问焉而观其知，急与之期而观其信，委之以财而观其仁，告之以危而观其节，醉之以酒而观其则，杂之以处而观其色。九征至，不肖人得矣。'"（《列御寇》）

译文：孔子说："人心比山川还要险恶，比预测天象还要困难；自然界尚有春夏秋冬和早晚变化的一定周期，可是人却复杂多变、貌似朴实而情感深深潜藏。有的人貌似老实宽厚却内心骄溢，有的人貌似长者却心口不一、心术不正；有的人外表急躁却通达事理；有的人外表坚韧却涣散软弱；有的人表面舒缓而内心却很强悍。所以那些趋赴仁义犹如思饮甘泉的人，往往抛弃仁义也像逃离烈火。因此君子考察人的方法就是，派其远离做事以观察他们是否忠诚，让其就近办事以观察他们是否恭敬，让其处理纷乱事务以观察他们的才能，对其突然问难以观察他们是否有心智，交给期限紧迫的任务以观察他们是否守信用，把财物托付以观察他们是否有仁德而清廉，通告危难以观察他们是否持守节操，用醉酒的方式以观察他们的节度和仪则，用男女杂处的办法以观察他们的真实面目和对待女色的态度。上述九种表现一一得到证验，贤与不肖、好与不好的人也就自然可分辨了。"

简评：本段借孔子之口写识人之法，体现出儒家的思想标准。中心思想是在显示人心险恶，高深难测。庄子借此寓言，说明现实社会的丑恶，芸芸众生大多背离大道、虚伪巧做。如此一来，更显得道之人的可贵。

（四）乘物以游心，与时俱化

能忘世所以能入世，由此推演出入世方法。乘物以游心（《人间世》）。不脱离现世，不与现实相抵触，忘人忘我。（其实庄子远未做到"不与现实相抵触"，他时刻想着非难别人。）精神修养，休养之功，不在形体，而在精神（《德充符》）。

能鸣的时候则鸣，不能鸣的时候则止。没有任何固定的应世之门，也没有任何要执着的救世之方，有的只是与时俱化的"不得已"。这是一种无心的生活，无心则虽有迹而无迹。庄子所说的"不择地而安之"是有所指的，譬如有些为了绝迹而避世的人，他们是择地而安之的。但正如庄子指出的"无适而非君也，无所逃于天地之间"，果真如此的话，逃避是没有意义的。关键不在于择地，而在于用心。陶渊明的诗说："心远地自偏"，这是深得庄子之义的。心远了，地无论是如何喧闹、繁华，也是偏的；反过来说，地再偏，如果心离这个世界很近，也总是烦躁不安的。因此庄子并不主张避世式的绝迹。所谓"绝迹易，无行地难"（"绝迹易，无行地难。为人使易以伪，为天使难以伪。闻以有翼飞者矣，未闻以无翼飞者也。闻以有知知者矣，未闻以无知知者也"《人间世》），说的正是这个意思。要避世是很容易的，你尽可以逃到某一个偏僻的地方，譬如山林中，如同伯夷和叔齐。但人终究要在地上行走。对于庄子来说，重要的不在于形体，形体的逃避总是相对的、受限制的。心灵的逃避才是真正的逃避。心灵的逃避就是心斋，就是在这个世界面前的不动心。

（五）出世入世

《人间世》："古之至人，先存诸己，而后存诸人。所存于己者未定，何暇至于暴人之所行！""是以夫事其亲者，不择地而安之，孝之至也。夫事其君者，不择事而安之，忠之盛也。自事其心者，哀乐不易施乎前。知其不可奈何而安之若命，德之至也。"

借蘧伯玉之口，庄子说道："戒之慎之，正汝身也哉。形莫若就，心莫若和。虽然，之二者有患，就不欲入，和不欲出。形就而入，且为颠为灭，为崩为蹶。心和而出，且为声为名，为妖为孽。"

恐惧之中的戒慎是当然的。你应该非常小心自己的反应，你的形最好是随顺的，你的心最好是平和的。但是，应注意不要走过了头。随顺如果变成了"进入"，就是同流合污；平和如果变成了"荡出"，则会兴风作浪。其结局都是一样的，都是互相的倾扎和争斗。（"心和"即才全，不欲出即德不形）庄子继续描述"形就心和"的状态：

"彼且为婴儿，亦与之为婴儿。彼且为无町畦，亦与之为无町畦。彼且为无崖，亦与之为无崖。达之入于无疵。"

"汝不知夫螳螂乎，怒其臂以当车辙，不知其不胜任也，是其才之美者也。戒之慎之。积伐而美者以犯之，几矣。"

"汝不知夫养虎者乎，不敢以生物与之，为其杀之之怒也。不敢以全物与之，为其决之怒也。时其饥饱，达其怒心。虎之与人异类，而媚养己者，顺也。故其杀者，逆也。"

"夫爱马者以筐盛矢，以蜄盛溺，适有蚊虻仆缘，而拊之不时，则缺衔毁首碎胸。意有所至，而爱有所亡。可不慎邪！"

简评：前面所述是如何处理人生当中非常复杂的问题。后面的三个事例，"螳臂当车"劝告人们一定要量力而行，不要自高自大、忘乎所以；"养虎顺其性"告诫人们一定要按实际情况和规律办事，违逆了事物的性情，会遭到无情的报复，甚或带来灭顶之灾；"爱马者"则提醒人们即便是爱心好意，也要看对象，也要注意方式方法，方法不对则效果会适得其反，不仅得不到好的回报甚而会遭殃。

"意有所至而爱有所亡"这九个字是值得仔细品味的。

遵循"天下大戒二"。参见前文"人生观"之"人生即便超脱，也有不得已之事"。

下篇　《庄子》感想与杂谈

一、《老子》晚出于《庄子·内篇》刍议

《老子》和《庄子》的著述先后和承继问题，自司马迁《史记》以后两千多年，《庄子》等道家后学的"其要本归于老子之言"之说法本已是定论，直到近代钱穆先生始怀疑，他认为《庄子·内篇》当在《老子》之前，而《庄子·外篇》《庄子·杂篇》当在《老子》之后，并论证《老子》受《庄子·内篇》的影响，同时他认为《老子》的境界不及《庄子》，遂有誉庄抑老倾向。此观点遭到当时胡适等人的反驳，而在当代却仍有部分学人步钱穆之后而非老抬庄。

钱穆等人主要从两个方面考证，一是从先秦史籍的记载考证，或求其书之时代背景；二是从老、庄著述中反映的思想观念考证，或论其书之思想线索。对于后一种考证，钱穆做了很多工作，并称是他自己的新创[1]，言之凿凿，屡称定论，但细考查起来却有见仁见智或公说婆说的味道，窃以为无一的论。至于前一方面考证，钱穆等人主要依据有三[2]，即①《庄子》中谈到的孔子师老子在《论语》中找不到根据，而在《论语》中出现包括七位隐者在内的许多贤者，独没有他尊之为"龙"的老子；②《庄子》中向老子问学的尚有杨朱，而杨朱生活于孔子殁后百年之久，因此认为老子当在孔子百年之后；③《史记》中老子之后的记载至汉文帝时刚及八代而孔子已传至十三代，因此认为老子当在孔子百年之后。

除以上三点外，钱穆尚有其他辨析：④在前三个论据的基础上，又以《庄子》"以天下为沉浊，不可与庄语"而"以寓言为广，以重言为真"，证伪《庄子》所述"孔子问道于老子"[3]。⑤后来又说《史记》中关于老子的生平记述当出于《庄子》因而不可信[4]。⑥认为司马迁只看到了晚出的《庄子》外、杂篇而未看到早出的《庄子》内篇，因而记述有错位。⑦论证《庄子》和《史记》中老子，实为《论

---

[1] 钱穆. 庄老通辨[M]. 北京：生活·读书·新知三联书店，2005：8.
[2] 钱穆. 庄老通辨[M]. 北京：生活·读书·新知三联书店，2005：13-23.
[3] 崔大华. 庄学研究[M]. 北京：人民出版社，2005：386-389.
[4] 崔大华. 庄学研究[M]. 北京：人民出版社，2005：390.

语》中荷蓧丈人，又论证荷蓧丈人为老莱子（晚于孔子百余年）。（此论更为荒唐。）其实这些都是不成立的，笔者试分别剖析如下。

（1）关于"①《庄子》中谈到的孔子师老子在《论语》中找不到根据，而在《论语》中出现包括七位隐者在内的许多贤者，独没有他尊之为'龙'的老子"。儒、道对立，《论语》焉能记孔子问道于老子？至于以隐者为师，无伤孔子之尊，并有益于树立孔子信而好古、敏而好学的形象，故将其记于《论语》之中；并且，《孔子家语》中也记载孔子问道于老子之事。

（2）关于"②《庄子》中向老子问学的尚有杨朱，而杨朱生活于孔子殁后百年之久，因此认为老子当在孔子百年之后"。《庄子》中杨朱问道老子仅一见，而孔子问道老子则有多处，何可信寡而不信多？

（3）关于"③《史记》中老子之后的记载至汉文帝时刚及八代而孔子已传至十三代，因此认为老子当在孔子百年之后。"老子善养寿，家族晚婚晚育极有可能，孔子家族则有不长寿的例子，如孔子之子孔鲤先孔子而亡，仅活了五十岁，孔子二十余岁有孔鲤，按现在的观点当不属于晚婚；实例：笔者老家在农村，有一小学同学长我三岁，他17岁结婚生子，时年我14岁，而后我29岁结婚30岁得子，是时他的儿子16岁，又过2年18岁结婚得子，这样他的孙子仅比我儿子小2岁，我传了一代他却传了两代。

（4）关于"④在前三个论据的基础上，又以《庄子》'以天下为沉浊，不可与庄语'而'以寓言为广，以重言为真'，证伪《庄子》所述'孔子问道于老子'"。至于用《庄子》的"寓言"性"证伪"，更是毫无根据，即便《庄子》中所述全不可信，也不能"证伪"而得出"老子生活于孔子百年后"之论。

（5）关于"⑤后来又说《史记》中关于老子的生平记述当出于《庄子》因而不可信"。说到《史记》记述老子生平，除了与《庄子》中暗合之处外，尚有"老子者，楚苦县厉乡曲仁里人也，姓李氏，名耳，字伯阳，谥曰聃。"以及"老子之子名宗，宗为魏将，封于段干。宗子注，注子宫，宫玄于假，假仕于汉孝文帝。而假之子解为胶西王昂太傅，因家于齐焉。"这些不见于《庄子》而必另有所本，司马迁特别严谨为世所公认，从这一点上讲，《史记》与《庄子》暗合之处恰恰证明了《庄子》的那些记述应该是"寓言""重言"中的真实。并且《史记》中孔子问道于老子的记述，与《庄子》中细节并不相同，如何以《庄子》证伪《史记》呢？况且《庄子》多寓言，而《史记》向被认为是信史，以"寓言"证伪"信史"，不也很可笑吗？

（6）关于"⑥认为司马迁只看到了晚出的《庄子》外、杂篇而未看到早出的

《庄子》内篇，因而记述有错位"。钱穆等人以司马迁主要援用《庄子》记述老子生平为前提，认为内篇中出现了老子丧礼的记述，而司马迁在《史记》中仍然说老子"不知所终"，钱穆等人推测这是由于司马迁只注意了今本的外、杂篇而忽略了内篇，故不知老子的终老过程。但据考证，内篇早于外、杂篇，很难相信博学严谨的司马迁只看到后面的而忽略了前面的。

《庄子·内篇》中有关于老子之所终的记述。

"老聃死，秦失吊之，三号而出。弟子曰：'非夫子之友邪？'曰：'然'。'然则吊焉若此，可乎？'曰：'然。始也吾以为其人也，而今非也。向吾入而吊焉，有老者哭之，如哭其子；少者哭之，如哭其母。彼其所以会之，必有不蕲言而言，不蕲哭而哭者。是遁天倍情，忘其所受，古者谓之遁天之刑。适来，夫子时也；适去，夫子顺也。安时而处顺，哀乐不能入也，古者谓是帝之县解。'"（《养生主》）

以司马迁的博学，这一故事不可能注意不到，而司马迁并未采信，仍然说老子"不知所终"，这说明司马迁对《庄子》的寓言性质是十分清楚地，对老子的记述应当是以其他典籍为依据，而对《庄子》采取"当信者采纳之，不当信者弃之"的态度对待。可证司马迁不可能仅仅依据《庄子》考证庄子生平。

（7）关于"⑦论证《庄子》和《史记》中（"孔子向老子问道"的）老子，实为《论语》中荷蓧丈人，又论证荷蓧丈人为老莱子（晚于孔子百余年）。"此论更为荒唐。乃断章取义、强行以"耘"训"莱"、无中生有。《论语》中孔子根本未见到"隐者"而硬说是见到了"老莱子"。《庄子·外物》中确有一则寓言说到孔子见老莱子，但却和《论语》中荷蓧丈人的描述没有任何关联，且庄子所讲的只是孤证的寓言——其他典籍均未提及。

如果真如钱穆所论证的，《论语》中的荷蓧丈人为老莱子，但历史上老莱子晚于孔子百余年，则《论语》不是尽讲瞎话了？本来我们很相信《论语》，可经过钱穆的论证，《论语》中说的事儿都不是真事儿，如此我们只能不相信《论语》了。钱穆真是搬起石头砸了自己的脚。

钱穆的考证，多形象思维，也较多附会臆断。一方面认为《史记》本《庄子》但《庄子》多寓言因而否认《史记》记载的真实性，另一方面却引《庄子·寓言》来证明老子与杨朱同时代[①]（意在说明老子晚于庄子）。一方面因《庄子》的寓言性而否定《史记》（八杆子打不着的事儿），另一方面又援引《庄子》中的寓言来为自己的观点论证，《庄子》到底是可信呢还是不可信呢？大概钱穆自己都糊涂了，

[①] 钱穆. 庄老通辨[M]. 北京：生活·读书·新知三联书店，2005：14.

与自己的观点有利就让《庄子》为真,与自己的观点不利就说《庄子》讲的都是瞎话。这不正是《庄子》中所批评的"同于己为是之,异于己为非之。"吗?

钱穆又引《庄子·外物》证孔子问道于老子,实为孔子遇老莱子,还举出《论语·微子》进行"佐证":

"子路遇丈人,以杖荷蓧。子路问曰:子见夫子乎?丈人曰:孰为夫子?植其杖而芸。芸是除草义,莱亦是除草义,可见老莱子即是荷蓧丈人,只说是一个在田除草的老人,那老人的名字,当时可并不曾记下。"[①]

以芸训莱,即断定荷蓧丈人即老莱子,也未免太牵强了些,所以这一看似从权威的《论语》中得来的"佐证"实在是臆造的佐证。况且他对《论语·微子》的征引,是摘引但又未注明,原文为:

"子路从而后,遇丈人,以杖荷蓧。子路问曰:'子见夫子乎?'丈人曰:'四体不勤,五谷不分,孰为夫子?'植其杖而芸。子路拱而立。止子路宿,杀鸡为黍而食之。见其二子焉。明日,子路行以告。子曰:'隐者也。'使子路反见之。至,则行矣。子路曰:'不仕无义。长幼之节,不可废也;君臣之义,如之何其废之?欲洁其身,而乱大伦。君子之仕也,行其义也。道之不行,已知之矣。'"

据此,孔子根本未见到荷蓧丈人,何来孔子见老莱子之说?此处钱穆未免有断章取义之嫌。

《庄子·外物》中的孔子见老莱子:

"老莱子之弟子出薪,遇仲尼,反以告,曰:'有人于彼,修上而趋下,末偻而后耳,视若营四海,不知其谁氏之子。'老莱子曰:'是丘也,召而来。'仲尼至。曰:'丘,去汝躬矜与汝容知,斯为君子矣。'仲尼揖而退,蹙然改容而问曰:'业可得进乎?'老莱子曰:'夫不忍一世之伤,而骜万世之患。抑固窭邪?亡其略弗及邪?惠以欢为骜,终始之丑,中民之行进焉耳!相引以名,相结以隐。与其誉尧而非桀,不如两忘而闭其所誉。反无非伤也,动无非邪也,圣人踌躇以兴事,以每成功。奈何哉,其载焉终矜尔!'"

这段纯属寓言,且其情节与孔子向老子问道无任何相关性。

作为一代宗师,不择手段,信口雌黄,实在下作——节操碎了一地。

(8)钱穆说司马迁在《老子韩非列传》中所引《庄子》的几篇文章,皆不在内篇之中,因此推断司马迁只看到了外篇、杂篇而未看到内篇。至于司马迁所举《庄子》中《渔父》《盗跖》《胠箧》,以及《畏累虚》《亢桑子》等篇,皆不在内篇之中,也不能作为司马迁未看到《庄子》内篇的证明。早有学者论证,

---

[①] 钱穆. 庄老通辨[M]. 北京:生活·读书·新知三联书店,2005:15.

根据司马迁上下文之意，司马迁意在举例说明《庄子》中多"以诋訾孔子之徒"，内篇中的文章，并未明显诋訾孔子，故没有列举内篇中的文章。且所举《渔父》《盗跖》《胠箧》三篇，确实是《庄子》中批判孔子最严厉的三篇。而宋代苏轼为了证明庄子实际是尊孔的，也认为这三篇意在诋毁孔子，故将这三篇排除在庄子文章之外。

（9）钱穆只相信内篇，并认为内篇完全真实，反而完全忽略了《庄子》的寓言性（内篇中也有虚构的寓言），这正与钱穆自己以《庄子》寓言性证伪"孔子问道于老子"的逻辑相矛盾。

钱穆先生论证《庄子》中关于孔子的记述、老子的记述以及孔子与老子交往、评论的记述基本上都是没有事实根据的臆造（内、外、杂篇中都有），唯独认为内篇中关于老子之所终的记述是真实的[①]。这同样是毫无根据的臆断，完全凭自己的想象来安排古人，想让《庄子》中的寓言为真就说是真的，想让它为假借之说就说是假的，于学术论证毫无严肃严谨可言。

（10）《论语·宪问第十四》："或曰：'以德报怨，何如？'子曰：'何以报德？以直报怨，以德报德。'"《老子》六十三章："大小多少，报怨以德。"《老子》七十九章："和大怨，必有馀怨；报怨以德，安可以为善？"众所周知，《论语》是由孔子的弟子及再传弟子编写，成书于战国初期。这里，从文字学、修辞学上考察，可看出"以德报怨"的论题是在孔子之前就有的，《老子》中"报怨以德"的提法更古朴，《论语》中引用了《老子》中的文句。而《庄子》是战国中晚期作品，至西汉才大致成形。将《老子》列在《庄子》之后，可能没有注意《论语》中的这一条佐证。

（11）钱穆之流的谬误在于，只要是对自己有用的，无论是"寓言"还是"重言"一律采信；而对不利于自己论点的，一律视而不见。这是典型的"设定靶子，广为求证"。钱穆等人的论证方法，正可谓是"欲证其伪，何患无辞"。大名如钱穆者流，尚采用此等拙劣的论证方法，不亦悲夫？这是现代哲学和现代哲学家的悲哀，要在其不懂科学思维和逻辑思维，因此让人们更加清楚了文理双修的重要性。

本文无意论证《老》《庄》先后问题的孰是孰非，也无意去批评老、庄孰优孰劣，其实老、庄都是极其伟大的人，本篇所论主要是对钱穆先生等人的论证方法产生怀疑。证实、证伪都是非常繁杂的事，必须用理性的方法，不可偏执一隅；若没有确证，不妨信古，尤其是古代的信史。关于《庄子》"寓言十九"的问题，

[①] 崔大华. 庄学研究[M]. 北京：人民出版社，2005：391.

其实"寓言"并非全为杜撰,《庄子》中很多事例可以得到先秦其他典籍的印证,可以认为是真实的,因为要相信先秦的诸子为了取信于人,他们的研究应该是比较严谨的,并且由于他们"去古未远"更易得到确证;《庄子》中不能得到先秦其他典籍印证的,本身就为孤证,再加上"寓言"性质,因此可以权且认为它是杜撰的。要之,不要以自己的臆断,妄自怀疑他人。

钱穆先生已于 1990 年 8 月仙逝于台北,钱先生是考证大师,若钱先生健在的话,本文的论点肯定会被驳得体无完肤。现在拿钱先生的考证说事,想来比堂·吉诃德对着风车发起冲锋还要可笑,作古之人只能表示沉默,反而更显现出我等的不厚道。但笔者生性好辩,"我爱我师,我更爱真理",希望以此短文,就教于钱穆先生的后学。

二、摆脱人生的困境

(一)人生之"茫"

人生如入米诺斯迷宫,生来迷茫,不仅难以找到出路,而且还会有时刻遭遇米诺斯疯牛攻击的危险。

人生是"迷茫"的。"人之生也,固若是芒乎?其我独芒,而人亦有不芒者乎?"(《庄子·齐物论》)而人生之茫的表现和悲哀就是,"一受其成形,不亡以待尽,与物相刃相靡,其行尽如驰,而莫之能止,不亦悲乎!终身役役,而不见其成功,苶然疲役,而不知其所归,可不哀邪!人谓之不死,奚益?其形化,其心与之然,可不谓大哀乎?"(《庄子·齐物论》)或者受外物牵累,不知人生意义,如同行尸走肉,忙忙碌碌,毫无价值,向着死亡的目的地迅跑而不自觉悟,这些难道不是很悲哀的吗?!

庄子就曾借孔子之口言人生险恶,"凡人心险于山川,难于知无。天犹有春秋冬夏旦暮之期,人者厚貌深情。故有貌愿而益,有长若不肖,有顺懁而达,有坚而缦,有缓而釬。故其就义若渴者,其去义若热。"(《庄子·列御寇》)他提出的判别方法就是,"故君子远使之而观其忠,近使之而观其敬,烦使之而观其能,卒然问焉而观其知,急与之期而观其信,委之以财而观其仁,告之以危而观其节,醉之以酒而观其则,杂之以处而观其色。九征至,不肖人得矣。"(《庄子·列御寇》)但这也不能完全解决人生之茫的问题,更有甚者,人生还要经受"外内之刑"。

（二）人生所受"外内之刑"及"人道之患"与"阴阳之患"

两千多年前的庄子就已指出，人生会受到"外内之刑"的戕害（《庄子·列御寇》）。这"外内之刑"就如同米诺斯迷宫中的疯牛。"外内之刑"，又可称为"人道之患"和"阴阳之患"（《庄子·人间世》）。

前者指樊然淆乱的世界造成的种种不堪，使人无所适从。到处尔虞我诈，陷阱比比皆是，战乱频仍，民不聊生。人人都在相互暗算，且"天下皆羿"，暗算别人可谓技艺娴熟，"游于羿之彀中，中央者，中地也，然而不中者，命也"（《庄子·德充符》），"方今之时，仅免刑焉"（《庄子·人间世》），处此环境，要想不触动刑网也难。但天下人往往"福轻乎羽，莫之知载；祸重乎地，莫之知避"，因此庄子的感叹是，"凤兮凤兮，何如德之衰也！来世不可待，往世不可追也。天下有道，圣人成焉。天下无道，圣人生焉"（《庄子·人间世》）。拯救这个世界太难了，不如设法躲开"外刑"。

后者指人的内心迷茫和是非之争。"古之人，其知有所至矣。恶乎至？有以为未始有物者，至矣尽矣，不可以加矣。其次以为有物矣，而未始有封也。其次以为有封也焉，而未始有是非也。是非之彰也，道之所以亏也。道之所以亏，爱之所以成"（《庄子·齐物论》）。有了是非之争，整个世界就乱了，人们的内心也乱了。人们习惯"以是其所非，而非其所是"，因此扰乱了人心，造成种种烦恼。

"自三代以下者，天下莫不以物易其性矣。"以物易性，就是内刑，物者，外物也。"小人则以身殉利，士则以身殉名，大夫则以身殉家，圣人则以身殉天下。故此数子者，事业不同，名声异号，其于伤性以身为殉一也。臧与穀二人，相与牧羊而俱亡其羊，问臧奚事，则挟筴读书，问穀奚事，则博塞以游。二人者，事业不同，其于亡羊均也。伯夷死名于首阳之下，盗跖死利于东陵之上。二人者，所死不同，其于残生伤性均也。奚必伯夷之是，而盗跖之非乎？天下尽殉也。彼其所殉，仁义也，则俗谓之君子。其所殉，货财也，则俗谓之小人。其殉一也，则有君子焉，有小人焉。若其残生损性，则盗跖亦伯夷已，又恶取君子小人于其间哉！"（《庄子·骈拇》）他们都是"伤性，以身为殉"的人。

受到"外内之刑"就有祸患。"为外刑者，金与木也；为内刑者，动与过也。宵人之离外刑者，金木讯之；离内刑者，阴阳食之。"触及外刑是被外物所伤，触及内刑是内心的扰动和不能持守中庸；外刑的惩戒是铁链枷锁，内刑的惩戒是心神焦虑。"夫免乎外内之刑者，唯真人能之"（《庄子·列御寇》）。要想免除外内之刑，必须有真人真知，必须修道。

庄子认为，内刑比外刑更可怕。

（三）如何免除外刑

为避免外刑，庄子提出"游世"，即以游戏态度对待荒诞人生。因为这个樊然淆乱的世界是无可救药的，不得已只有游世。"我宁游戏污渎之中自快，无为有国者所羁，终身不仕，以快吾志焉"（司马迁《史记·老子韩非列传》）。避免外刑的目的就是不被外物所伤，其最高原则就是"缘督以为经"（《庄子·养生主》），遵从自然规律和社会规律以为常法，不去触碰那些足以伤身害性的人间滞碍，然后就能做到"无厚入有间""游刃有余"，或者说达到古人的境界，"猖狂妄为，蹈乎大方"，怎么做都不离于大道，用孔子的话讲就是"从心所欲不逾矩"。

庄子首先想到"无用"，"山木自寇也，膏火自煎也。桂可食，故伐之。漆可用，故割之。人皆知有用之用，而莫知无用之用也"（《庄子·人间世》）。因为有用就也会被人恶意利用，所以追求无用。所谓"无用"，指不被权势者所用，"伴君如伴虎"，不知哪天就被老虎吃掉了。权势者邪恶的秉持者，为权势者所用，就会时刻有危险，《庄子·人间世》中描述的三件人间最难的事都与君王有关，即颜回拟"乱国就之"去劝谏残暴的卫君、叶公子高受命出使传达君命、颜阖将傅卫灵公太子。除此之外，大量的人间荆棘，都会伤人，使人无处可逃。

山中之木"不材得终其天年"，即是无用而自保的体现。但无用并非永远有效，有时还会不免于祸，"主人之雁，以不材死"就是明证（《庄子·山木》）。朋友家的鹅，只是因为不会叫就被杀掉了（春秋战国时期有人主张杀隐士，因隐士对君主无用）。成材的树要被砍伐，不成材的鹅也要被宰杀，处世之难于此可见。因此庄子又提出"处乎材与不材之间"，进一步，则应"乘道德而浮游"，达到"无誉无訾，一龙一蛇，与时俱化，而无肯专为。一上一下，以和为量，浮游乎万物之祖。物物而不物于物，则胡可得而累邪！此神农、黄帝之法则也。若夫万物之情，人伦之传则不然，合则离，成则毁，廉则挫，尊则议，有为则亏，贤则谋，不肖则欺。胡可得而必乎哉！"（《庄子·山木》）实际上，这不仅能免于外刑，也能免于内刑了。

（四）如何免除内刑

避免内刑就是避免伤性，避免伤害人的淳朴自然的天性。庄子强调"同德"和"天放"。

避免内刑，涉及个人修养，这是庄子更关心的问题。

要"坐忘"，达到"堕肢体，黜聪明，离形去知，同于大通。此谓坐忘。""同则无好也，化则无常也"(《庄子·大宗师》)。

要"吾丧我"，"形如槁木，心如死灰"(《庄子·齐物论》)，要修炼到"外生死""吾犹守而告之，参日而后能外天下。已外天下矣，吾又守之，七日而后能外物。已外物矣，吾又守之，九日而后能外生。已外生矣，而后能朝彻，朝彻而后能见独，见独而后能无古今，无古今而后能入于不死不生。杀生者不死，生生者不生。为物无不将也，无不迎也，无不毁也，无不成也。其名为撄宁。撄宁也者，撄而后成者也"(《庄子·大宗师》)。

要经历严格的修炼过程，"一年而野，二年而从，三年而通，四年而物，五年而来，六年而鬼入，七年而天成，八年而不知死、不知生，九年而大妙"(《庄子·寓言》)。

"无知无欲，见素抱朴"，即可免于内刑，即是庄子所说的"真人"，"古之真人，不逆寡，不雄成，不谟士。若然者，过而弗悔，当而不自得也。若然者，登高不栗，入水不濡，入火不热。是知之能登假于道也若此。古之真人，其寝不梦，其觉无忧，其食不甘，其息深深。真人之息以踵，众人之息以喉。屈服者，其嗌言若哇。其嗜欲深者，其天机浅。""古之真人，不知说生，不知恶死。其出不䜣，其入不距。翛然而往，翛然而来而已矣。不忘其所始，不求其所终，受而喜之，忘而复之。是之谓不以心捐道，不以人助天。是之谓真人。若然者，其心志，其容寂，其颡頯。凄然似秋，暖然似春。喜怒通四时，与物有宜，而莫知其极。""古之真人，其状义而不朋，若不足而不承。与乎其觚而不坚也，张乎其虚而不华也，邴邴乎其似喜也，崔崔乎其不得已也，滀乎进我色也，与乎止我德也，厉乎其似世也，警乎其未可制也，连乎其似好闭也，悗乎忘其言也。以刑为体，以礼为翼，以知为时，以德为循。以刑为体者，绰乎其杀也。以礼为翼者，所以行于世也。以知为时者，不得已于事也。以德为循者，言其与有足者至于丘也，而人真以为勤行者也。故其好之也一，其弗好之也一。其一也一，其不一也一。其一，与天为徒；其不一，与人为徒。天与人不相胜也。是之谓真人"(《庄子·大宗师》)。

"其嗜欲深者，其天机浅。"可谓说出了真人和常人的根本区别。避免内刑的关键在于"寡欲"。"同乎无知，其德不离，同乎无欲，是谓素朴。素朴而民性得矣"(《庄子·马蹄》)。

真人是不知生死、不争是非、同于大通、天人合一的。真人是如此与众不同，故可称为"独有之人"，"出入六合，游乎九州，独往独来，是谓独有。独有之人，是谓至贵"(《庄子·在宥》)。为什么？因为他能"物物而不物于物"(《庄子·山木》)，因此，他能作"逍遥游"，"出入六合，游乎九州，独往独来"。"夫有土者，

有大物也。有大物者，不可以物物，而不物故能物物。明乎物物者之非物也，岂独治天下百姓而已哉？"（《庄子·在宥》）

三、《庄子》中几处歧义句的解析

研究庄子，首先要回到庄子的时代去解读庄子，而不是以现代人的思维去看待庄子，论说其合理或不合理；第二要设法把庄子著作中的真实含义挖掘出来，因为古今不同，语言也发生了很大的变化，同一个字、同一个词意义可能迥然不同，或许还有一字多义的情况，但也不能妄测；第三，要把庄子虽未明说但意指的东西解读出来，而又不失原意。有些东西庄子不便说的太直接，有些东西在庄子的时代与他叙述的语境是相关联的，不说也明白，但现在却模糊了；第四，注意由于"天下沉浊""不可与庄语"，所以庄子著作中多用"寓言""重言""卮言"，因而庄子著作具有"谬悠之说，荒唐之言，无端崖之辞"的特点。

（一）关于"以明"

语出《庄子·齐物论》：

夫言非吹也，言者有言。其所言者特未定也，果有言邪？其未尝有言邪？其以为异于鷇音，亦有辩乎，其无辩乎？道恶乎隐而有真伪？言恶乎隐而有是非？道恶乎往而不存？言恶乎存而不可？道隐于小成，言隐于荣华。故有儒墨之是非，以是其所非，而非其所是。欲是其所非而非其所是，则莫若以明。

风吹万窍出于自然是天籁。言论与风吹窍不同，言论出于成见乃是是非无定的。说话的人各有所说的内容（偏见）然而他们所说的又没有特定的是非标准。他们果真说了什么，还是未尝说过什么？他们认为自己的言谈不同于雏鸟的鸣叫，是真的有区别呢，还是没有区别？道本无真伪，大道是如何被隐匿（隐晦不明）就有了真伪呢？（道的名相是至言，是不可分析、本无是非的，）言论（至言）是如何被隐匿（隐晦不明）而有了是非呢？大道无所不在，为何消失不见、去而不存呢（以成心剖判大道则大道隐）？言论（至言）无所不可，为何存在而又不被认可（解释不了、解释不清）呢（以成心分割真理（至言）则"言而不可"）？大道被偏见（或释"小成"为小小的成就，就是偏执之成）所隐蔽，言论（至言）被浮夸不实之词所掩盖。所以就有了儒家和墨家的是非之辩，他们各以对方所否定的为是，以对方所肯定的为非。如果要肯定对方所否定的，否定对方所肯定的，则不如摒除各种伪饰，用虚静之心（本然的明净之心）去观照事物，明于大道，求得真情。（张默生云："使以此明彼，以彼明此，则必恍然于以往各自的障壁，而此障壁也就不解而自解了。"）

前人对上文中"以明"二字多语焉不详，不得要领，余思之再三，方知其中奥妙。"以明"之"明"，与上述"隐"相对为文。因为有了各种各样的"隐"，道乃有真伪，言乃有是非；道乃往而不存，言乃存而不可；道乃隐于小成（偏执之成或偏见），言乃隐于荣华（浮华不实），这些都是因为有"成心"，因此要破除"隐"，以"明"代"隐"。如何做到"以明"？就是要抛却"成心"，打破对"道"的隐匿，使"道"往而存，"言"存而可，因此也就不会有是非。质言之，"以明"即指摒除各种伪饰，使符合自然大道的真情彰显出来。物论多隐，隐则不明；世人皆隐，我独以明。

庄子在紧接着的下一段落中又有一次谈到"以明"：

物无非彼，物无非是。自彼则不见，自知则知之。故曰：彼出于是，是亦因彼。彼是方生之说也。虽然，方生方死，方死方生，方可方不可，方不可方可。因是因非，因非因是。是以圣人不由，而照之于天，亦因是也。是亦彼也，彼亦是也。彼亦一是非，此亦一是非。果且有彼是乎哉，果且无彼是乎哉？彼是莫得其偶，谓之道枢。枢始得其环中，以应无穷。是亦一无穷，非亦一无穷。故曰：莫若以明。

以我观物，则物皆为彼；以物自观，则物皆为此。从彼方观察此方则不见此方的是处，自此方而自视，则自知其全是。所以说，彼方由此方产生，此方也因彼方而存在。此与彼事物对立的两方面是相互依存、相互依赖的（是与非也是相对待而存在的）。（陆永品、朴松华：不过是惠施方生方死之说罢了。按：恐不确，与下文无太多关联，再者，庄子此处是赞同"方生方死"的。）虽然这样，从一方面说是生（成立），从另一方面说就是死（不成立），从一方面说是可（成立），从另一方面说就是不可（不成立）（张默生）。（纪琴："一物产生的同时也是另一物的死亡，一物死亡的同时也是另一物的产生。"）可以这样做的同时就不能那样做，可以那样做的同时就不能这样做。（刚认为是时，非即产生；刚认为非时，是即产生。）（陆永品、朴松华：方生即死，方死即生。）肯定此的同时也就否定了彼，肯定彼的同时也就否定了此，是非彼此是相互依存产生的。（邵汉明："有因而认为是就有因而认为非，有因而认为非就有因而认为是。"）因此圣人并不采用这样的方法去辨别是非，而是用自然天道去鉴别事物的本然，也就是因顺自然发展。此也即彼，彼也即此（是）。彼有彼的是非，此有此的是非。果真有是非彼此的存在吗？果真没有是非彼此的存在吗？若使彼此两方面不分彼此，合二为一，超脱了彼此是非，就是掌握了大道的枢纽，就好像进入到了门轴的环中，抓住了事物的要害，就能应对无穷的变化。按照有是非的观点来论是非，"是"有许多种，各种"是"的种类是无穷的；"非"有许多种，各种"非"的种类也是无穷的，这就永远扯不清了。因此，不如抛却是非，破除隐蔽大道的迷障，以本然的明净之心去观照事物的实情。

同一篇中后文第三次谈到"以明"：

是故滑疑之耀，圣人之所图也。为是不用而寓诸庸，此之谓以明。

因此迷惑世人的炫耀，是圣人所摈弃的。（张默生：释"滑移之耀"为"葆光"，正圣人之所企图也。）（陆永品：不明之明，正是圣人所崇尚的。）（按：图，除去，是也。圣人无所追求，只有舍弃。"得道"的基本要求或者说精髓，就是静虚，就是舍弃，就是忘却，而一切的祈求和崇尚都是与"道"背道而驰的。因此，将"滑疑之耀"释为圣人的追求是不正确的。）圣人不夸说是非以炫耀，而寄寓于平庸的道理，因任自然，顺物（人）而已，这就叫摈除成心，了无是非，摒除各种伪饰隐藏，从事物的本然观照事物，而求得真实的理解。

这后两处文字谈到的"以明"之"明"，实则也都是与"隐"相对的。

（二）关于"妙道之行"

语出《庄子·齐物论》：

瞿鹊子问乎长梧子曰："吾闻诸夫子，圣人不从事于务，不就利，不违害，不喜求，不缘道，无谓有谓，有谓无谓，而游乎尘垢之外。夫子以为孟浪之言，而我以为妙道之行也。吾子以为奚若？"

孔子的学生瞿鹊子问长梧子说："我从孔子那里听说，有些人认为，圣人不做俗事，不贪利，不避害，无求于世，不拘泥于道不践迹行道，不言如同有言，有言如同无言，超然游于物外。以上这些话，孔子认为都是不切实际之言，而我却认为那圣人的所作所为，都是雕虫小技、很容易的事啊。先生你以为如何呢？"

关于"妙道之行"，诸家解释混乱，皆不得要领。大多解释为，圣人的言论是大道的表现，是道的精妙体现，是可以实行的妙道。然而这样的解读会产生许多矛盾。其实，"妙道之行"的解读，应与上下文相统一。下文长梧子的长篇议论，基本都是对瞿鹊子的批评和对大道的赞美，因此瞿鹊子的"妙道之行"之论，不应是对大道的简单赞美，否则长梧子的批评就无从谈起。长梧子批评瞿鹊子"且汝亦大早计"，就是批评他考虑得太多且太早或太简单、因想象得太简单而操之过急，批评他"见卵而求时夜，见弹而求鸮炙"，更是批评他见风就是雨、不切实际、看不到过程的漫长和艰难。基于此，"妙道之行"可解读为"这些事情是太容易做到的啊！"

"妙道"，杂耍之途，小儿科。或许，长梧子以为，孔子认识到和讲的那些，不得要领，并未能描述道的本质，不仅孔子未说清楚，黄帝听了也会迷惑，而你瞿鹊子以为听明白了，其实是你把问题简单化了。

长梧子曰："是黄帝之所听荧也，而丘也何足以知之。且女亦大早计，见卵而求时夜，见弹而求鸮炙。予尝为女妄言之，女以妄听之。奚旁日月，挟宇宙，为其吻合，置其滑涽，以隶相尊。众人役役，圣人愚芚。参万岁而一成纯，万物尽然而以是相蕴。予恶乎知说生之非惑邪？予恶乎知恶死之非弱丧而不知归者邪？"	长梧子说："大道深刻至真，只有真正得道的人才能懂得，上述那些话连黄帝听了也会迷惑的，孔丘怎么会懂得呢？而你，若认为大道是'妙道之行'，很容易做到，那你也太操之过急了。看见鸡蛋就马上要得到报晓的公鸡，看见弹丸就马上要得到烤熟的鸮（xiāo）鸟肉。我姑且给你随便说说，你也就随便听听，那圣人是依傍日月，怀抱宇宙，与万物浑然一体，置是非争辩于不顾，任其混乱错暗，视卑者为尊贵。众人用心用智劳劳碌碌，圣人则安于愚钝无事无为，糅合古今而成其淳朴。万物皆如此，且因此蕴积于浑朴而精纯的状态。我怎么知道贪生不是困惑呢？我怎么知道怕死不像小时候流落在外而长大后不知回家的人呢？"

另外，《庄子·渔父》中也曾提到"妙道"："可与往者，与之至于妙道；不可与往者，不知其道。慎勿与之，身乃无咎。"此处的"妙道"所指，当与《齐物论》中不同。其实，《庄子》中相同的词语在不同的地方寓意不同甚至差别很大，这也是常事，主要应看上下文及语境。

（三）关于"为善无近名，为恶无近刑"

语出《庄子·养生主》：

吾生也有涯，而知也无涯，以有涯随无涯，殆已！已而为知者，殆而已矣！为善无近名，为恶无近刑。	一个人的生命是有限的，而知识却是无限的，以有限的生命去追逐无限的知识，一定会身心俱疲。知道了这一点，身心俱疲了还要去汲汲追求知识，那就更加危险了。不去做会留下名声的好事，不去做会触犯刑律的坏事。

不同的人对"为善无近名，为恶无近刑"有不同的解释，陆永品、朴永华："做了好事却不贪图名声，做了坏事却不至于受到刑戮。"；纪琴："做善事但不贪图名声，做恶事但不触犯刑律。"；邵汉明："做善事不免有追逐名利的心思，做恶事不免有遭受刑戮之害。"；养性之人不可以为善，因为善即近乎招名，即俗语所谓"善门难开，善门难闭"。自身便不得安闲，是违反养生之理的。养生之人亦不可为恶，因为恶即易受刑戮，更不足以保全生命。

"为善无近名，为恶无近刑"此两句注家分歧较多，且皆不得要领，于庄子思想的完整性似为不通。譬如，有的讲，为小善可但不可为大善，因为大善近名，为小恶可但不可为大恶，因大恶近刑；有的解释庄子的养生是善恶皆不为，一切顺应自然，无为任化。如张默生解释此两句当为倒装句，"无为善近名，无为恶近刑"。余赞成倒装之说，但认为庄子不会鼓励纵容做小恶，也不会一味反对做善事。若鼓励纵容做小恶，则为人处世不厚道；若一味反对做善事，则与孟子攻击杨朱的"拔一毛利天下而不为"几同。因此，庄子的本意似可理解为："无为—近名—善，无为—近刑—恶"，意思是，不做可能招致名声的善事，也不做可能触犯刑律的恶事。这里的"不做可能招致名声的善事"并不是反对人们做善事，有些善事可以不带来名声，只要不去刻意为善就行了，盖因名声足为养生之累，重点不是为善与否，而是不要招名；"不做可能触犯刑律的恶事"并不等于鼓励人们去做小恶，做恶事总是不好的，但人处世上，食五谷杂粮（庄子是反对隐迹山林埋名隐姓的隐士的），孰能无过？若处处谨小慎微、胆战心惊，则不逍遥，于养生无益，所以"为恶"恐难免，但切记不可肆意妄为、触犯刑律，盖因身受刑戮更为养生之害，重点也不是为恶与否，而是不要招刑。人间世嚣然淆乱，善恶难免，且何为善何为恶尚无一定标准，因此只能用世俗的标准来界定，就是不近名、不近刑，这样才会无逆于世，才可保身、全生、养亲、尽年。换句话说，只要不近名、不近刑，小善小恶难免，它们也是无碍于养生的。

（四）关于"可以养亲"

语出《庄子·养生主》：

缘督以为经，可以保身，可以全生，可以养亲，可以尽年。

遵循自然的中正之路，并以此为原则，因顺自然之道以为常法，这就可以保全身体，不辱身以伤命，颐养心志与物同化，享尽天年。

"可以养亲"四字，各注家多释为供养亲人，唯张默生提出此"亲"字可兼指生身父母与大自然的大父母而言（"不惟可以体养亲志，将其遗体全受全归"）。余以为诸家解"亲"为父母皆不妥。夫庄生言道不言亲，对儒家的仁孝嗤之以鼻，再说此篇养生主，更与奉养父母无涉，因此，此"亲"字当别有所解。亲者，新也，心也。庄子历来主张养形、养神兼备。虽说"天下有大戒二"：孝顺父母；忠于君主、忠于国家，虽然这不是庄子喜欢做的，但他也无可奈何地去做。其实庄子还有许多的"不得已"，而他的做法是"顺物自然"、修身养性，达到精神的绝对自由（参见前文"世界观 人生观 价值观"中"人生观"之"2. 人生即便超脱，也有不得已之事")。庄子有时把精神灵府称之为"亲",此处当取此意,即庄生一贯坚持的"形""神"具养、"视其后者而鞭之"之意。故,"养亲"者,颐养心志也。

(五)关于"始也吾以为其人也,而今非也"

语出《庄子·养生主》:

老聃死,秦失吊之,三号而出,弟子曰:"非夫子之友邪?"曰:"然。""然则吊焉若此,可乎?"曰:"然。始也吾以为其人也,而今非也。向吾入而吊焉,有老者哭之,如哭其子,少者哭之,如哭其母。彼其所以会之,必有不蕲言而言,不蕲哭而哭者,是遁天倍情,忘其所受,古者谓之遁天之刑。适来,夫子时也;适去,夫子顺也。安时而处顺,哀乐不能入也。古者谓是帝之县解。

老聃死了,秦失去吊唁,大哭了几声后就出来了。老聃的弟子问:"你不是我们老师的朋友吗?"秦失说:"是的。"弟子又问:"像您这样吊唁朋友,行吗?"秦失说:"行。我开始与老聃交往时,以为他和普通人一样,后来才知道他是得道的天人,所以并不以普通人之礼吊唁他。刚才我进去吊唁老聃时,看到有老人哭他就像是在哭儿子,有年轻人哭他就像是在哭父母,哭得非常伤心。他们会合到此,肯定有老聃不期望听到的赞扬之言,也肯定有老聃不期望听到的哭声,因为这种过多赞誉和感伤过甚,乃至由欣生恶死之心,这是违反天道、悖于情实,违背自然实情的,是忘掉了人所秉受的自然性分。古人称这为违背自然的刑罚(逃遁天理,趋于自刑)。老聃生,是应时而生;老聃死,是顺从自然规律离去。生命的出现是'时',生命的消亡是'顺'。满足于(安)生命的存在(时),平静对待(处)死亡(顺),则悲哀和欢乐都不能进入心中。古人把死亡称为自然的解脱,就像解除了倒悬之苦。"

关于"始也吾以为其人也,而今非也"一句,很多注者都认为是秦失对老聃的批评,是说以前认为老聃是懂得大道的,现在认识到老聃并未真正悟道。余以为这种解释是不正确的。庄子非常推崇老聃,称他为"古之博大真人哉"(《天下》),整部《庄子》中凡提到老聃的地方,都是褒扬的,很难想象唯有此处借秦失之口批评老聃,此其一也。其二,结合此段下文提到的"适来,夫子时也;适去,夫子顺也。安时而处顺,哀乐不能入也。"前面一句暗含着对老聃的赞扬,后面一句直接就是对老聃的至高无上的评价。在同一番议论中,秦失不可能自相矛盾地刚刚批评完老聃,之后又马上称赞老聃。其三,秦失若认为老聃非得道之人,就应以普通人的礼节对待老聃,《大宗师》中谈到懂得大道的孟孙才"善处丧"时说,"孟孙氏特觉,人哭亦哭,是自其所以乃。"现在"三号而出",这不是对待普通人的礼节,不以普通人的礼节对待普通人,也是不通大道的表现。现在秦失不以常人之礼待老聃,可以反证老聃不是普通人而是得道之人。因此说,基于上述三点,前面的"其人也"当另有解。《庄子》中,很多地方都把"人"与"天"对举,此处的"人"也应是与"天"相对的,这样整句话就和诸注家解释的正好相反了:刚开始交往时,认为老聃是没有得道的普通人,现在知道老聃是得道之人,因此不以常人之礼待之。

四、言者风波也——听到别人背后议论自己怎么办

经常遇到别人在背后议论自己,被自己知道了,该怎么办?面对这种情况,一定要冷静对待。

(一)"言非吹也"

首先解释"吹"的含义。庄子所说的"吹",是风吹万物使万物产生声音,就是使天(自然)、地和人造的乐器等产生应对反应的外界作用,这些声音(应对反应)是天然的、没有成心的,这种外界作用也是自然的、没有成心的。有各种各样的"吹",也有各种各样的"声音",这就是"吹万","吹万不同"。"吹万"产生的各种各样的声音都是自然的、真实的、毫无偏见的;而人的语言则不同,语言是人发出的声音,是人为的,多带有成见和私心。因此语言大多数是不真实的,所以说"言非吹也"(《庄子·齐物论》),所以要"听话听音,锣鼓听声",不要被别人的说辞所误导。

(二)"言者风波也"

庄子讲,"夫言者风波也,行者实丧也。风波易以动,实丧易以危。故忿设无由,巧言偏辞"(《庄子·人间世》)。意思是说,语言飘忽不定,容易引起风波;对自然界有所干扰(行,行为)则必会丧失实情本真(庄子主张无为)。风波(语言)容易产生是非,丧失本真容易取辱并使自己处于危险境地。所以,愤怒的发作是由巧言偏辞而造成的。

庄子说得很明白了,语言是麻烦制造者,因此对待语言一定要慎重。自己说话要慎重,听别人说话也要慎重,听别人的传言(风言风语、转述的别人在背后的议论等)尤其要慎重。

(三)传言多"溢","凡溢之类妄,妄则其信之也莫"

庄子说,"言必或传之,夫传两喜两怒之言,天下之难者也。夫两喜必多溢美

之言，两怒必多溢恶之言。凡溢之类妄，妄则其信之也莫，莫则传言者殃"（《庄子·人间世》）。意思是说，人类借助语言传达信息，本身就会受成心和私心的影响而变得不真实，从而引起风波，更难的是，传达令双方喜欢高兴或令双方恼怒烦心的语言。因为传达这样的语言的时候，必然会添油加醋，好的说得更好，坏的说得更坏，这就使传达的语言更加不真实。这些更加不真实的语言，就是荒诞的。荒诞的语言，其可信度就很低（传达失实语言的人也会遭殃）。

人是要说话的，也要传达语言，怎么办？庄子接着又说，"传其常情，无传其溢言，则几乎全"。意思是，传达真实之言，不要传达过分的言辞，那样差不多就可以保全自己了。

因此要少信传言，因为传言多谣言。当然不要制造谣言，也不要去传播谣言，制造谣言和传播谣言都会遭殃的，害人害己，何苦呢？

当今不乏造谣的，不乏信谣的，也不乏传谣的。因此要睁大眼睛，"借我借我一双慧眼吧，让我把这纷扰看得清清楚楚、明明白白、真真切切。"如何才能拥有一双慧眼呢？唯有不断地学习、总结和思考。

庄子又说，"无迁令，无劝成，过度益也。迁令劝成殆事，美成在久，恶成不及改，可不慎与！"要真实，不要虚假，即使为了达到所谓高尚的目的而去弄虚作假，也会坏事。将事情办好并保持长久绝非易事，但将事情办糟非常容易且悔之莫及，因此要慎重啊！

（四）哪个人前不说人，哪个人后无人说

爱说话，爱议论人，说话时难免有成心和私心，这都是人类不可避免的局限。所以，对于外界的传言不要太在意，非但如此，对于别人当面直接的诟病甚或恶意的攻击，也不要锱铢必较，以眼还眼以牙还牙。毕竟还是和为贵啊。

传言很难保证真实，传言多"溢"。这是人类的通病和劣根性，尽量避免吧，更不要把这种缺点发展成沾沾自喜的顽疾，不要有意害人。

（五）宽容最重要

中国传统文化道德讲究忠恕，即诚实和宽容。前几年人们提倡感恩和宽容，其中宽容对人的心态尤为重要。宽容才能豁达，豁达才能有好的心态，有好的心态才能持久。不仅对别人背后的议论要宽容，对待别人的不同观点、不同意见、不同思想、不同行为方式等都要宽容，这样才能达到和谐，和谐了自己，也和谐了社会，何乐而不为呢？

五、生命的觉悟

朋友问及何谓第一人间奢侈品"生命的觉悟"。在我看来,《庄子》中就有答案。

看透人生并能正确应对以及按自然规律办事,就达到了生命的觉悟。生命的觉悟有三个标志,即打通生死观,一切顺其自然,达到天人合一。既然是奢侈品,难以常理理解,就需要用心去体味。

(一)打通生死观,"以死生为一条"(《庄子·德充符》)

生是短暂的、偶然的,死是恒久的、必然的,生和死都是非常自然的,无需大惊小怪。生和死都是自然运行的一环,像昼夜更替一样平常,因此不必悦生恶死。

庄子又非常重视生命,提倡养生,要求自然地过好每一天,不戕害生命也不刻意增益它。

"指穷于为薪,火传也,不知其尽也"(《庄子·养生主》)。薪火相传,生命在大的层面没有穷尽,更无需悲观。

(二)一切顺其自然

"知其不可奈何而安之若命,德之至也"(《庄子·人间世》)"知其不可奈何而安之若命,唯有德者能之"(《庄子·德充符》)。

顺应自然,安顺自然,"安时而处顺,哀乐不能入也"(《庄子·养生主》《庄子·大宗师》),"行小变而不失其大常也,喜怒哀乐不入于胸次"(《庄子·田子方》)。

自然而然,不去怨天尤人。这一点与孔子"知其不可为而为之"的人生态度有很大区别,不可为而硬要为之,似乎是不通命,即未达到生命的觉悟。或许孔子的"人不知而不愠不亦悦乎"与"安之若命"倒有几分接近。

(三)天人合一,"独与天地精神往来而不敖倪于万物"

明了大道,掌握大道,看透外物,看透自己的内心,看透一切,理解别人,理解外物,拥有很多知识而不拘泥,俯视人间天地而又无丝毫傲慢之情。这也是达到生命的觉悟的显著特征。

做到"独与天地精神往来而不敖倪于万物"(《庄子·天下》)。

于丹教授曾谈到过"生命的觉悟"(《于丹〈庄子〉心得·境界有大小》)。于丹讲，达到生命的觉悟的人，"是能为自己的心做主的人"，这是"真正的英雄"，"觉悟，……就是'看见我的心'"，"只有看见自己的心，才是觉悟"。于丹还说，"觉是一个瞬间，悟是一个过程。把所有觉的瞬间，与长长的一生的悟结合起来，你所达到的就是终于看见我的心。这是人生的大觉悟。"听了于丹的一再解释，人们还是不明白，怎样才是"看见我的心"？是不违心吗？"看见我的心"有各种解释和层次，都是"生命的觉悟"吗？显然不能这样说。再就是，按于丹的说法，人要终其一生，不断将觉和悟结合，才能达到"大觉悟"。也就是说，人在生命结束之前不能达到"大觉悟"，"大觉悟"了，生命就结束了。那"大觉悟"还有意义吗？（或许应该理解为，觉是一个过程，悟是一个瞬间，当然悟是在积累的基础上产生的。）由此看来，于丹教授并未说明什么是"生命的觉悟"，或许，于丹教授根本未弄懂任何的"觉悟"。其实，生命的觉悟就是大觉悟，看透了人生并依自然规律办事，就达到了生命的觉悟。

六、再谈生命的觉悟——活得明白——庄子论真人真知

前面谈过"生命的觉悟"要点有三：打通生死观，不必悦生恶死；顺应自然，安顺自然；天人合一，与时俱化。这里从另一种角度谈"生命的觉悟"，就是明白生命过程、要活得明白，《庄子》中讲就是要有"真人真知"。

什么是活得明白？庄子在《养生主》中从反面讲了什么是活得不明白，"吾生也有涯，而知也无涯，以有涯随无涯，殆已！已而为知者，殆而已矣！"生命是有限的而知识是无限的，如果一个人"以有涯随无涯"是非常危险的，"殆已"；如果他"已而为知"，那就是自寻死路，也就到了最危险的时候，"殆而已矣"。这就是糊涂，糊涂透顶了！什么是不糊涂，什么是明白？《养生主》中没有说，到《大宗师》中才作了最精到的说明，人要知道天之所为的边界在哪儿，要知道人之所为的极限在哪儿，要知道如何去认知这个世界，知道了这些，就算活明白了，活到了一个高的境界——"至矣"。

《庄子》中对真人真知，最集中、最精炼、最具代表性的论述出现在《大宗师》篇中的第一部分：

①"知天之所为，知人之所为者，至矣。

②知天之所为者，天而生也。知人之所为者，以其知之所知，以养其知之所不知。终其天年而不中道夭者，是知之盛也。

③虽然，有患。夫知有所待而后当，其所待者特未定也。庸讵知吾所谓天之非人乎？所谓人之非天乎？

④且有真人而后有真知。何谓真人？

⑤古之真人，不逆寡，不雄成，不谟（mó）（或谋）士。若然者，过而弗悔，当而不自得也。若然者，登高不栗，入水不濡，入火不热。是知之能登假于道也若此。

⑥古之真人，其寝不梦，其觉无忧，其食不甘，其息深深。真人之息以踵，众人之息以喉。屈服者，其嗌言若哇。其嗜欲深者，其天机浅。

⑦古之真人，不知说生，不知恶死。其出不䜣（xīn），其入不距（拒）。翛然而往，翛然而来而已矣。不忘其所始，不求其所终，受而喜之，忘而复之。

（故圣人之用兵也，亡国而不失人心；利泽施于万物，不为爱人。故乐通物，非圣人也。有亲，非仁也；天时，非贤也；利害不通，非君子也；行名失己，非士也；亡身不真，非役人也。若狐不偕、务光、伯夷、叔齐、纪他、申徒狄，是役人之役，适人之适，而不自适其适者也。）

⑧古之真人，其状义而不朋，若不足而不承。与乎其觚而不坚也，张乎其虚而不华也，邴邴乎其似喜也，崔崔乎其不得已也，濡乎进我色也，与乎止我德也，厉乎其似世也，謷乎其未可制也，连乎其似好闭也，悗（mèn）乎忘其言也。

⑨若然者，其心志，其容寂，其颡頯（kuí）。凄然似秋，暖然似春。喜怒通四时，与物有宜，而莫知其极。

（以刑为体，以礼为翼，以知为时，以德为循。以刑为体者，绰乎其杀也。以礼为翼者，所以行于世也。以知为时者，不得已于事也。以德为循者，言其与有足者至于丘也，而人真以为勤行者也。）

⑩故其好之也一，其弗好之也一。其一也一，其不一也一。其一，与天为徒；其不一，与人为徒。天与人不相胜也。是之谓真人。是之谓不以心捐道，不以人助天。是之谓真人。"

这一部分可分为12个自然段10部分，其中第⑦部分括号中的内容，闻一多先生力主为衍文，第⑨部分括号中的内容陈鼓应先生考订为衍文。下面针对其余的10个段落分析，这部分实际上是围绕真人真知进行阐述。分为三大部分：①～③论述真人真知的最高境界；④～⑧描述真人情状；⑨～⑩再一次阐述真人真知的境界。

第一部分分为两层。第一层为①～②描述真人真知，这第一层又可分为两小部分，其中第①段提出真人真知的最高境界是"知天之所为，知人之所为者，至矣。"知道自然的运行与作用、认识人的能力与作为，这就是真人真知的最高境界，也就是生命的觉悟；第②段解释真人真知的最高境界，"知天之所为者，天而生也。知人之所为者，以其知之所知，以养其知之所不知。""天之所为"，就是万事万物乃自然天成，是有定数的，不以人的意志为转移，不要试图改变大自然的造化，这就是告诫人们要无为，不要妄为，要遵守自然界的法则，这就是知止，在大自然规律面前停止妄想妄为；"人之所为"，就是人所能达到的和人应该做的事情，这些事情应该是以个人的知见所认知的部分，去滋养个人的知见尚未认知的领域，这就是告诫人们不要虚度人生，要尽量认识这个世界，方法就是不断学习，温故而知新，不要停止，这就是戒满，这也是无不为，当然前提是无为。庄子还指出，"终其天年而不中道夭者，是知之盛也。"人若能够"知天之所为""知人之所为"而具有真人真知的最高境界，则能"缘督以为经"，乐天知命，最终能寿终正寝，这是人生最好的结果。也只有寿终正寝，才说明达到了真人真知的最高境界，是乃生命的觉悟，是乃最大的觉悟。（很多人将此句与"知人之所为"连起来解释，认为"知人之所为"就能"终其天年而不中道夭"，这也就是"知之盛也"。但实际上庄子在篇首讲过，"知天之所为，知人之所为者"，才是最高境界，只是"知人之所为"，怎能算是"知之盛"呢？）第二层为第③段，说明最高境界不易达到，原因就是"夫知有所待而后当，其所待者特未定也。"具备一定条件才能达到"知天知人"的"当"，即便有了这些条件，还会存在许多不确定因素，比如说，"庸讵知吾所谓天之非人乎？所谓人之非天乎？"我们甚至有时候并不知道哪些是天然的哪些是人为的，哪些是符合自然规律的哪些是不符合自然规律的，因此达到真人真知就难上加难了。

  第二部分分为两层。第一层为第④段，点明"且有真人而后有真知"，指出先有得道的高人，才能有高境界，那么什么是真人高人呢？第二层为⑤～⑧四段，分别阐述古之真人的四重境界。第⑤段为第一重境界，"不逆寡，不雄成，不谟士。"不恃众凌寡，不夸耀成功（不勉励于事功），不刻意有为，这就是虚怀任物，因任自然。这样的人，没有羁绊，可以逍遥，"若然者，过而弗悔，当而不自得也。若然者，登高不栗，入水不濡，入火不热。"任何外在事物都不能左右他，这是真人真知四重境界中最重要的一重，也唯有真人真知才能达到这一重，"是知之能登假于道也若此。"（言外之意，其他三重即便未达最高境界，也有可能实现。）第⑥段为第二重境界，清心寡欲，没有任何烦扰，"其寝不梦，其觉无忧，其食不甘，其息深深。"功夫达到了很高的境界，"真人之息以踵，众人之息以喉。"若达不到此一重境界，刻意为之，追求外物，则"屈服者，其嗌言若哇。其嗜欲深者，其天机浅。"第⑦段为第三重境界，等齐生死，打通生死关，视生死为一条，"不知说生，不知恶死。其出不䜣，其入不拒。翛然而往，翛然而来而已矣。不忘其所始，不求其所终，受而喜之，忘而复之。""出""来""始""受"都是"生"，对待生命的到来不喜悦、不庆幸、顺其自然，潇洒逍遥走一回，不忘记生命的本质，生命来了就愉快地接受它；"入""往""终""忘"都是"死"，对待生命的消亡不厌恶、不抗拒，潇洒自然视死如归，不去追究死后的天堂，生命结束就回归自然了。（另解，"出"为出仕，"入"为归隐；"来"同"出"，"往"同"入"；"始"为做事情的开始，"终"为做事情的结果。此解也通，但不如前解）第⑧段为第四重境界，真人无常形，不偏执，愚茫混沌，随顺万物，各得其所，此一境界归纳了真人十二状，"其状义而不朋，若不足而不承。与乎其觚而不坚也，张乎其虚而不华也，邴邴乎其似喜也，崔崔乎其不得已也，滀乎进我色也，与乎止我德也，厉乎其似世也，謷乎其未可制也，连乎其似好闭也，悗乎忘其言也。"总的意思是不一意孤行，无可无不可，"形莫若就，心莫若和。"（《人间世》）"乘道德而浮游""无誉无訾，一龙一蛇，与时俱化，而无肯专为。"（《山木》）

第三部分，⑨⑩两段，进一步阐述高人（真人真知）的境界——最高境界。第⑨段为真人的境界就是和谐，"其心志，其容寂，其颡頯。凄然似秋，暖然似春。喜怒通四时，与物有宜，而莫知其极"，与时俱化，与物相宜，乘物以游心。第⑩段为真人的世界观，"其好之也一，其弗好之也一。其一也一，其不一也一。其一，与天为徒；其不一，与人为徒。天与人不相胜也。是之谓真人。是之谓不以心捐道，不以人助天。是之谓真人。"齐物齐论，不争是非，知天道、知人为，达到天人合一。

很多学者将⑨⑩两段与真人第四重境界联系起来解读，认为这是第四重境界的描述，但笔者认为此两段乃总览真人之四重境界。

结论：真人真知，就是生命的觉悟。生命的觉悟有四层—虚怀任物顺其自然、清心寡欲、等同生死、天人合一。这与前此讨论的"生命的觉悟"恰恰吻合。

七、三谈生命的觉悟——安时而处顺

庄子在《大宗师》的开篇即讨论了真人真知，也就是达到了生命的觉悟的人应该具有什么样的境界。在同一篇后面的寓言中，庄子讲了子祀、子舆、子犁、子来四人因体道相同而结为朋友，子舆生癞病以后子祀去探望，二人之间展开了生命认知的对话。子舆说："且夫得者，时也；失者，顺也。安时而处顺，哀乐不能入也，此古之所谓悬解也[①]。而不能自解者，物有结之。且夫物不胜天久矣……"

"得者，时也；失者，顺也"。这里的"得"，既有"得失"之得的意思，更有"获得生命"之得的意思；"失"，既有"得失"之失的意思，更有"丧失生命"之失的意思；"时"，简单讲就是时机，就是适时，就是偶然之机；"顺"，就是顺着规律，就是自然而然，就是天命，就是常态的、必然的事件。得到了，那是应时而来，是偶然的；失去了，那是常态的、自然的、必然的、合乎道理的。

因此，要"安时而处顺"，就是说，享受偶然而得的生命（和所得），坦然自然地对待那常态的、必然到来的、又是非常合理正常的死亡（和所失）。按这样的思维对待生和死（以及所得和所失），就能够"哀乐不能入"；也就是说，外界的任何搅扰都不能影响到你，不单是"哀"可伤身，"乐"也可伤身，庄子认为七情六欲都是伤身害性的。不被外物影响，你就能够寿终正寝，从"道"的层面讲，这是生命过程最好的结局——怡然自得地回归自然。

人受七情六欲的影响，会受尽折磨和伤害，庄子认为这是自然之天给人们施加的枷锁，使人遭受倒悬之苦，就像基督教的"原罪"一样。如果能够"安时而处顺"了，也就能够"哀乐不能入"了，这就等于古代圣贤所说的，"古之所谓悬解"，解除了倒悬之苦，人们就能无处不逍遥了。

世俗之人，不能看透生死，不能了解"得者，时也；失者，顺也"，也就不可能"安时而处顺"，因此也就不能自我解脱，就会永远遭受倒悬之苦。解脱上天的枷锁和倒悬之苦，主要靠自己（《德充符》中庄子借兀者叔山无趾之口，批评孔子"天刑之，安可解？"可见，庄子认为别人是没有办法解除你的倒悬之苦的。）；"而不能自解者"，如果不能自我解脱，那只能是"物有结之"，被外物控制了，被外物所束缚捆绑了，那就麻烦了，因此庄子主张要"物物而不物于物"（《山木》），利用外物而不被外物所控制，才有可能解除倒悬之苦，才有可能达到生命的觉悟。子舆感叹说，"且夫物不胜天久矣……"，且人力不能胜天古来便是如此，此说法由来已久了，这是不可能更改的事实，谁也拗不过造物主，不要再做无谓的、可笑的、愚昧的、痛苦的对抗了，人只能认命，也就是要承认和遵循大自然的规律。

大自然的规律是不可抗拒的，你只能去顺应它。但顺应的方式有两种，一种是承认大自然的规律，主动地、乐观地、愉快地去顺应它，在清醒的状态下去顺应它；另一种是被动地、悲观地、痛苦地去顺应它，在陷入昏迷之后仍看不透、丢不下，搞得狼狈不堪，在不情不愿中无可奈何地被顺应。两相对照，还是修道

[①] 此数句曾在《养生主》篇末"老聃死，秦失吊之"寓言中出现。

的人洒脱、有福。

紧接着上一寓言，子舆生病以后，子来也生病了，这次子犁去看他，二人也有一次关于生命的讨论。子来说："夫大块载我以形，劳我以生，佚我以老，息我以死。故善吾生者，乃所以善吾死也。"① "大块"即大地、大自然，大自然赋予我形体和生命，使我生来劳碌，使我老来安逸，使我死后安息。所以，认为尽管劳累然而活着是好的，那就应该承认死后安息也应该是好的。（好好地活，坦然地死。）这也是对待生死的通透的认知，也是一种生命的觉悟。

八、七律·觉悟

生命觉悟死生透，
缘督为经逍遥游。
不求中流再击水，
粪土当今万户侯。
有道有为弗为，
无怨无悔无愧疚。
知者知足知不足，
笑古笑今笑春秋。

生命的觉悟为人生十大奢侈品（见本书前言脚注）之首，极不易得，须用很深的修养去参透。生命的觉悟，有几个要点：看透生死，视生死为一条；自然无为；达到天人合一。其中的"看透生死"最重要，没有这一条，就达不到自然无为和天人合一。

"缘督以为经"是庄子养生哲学的最高境界，一般解释为，遵循中正之道（中庸、与物相宜）并一贯坚持作为常法。说这也是处世的最高境界。

毛泽东主席当年有"到中流击水浪遏飞舟"的豪言，这是进取的态度。"狂者进取，狷者有所不为"。

九、生命的智慧

一个人，若有了"生命的觉悟"，则可进入以下状态：

---

① 此数句曾在《大宗师》本篇中论及真人真知后出现过。

（一）成为至德之人

至德之人拥有理想人格，庄子的理想人格是"三无"，即"至人无己，神人无功，圣人无名。"（《庄子·逍遥游》）忘却自己，与天地合一，得了道，就是最大的德。

至德之人，除了上述能够"知其不可奈何而安之若命"之外，还可以忘却忧乐，"心不忧乐，德之至也"（《庄子·刻意》），忧和乐都是伤身害性的，"至乐无乐，至誉无誉"（《庄子·至乐》），"得至美而游乎至乐，谓之至人"（《庄子·田子方》）。

"故曰：夫恬惔寂漠，虚无无为，此天地之平，而道德之质也。故曰：圣人休，休焉则平易矣。平易则恬惔矣。平易恬惔，则忧患不能入，邪气不能袭，故其德全而神不亏。故曰：圣人之生也天行，其死也物化。静而与阴同德，动而与阳同波。不为福先，不为祸始。感而后应，迫而后动，不得已而后起。去知与故，循天之理。故无天灾，无物累，无人非，无鬼责。其生若浮，其死若休。不思虑，不豫谋。光矣而不耀，信矣而不期。其寝不梦，其觉无忧。其神纯粹，其魂不罢。虚无恬惔，乃合天德。"（《庄子·刻意》）

（二）拥有人生智慧，不被外物困扰，不争是非

1. 拥有智慧。不被迷惑，不受欺骗，不乱方寸，不入歧途。

智慧的最大作用是不被物质世界和精神世界所迷惑，因而没有烦恼和困扰。最大的外物困扰是是非之争，而很多东西是无所谓是非的。达到生命的觉悟的人，不偏执，不迷惑，不该争的时候去争就是偏执，该糊涂的时候硬要去弄明白就是迷惑。

2. 拥有智慧的另一重要特征就是：承认和接受这个世界的不完美；承认和接受自我感觉到的种种遗憾或不随心；承认和接受这个世界的多样性，包括人的思想、观点、言论、行为方式等的多样性，避开事物的锋芒，不去触碰那些有可能伤身害性的事物，做到"缘督以为经""以无厚入有间""游刃有余"。

3. 拥有智慧的另一重要标志是：不与井蛙语海，不与夏虫语冰，不与曲士语道。"井鼃不可以语于海者，拘于虚也；夏虫不可以语于冰者，笃于时也；曲士不可以语于道者，束于教也"（《庄子·秋水》）。井底之蛙没有见过大海，你和它讲大海的道理是讲不通的；只在夏天存活的虫子，你和它讲冰冻的道理是讲不通的；不通常理的曲士，你和他谈论哲学大道是讲不通的。你的时空和他们的时空不处于同一维度，他们与你讲他们维度的事情是荒唐可笑的，你与他们讲你所处维度的事情也是荒唐可笑的。所以说，有时候争执是无谓的，是愚昧的。

虽有"小知不及大知,小年不及大年",但"朝菌不知晦朔,蟪蛄不知春秋",鲲鹏也好,蜩与学鸠也好,斥鷃也好,皆是"小大之辩"(以上三处皆引自《庄子·逍遥游》),本质上是没有意义的。"若物之外,若物之内,恶至而倪贵贱?恶至而倪小大?""默默乎河伯,女恶知贵贱之门,小大之家!"(《庄子·秋水》)以不辩止辩,就是最大的智慧。

4. 拥有智慧,就要懂得要"以鸟养养鸟"而不"以己养养鸟"(《庄子·至乐》《庄子·达生》)。说的是鲁侯得到一只珍贵的海鸟,供养在太庙里,每天奏仙乐给它听并供奉精美的食物和美酒,但这只海鸟根本不能享受,没几天就死掉了。这就是以人的爱好奉养鸟,对鸟来讲反而是灾难,应该以鸟的爱好奉养鸟,让鸟回归山林,自由飞翔、自由觅食虫豸。若不懂得这一点,坚持"以己养养鸟",则势必适得其反,把事情弄糟,这就是"成事不足败事有余",也就是"意有所至而爱有所亡"(《庄子·人间世》)。"以鸟养养鸟",就是因地制宜,因时制宜,因人制宜,就是具体问题具体分析,就是办事不拘泥,就是不教条,就是处事机动灵活,就是按客观规律办事。

5. 拥有智慧就要学会理解和宽容,对人对事不苛求。"先圣不一其能,不同其事"(《庄子·至乐》),古代的圣人不要求不同的事物有相同的功能,也不要求不同的人做成同样的事情。做事要把握时机("时"也是《易经》中的重要范畴),做人要灵活机智、不拘泥,做教育要因材施教。

6. 增进智慧的可靠方法是学习。"孔子行年六十而六十化",圣人如此,凡夫更要不断地学习。谁如果觉得自己可以不学习了、可以不改进了,那他基本上就没有任何发展的希望了,在精神层面他就等于死亡了。要善于学习,要敢于批判地学习,包括对一些大师和圣人,要勇于质疑。要乐于接受别人的质疑。这最后一点,是学习的最高境界,因为你可以从别人的质疑中得到新的知识或者反证自己的认知。乐于接受质疑,是一种学术修养,更是一种重要的人生智慧。

7. 通达万物,博学多识,但又不拘泥,不偏执,对人宽容,与世无争故莫能与之争。但对于现实世界的凡人,保持个性,保持童心,保持赤子之心,不刻意委曲求全等,也是保持心情舒畅的重要途径。

(三)进入精神自由之境域

身体的自由是重要的,精神的自由更加重要。达到了生命的觉悟,就得到了精神的自由,不被外物所累,追求心灵的安宁,"自事其心者,哀乐不易施乎前"(《庄子·人间世》)。

不被一切规则绑架，就能获得真正的自由。人们易于受官场的规则、世俗的规则、事物的规则等外在的规则绑架，成天忙忙碌碌，劳身伤性，效率低下，浪费大好时光，或一事无成，或事倍而功半。这里包括不被经济规则绑架，则能做事不拘缚于经济成本或经济收益。当然，这里的前提是，你必须具有一定的资本，必须保证基本的衣食无忧。由此看来，精神之自由，须有一定的物质条件作后盾；生命的觉悟，也需要物质条件作保障。毕竟研究哲学不是穷困潦倒时之所为。

    不被规则绑架，就能够避免因劳心费神而伤身害性。当然，有时候为了自己的非物质的兴趣和追求而"劳心费神"，或许不在被规则绑架之列，高雅的兴趣追求，不属外在的规则范畴。

    精神自由了，就可以进入高尚之境界，不以物喜，不以己悲，但行好事，莫问前程。

十、自然的复魅

    人类在过去所经历的农业文明和工业文明时代，都是以牺牲自然环境为代价去换取经济和社会的发展和繁荣，由此造成了生态环境不断恶化和人类生存危机。当代生态意识的觉醒，使人们更加深刻地认识到生态环境对人类生存和发展的深层意义。人们在呼唤人与大自然以及整个生态环境的和谐共生，呼唤生态文明建设。

    维持人类生命的最基本的物质是空气、阳光、食物和水，其他的都是奢侈品。正是人类的奢侈和贪婪，造成了人类日益临近灭顶之灾的边缘。如果人们再肆意对生态环境进行破坏，那么人类在地球生存的好日子已经不多了。当人们身处沙漠中时，就会明白水和食物比黄金和钻石更珍贵；当地震和海啸发生时，人们才会明白，无论多么豪华的别墅和公馆，在大自然的巨掌里都会成为一团泥巴；当人类把地球折腾得不适宜居住时，那时什么股票、房产，都将变得毫无意义。

    现代文明和科技的发展导致生态平衡失调，这对自然环境的破坏在一定程度上来讲是灾难性的，也是很难逆转的。能源科学和环境科学已经向人类发出了多次警告，霍金等顶级科学家也频频警告人类，而人们一直不重视，一些盲目乐观主义者甚至寄希望于单纯依靠科技发展来解决环境问题和能源问题，殊不知这都是与虎谋皮，一些人还在为灾难至今还未降临而沾沾自喜，但灾难一旦真的降临，将是致命的、无可挽回的，那时候人类则悔之晚矣。

    其实，庄子早在2300多年前就多次预言和警告人类，"其行尽如驰，而莫之能止，不亦悲乎！"（《齐物论》）人类对环境的破坏，也正像庄子说的，正在沿着死亡的道路迅跑而不能自已，或浑然不知，或眼睁睁地无能为力，甚或沾沾自喜，这是多么可悲啊！庄子并指出"恶成不及改，可不慎与！"（《人间世》）现在环境问题已非常紧急，甚至比国家之间的战争和利益争夺都要紧急得多，而人们尤其是那些政治家们却浑然不知！事急矣！事急矣！！事急矣！！！

"自然的复魅"是针对"自然的祛魅"而言的。所谓"魅"，就是在远古时代科技不发达之时，人们将自然现象视为"神灵的凭附"，主张"万物有灵"。远古的神话就与这种"魅"密切相关。随着科学技术的不断发展和进步，人们对自然现象有了更多的认识和了解，对其不再有神秘之感，这就是"自然的祛魅"。它主要是指，在工业文明中人们对科技理性过分迷信，误认为人类凭借科技理性就可以掌握自然的一切奥秘。20世纪后期，生态文明时代的到来使人们从人类中心主义的噩梦中醒来，使人们以更清醒的头脑和更锐利的眼光重新审视人与自然生态环境的深层关系，对人与自然生态环境的关系有了更深刻的认识，于是，人类又提出了"自然的复魅"的问题。所谓"自然的复魅"，并非指人类简单地回到远古落后的神话时代，而是对主客二分思维模式统治下迷信于人的理性能力无往而不胜的一种突破和超越。它主要针对科技时代工具理性对人的认识能力的过度夸张，对大自然的伟大神奇魅力的完全抹杀，从而主张一定程度上恢复大自然的神奇性、神圣性和潜在的审美性。所谓"大自然的神奇性"，就是指大自然对人类而言永远有一种神奇之感，科技的发展无法穷尽其所有的秘密。而所谓"大自然的神圣性"，则是指大自然是人类生命之源，地球是人类的母亲。因此，人类应该恢复对大自然的神圣敬意。而所谓"大自然潜在的审美性"，则是指大自然所特有的蓬勃的生命力、斑斓的色彩与对称比例，成为人类审美活动中极其重要的潜在条件，因此，我们必须给予充分重视。总体来说，生态文明一方面充分肯定科学技术的重要作用，另一方面又承认自然的伟大和神秘。所以，生态文明就包含着一个对于大自然的部分"复魅"问题。对于生态环境美学来说，就是要恢复自然的神圣性、部分神秘性和潜在的审美性。

人类最大的弱点就是善于遗忘！历史上的经验和教训被迅速遗忘了，现在的经验也会在将来被遗忘！

老子的法自然观念就是避免人类对自然的祛魅。对自然祛魅，可能对人类自身造成灾难性的后果。人类可能由于对自然的祛魅，导致人类生存的历史大大缩短，导致人类可能成为自然界非常短命的生物。大自然是活的有机体，无视自然将会遭到无情的报复。

十一、《于丹〈庄子〉心得》管窥管议

北京师范大学艺术与传媒学院的于丹教授，曾在中央电视台《百家讲坛》节目开讲，2006年"十一"黄金假日期间讲播《论语》心得，2007年春节（2007.2.18）期间讲播《庄子》心得，反响良好。后来于丹教授频频讲演，涉猎诸多门类。在北大百年讲堂举办的2012"中国昆曲名家年度雅集"上，于丹教授被听众轰下台，于丹教授在当时和事后都表现出了良好的风度，这也是难能可贵的事情。其实，于丹教授早在2006年11月即通过中华书局出版了《于丹〈论语〉心得》，于2007年2月通过中国民主法制出版社出版了《于丹〈庄子〉心得》。也就是说，《于丹〈论语〉心得》在《百家讲坛》播完不足一月即已出书，《于丹〈庄子〉心得》则是在《百家讲坛》开播的同时或之前即已出书。看来于丹教授确是快手，或者说于丹教授就是根据自己的书稿在《百家讲坛》讲授的。

《于丹〈论语〉心得》和《于丹〈庄子〉心得》出版后，质疑声鹊起，有人还专门出版了《孔子很生气》《庄子很生气》，对于丹教授的《论语》讲解和《庄子》讲解颇多微词。而我当时对于人们对于丹教授的苛求并不太以为然，我觉得一是可以争鸣，更重要的是，庄子及《庄子》具有"一人千面，千人千看"的特点，整体把握《庄子》几乎是不可能的事情，一个人只要比较好地解读了《庄子》的某个侧面，庄子当是很高兴的，根本不存在"庄子很生气"的问题。

前段稍闲，借来《于丹〈庄子〉心得》一读，却让我对于丹教授很失望。于丹教授解读《庄子》，大的方面本没有太大的问题，或者说在大的方面公说婆说、见仁见智，本没有定论；于丹教授的问题恰恰出在细节方面，往往使人不堪卒读，试分析其"心得之一：庄子和其人"中的可商榷部分（该书共十部分心得）。

该章分为庄子及《庄子》简介、庄子与利、庄子与名、庄子与生死四小节。

（1）"他曾经做过漆园小吏，相当于现在一个保管员"（p1）。"漆园小吏"是护林员或管理护林员的小头目，怎么能是保管员呢？于丹教授出语太随意了，这可是专著啊。

（2）"监河侯是当时专门管水利的一个小官，看河的，生活比他（指庄子）好一点"（p2）。不是"好一点"，是很富有，大方到可以一下子借给庄子三百金。

（3）"好啊，我马上要去采地收税金……"（p2）。不是"马上"，而应是秋后，若是"马上"，庄子就不会如此生气，也不会有后文"激西江之水救鲋鱼"的寓言。

（4）"发现在路上大车压出来的车辙里面，有一条小鲫鱼，在那儿跳呢"（p2）。

没有跳，小鲫鱼没有力气跳了。

（5）"小鲫鱼说：'我是东海的水官……'"（p2）。《庄子》原文"波臣"不是"水官"，应该是随波逐流的小鱼，若是水官，怎能失水被困呢？

（6）"我就要去吴越那个地方，引来西江的水救你"（p2）。原文为"我且南游吴越之王，激西江之水而迎子"，不是原有计划的"就要去"，而是为解决鲋鱼的问题特意去；不是庄子去引西江水，而是庄子去游说吴越之王，开渠引水，还不知道吴越之王能否被说动而为一条小鱼大动土木，也不知即便开渠引水，何年何月能将水引来。

（7）庄子衣衫褴褛见魏惠王，不承认自己是困顿（有志不得施展）而说是贫穷，后来又说"我现在是生不逢时，要想不困顿，怎么可能呢？"（p3）这里于丹教授是望文生义了。先是庄子不承认自己是困顿，后来又怎么说因生不逢时而困顿呢？解释不通。其实庄子是说，自己一无所待、没有烦恼所以不困顿，"知其不可奈何而安之若命"，心中没有任何困顿可言，但"当今"（庄子所处时代）确有很多不能实现自己抱负的遭受困顿之人，这都是昏君乱相造成的。

（8）"可见，庄子对于自己身处的环境是有清醒认识的。真正的仁人志士不怕生活上的贫困，怕的是精神上的潦倒"（p3）。于丹教授此话基本讲对了，庄子正是精神上永远不潦倒，因此他不可能说自己因生不逢时而困顿，这里于丹教授前后自相矛盾了。

（9）"庄子这个人好学深思，富有雄才大略，但是他不爱说"（p5）。在春秋战国时期，一字千金，老子五千言就被誉为洋洋洒洒，《庄子》十余万言，怎能说"不爱说"呢？庄子主张不要瞎说，要"卮言"，要"言无言"。论辞藻，庄（子）屈（原）并称，论文章，庄（子）孟（子）并称，庄周雄辩，数千年一人而已。

（10）楚庄王拟聘庄子为相，庄子对曰，"我听说楚国有一只神龟，死了都三千年了……"（p6）。此处于丹教授又望文生义了。庄子说的是，这只神龟，死时已经三千岁了，越老的乌龟越有灵气，因此用来占筮特别灵验、特别珍贵、特别受重视；如果仅仅是死了三千年，死时是幼龟，则毫无价值。

（11）"'宁其生而曳尾于涂中'，活在泥塘里也比死了好啊"（p7）。于丹教授完全误解了，庄子此处略同于"若为自由故，二者皆可抛"之意，重视生命和自由，轻视名利，怎能理解为"好死不如赖活着"呢？

（12）庄子将死，弟子欲厚葬，庄子说，"我死了以后，要'以天地为棺椁……'"（p8）。此处庄子说的不是"要"，而是说生命结束后，本来就是这样，死了以后丧葬本来已经这样丰厚了，为什么还要增益呢？

（13）"其实庄子从来就是一个不惧怕死亡的人。他不惧怕的方式就是'乐生'这两个字，也就是说，活得好比怕死要强得多"（p9）。尊重生命，又视死如归，或者说死亡也是很好地遵从自然大化规律，这是庄子生命观的两个方面，是统一的，不是对立的。于丹教授的解读，还是把生与死对立起来了。

（14）"活得好比怕死要强得多……这个观点与儒家的思想不谋而合"（p9）。正好相反，孔子不谈死亡，"未知生焉知死？"而庄子坦然面对死亡，很多地方大谈死亡，有时甚至认为死亡比活着好。

（15）于丹教授关于庄子生死观的理解是片面的（p9）。庄子认为，不必乐生忧死，认为死亡是自然大化中的一环，很自然很正常，甚至提出死了更加宁静，而活着是劳苦的旅程。

人们认为，在《百家讲坛》上讲演，是给大众提供"心灵鸡汤"，不必太严谨，起到普及和宣传的效果即可，但变成铅字印刷出来，即进入了学术领域，因此不能马虎，否则会扰乱学术论坛，也会误导后人（实际上现在极不负责任地误导后人的书籍太多），这或许是人们对名人于丹教授出书比较挑剔的原因之一。

《于丹〈庄子〉心得》，细节上确有许多舛误，对深入研究《庄子》的人来说，这些解读是不可忽视的，或者是有危害的。在《百家讲坛》上作为"心灵鸡汤"，面向大众，普及知识，吸引人即可达到宣传的目的，不必太拘泥，但发表出来，影响了小众，或者还要长期谬种流传，混淆视听，这恐怕也不好吧。

于丹教授的口才很好，出口成章，引经据典，抑扬顿挫，娓娓道来，很有感染力。但她的书，有些不敢恭维，一是题目和内容往往错位，或许她自己都不知道自己在这一章节中想说什么；二是同一题目下内容编排很混乱，很有点庄周东一榔头西一棒子的味道，但其味道显然不可与庄周同日而语；三是，最大的问题就是很不严谨，有着太多的疏忽。

十二、物质和意识的哲学思考

人们常讲，"运动是物质的存在形式""运动是物质的本质""没有不运动的物质""也没有非物质的运动"。前三句话没错，最后一句话值得商榷。什么是运动？若将运动定义为"物质的变化"，则"没有非物质的运动"等于没说；若将运动定义为"变化"，则"意识""思维"等也有变化。

有人讲物质两方面的属性是"能对我们产生作用""我们可以感受到它的存在"（祁景玉《材料科学与技术》），这是不周延的。

意识也能对我们产生作用，也能被感受到（"感受到"和"产生作用"其实是一回事，只有"被感受到"才能"起（产生）作用"，"被感受到"的标志就是对我们起了一定"作用"）。因此物质的定义应该是能被实实在在地直接探测（肉眼或仪器观测）到的客观实在。这里若只是"被反映"，还不能称为物质。意识、思维等都可以被感知，也是一种被反映，但这不算物质，因为它不能被直接探测到。电流是电子的流动，电子可以被探测到（尽管实际观测很困难），电流虽不能被直接探测（或观测到），但从理论上讲，电流终有一天会随着技术的发展而被直接探测显示出来，因此，电流是物质的。光子也能被直接探测到，光线也是物质的。

有人讲"物质存在的形态分为实物和场两种基本形态"，即是说，电场、磁场、引力场等"场"也是一种物质，这也值得商榷。"场"是客观存在的，客观存在的就一定是物质吗？"场"可以被探知和感知到，也能作用于我们客体，但"场"同样不能实实在在地被直接探测（肉眼或仪器观测）到，其实"场"与"意识""知觉""思维"的属性更接近，因为"意识""知觉""思维"不光能被感知，也能作用于我们客体，只不过这种"意识""知觉""思维"的"生物场"较之磁场、电场、引力场等的"物理场"要弱得多，这种"生物场"的作用方式不那么明显，有时非常复杂，不易被显示，但它确实存在，"心灵感应""心有灵犀""气功"等皆是其表现。我们也知道有人"气场"很大，可以控制周围人的情绪，催眠就是"气场"对易感受人群的强烈作用。如果说磁场、电场、引力场等的"场"是物质的，那么"意识""知觉""思维"的"生物场"也应该是物质的，那还有什么人类认识的东西可以称为是"非物质的"呢？只有物质而没有非物质，这在哲学上是悖论，是说不过去的。

我的结论是，电场、磁场、引力场等"场"不是物质，但它确实是客观存在。

接下来的推论就是，非物质的东西（如"场"）也可以是客观存在。那么，还可推论出，不但"精神""意识"和"思想"是客观存在，"灵魂"也是客观存在——灵魂是有的——这也是唯物主义。

无可否认，人是有"精神"的，"精神"就是"意识"和"思想"。"精神"的精华就是"灵魂"。我们常说"灵魂深处""团队灵魂""国之魂"等，其"灵魂"指的就是精神，就是思想，就是意识。前面分析"思想""意识"是一种"生物场"，是与电场、磁场、引力场等"物理场"本质一样的客观实在，那么"灵魂"就是存在的。

庄子讲"气聚则生，气散则死"，即是说"灵魂"客观存在但不永恒。就像其他物理场要依附于实体物质一样（电场依附电子流动，磁场依附电子、质子、中子等的自旋，引力场则依附于物体本身有质量），灵魂的"生物场"则依附于有机的生命体，生命结束了，"生物场"会离开肉体并逐渐消散。但尽管"生物场"远比"物理场"弱小，而其生命力却又比"物理场"强大，其消散速度比"物理场"慢得多，即离开生命有机体的"生物场"还可存在一段时间或存在相当长的时间，而"物理场"一旦离开其所依附的实体就完全消散了，这也许就是老子讲的"柔弱胜刚强""坚强者死之徒，柔弱者生之徒""强大处下，柔弱处上"的道理。某些人死了，立即被人遗忘，某些人离世了，会被人们回忆几千年，也有"心灵感应""托梦""附体"等现象存在，亲人之间较易受"生物场"的影响，"母子连心""双胞胎效应""默契"等皆是，这些多半不是虚妄的吧？

物质和意识是有密切联系的，意识是物质运动的高级形式。从这点来看，物质和意识不能截然分开。

上述推理，是否存在逻辑漏洞？请高手指点。

十三、庄子之"游"

提起庄子，人们首先想到的是旷达，《逍遥游》是《庄子》中最著名的篇章，而"游"在庄学中是极重要的范畴。

"逍遥游"一词，在《庄子》三十三篇中仅出现在《逍遥游》篇章的题目中，但丝毫不影响它在庄子哲学中的重要地位。"逍遥"一词，共出现六次（不算"逍遥游"一词中的"逍遥"），其中内七篇的《逍遥游》《大宗师》各一次，外篇的《天运》两次，《达生》一次，杂篇的《让王》一次。

"今子有大树，患其无用，何不树之于无何有之乡，广莫之野，彷徨乎无为其侧，逍遥乎寝卧其下。不夭斤斧，物无害者。无所可用，安所困苦哉！"（《逍遥游》）

这里的"逍遥"，是自由自在、无拘无束、不依赖任何事物、不被任何东西羁绊的意思。

"……彼方且与造物者为人，而游乎天地之一气。彼以生为附赘县疣，以死为决疣溃痈。夫若然者，又恶乎知死生先后之所在？假于异物，托于同体，忘其肝胆，遗其耳目，反覆终始，不知端倪。芒然彷徨乎尘垢之外，逍遥乎无为之业。彼又恶能愦愦然为世俗之礼，以观众人之耳目哉！"（《大宗师》）

此段中的"逍遥"，也是无拘无束地去做的意思，只有无拘无束了，才能符合"无为"的自然大道规律。

"古之至人，假道于仁，托宿于义，以游逍遥之墟，食于苟简之田，立于不贷之圃。逍遥，无为也；苟简，易养也；不贷，无出也。古者谓是采真之游。"（《天运》）

这里，庄子更是将"逍遥"与"无为"等同起来。也就是说，只有达到无为而符合自然大道的境界，才算是真正地逍遥。当然，做到了无为，也就能够达到无不为了。

"扁子曰：'子独不闻夫至人之自行邪？忘其肝胆，遗其耳目，芒然彷徨乎尘垢之外，逍遥乎无事之业，是谓为而不恃，长而不宰。'"（《达生》）

此处所说的"逍遥"，与上述《大宗师》中的"逍遥"完全一致。

"故天下大器也，而不以易生。此有道者之所以异乎俗者也。舜以天下让善卷，善卷曰：'余立于宇宙之中，冬日衣皮毛，夏日衣葛絺。春耕种，形足以劳动；秋收敛，身足以休食。日出而作，日入而息，逍遥于天地之间，而心意自得。吾何以天下为哉！悲夫，子之不知余也。'遂不受。"（《让王》）

此处的"逍遥于天地之间"，意为无拘无束、无所依凭、无所滞碍地在大自然天地之间自由行事，这是比治理天下更重要的事情，当然前提是符合自然大道。

"游"字作为具有独立意义的词，共出现111次（人名中不计在内），其中大多数具有哲学意义，试择其要者分析如下。

"逍遥游"（《逍遥游》），意为无所羁绊地随意而游，无心而游，漫无目的地游，此处的"游"，是无心地闲逛之意。

"吾师乎，吾师乎，齑万物而不为义，泽及万世而不为仁，长于上古而不为老，覆载天地刻雕众形而不为巧，此所游已。"（《大宗师》）

调和万物并不是有意行义，恩泽施予万代黎民并不是为了行仁慈，比上古还要久远在它看来并不算是多么久远，覆天载地雕刻万物使之各具独特的形状，这样的事情对它来讲根本算不上什么技巧。做这些事情，并不是刻意为之，只是无心插柳、玩儿着就完成了而已。

很多注者把此处的"游"解释为大道的作为，其实庄子要强调的是，这些在常人看来巨大的功绩，对大道来讲根本算不了什么，这样的解释与前面的几句是紧密呼应的。

"天根游于殷阳，至蓼水之上，适遭无名人而问焉，曰：'请问为天下？'无名人曰：'去，汝鄙人也，何问之不豫也！予方将与造物者为人，厌则又乘夫莽眇之鸟，以出六极之外，而游无何有之乡，以处圹埌之野，汝又何帠以治天下感予之心为？'又复问，无名人曰：'汝游心于淡，合气于漠，顺物自然而无容私焉，而天下治矣。'"（《应帝王》）

"天根游于殷阳"，天根不经意地在殷阳闲逛；"何问之不豫也"，问的多无聊啊!"而游无何有之乡",在空无一物的浩渺之境漫无目的地闲逛;"汝游心于淡",无拘无束不受羁绊地在淡漠之地畅游。

"云将东游,过扶摇之枝,而适遭鸿蒙,鸿蒙方将拊脾雀跃而游。云将见之,倘然止,贽然立,曰:'叟何人邪?叟何为此?'鸿蒙拊脾雀跃不辍,对云将曰:'游。'"(《在宥》)

"云将东游"之"游",是普通的旅行之意。"对云将曰:'游'"之"游",具有哲学意义,其意为漫无目的地随心游玩。因此当下文云将问及"天气不合,地气郁结,六气不调,四时不节。今我愿合六气之精,以育群生,为之奈何?"时,鸿蒙认为此问无聊而不愿回答,对曰:"吾弗知,吾弗知",翩然而去。

"上与造物者游,而下与外死生、无终始者为友。"(《天下》)

"造物者"即大自然或大道;"与造物者游",是说与大自然大道一起进退,就是做事不违背自然大道。此处"游"有交游、交往、跟随之意。这是庄子描述自身学派的宗旨和特征时说的。另外,上述《大宗师》中"彼方且与造物者为人"、《应帝王》中"天根游于殷阳"和"予方将与造物者为人",都是"与造物者游"之意,形容得道之人思维、行事均符合自然大道,不会考虑世俗之人的议论评说。

"人能虚己以游世,其孰能害之!"(《山木》)

"虚己"即忘却自我,也即"至人无己"之意,以忘却自我的境界在世间游走,就能做到一切符合大道,这样的人是没有任何东西可以伤害得了的。此处的"游",仍然是无心无意地去行动。"游世"一词,在整部《庄子》中仅出现一次,但研究者普遍认为,游世思想是庄子的重要哲学范畴,面对樊然淆乱的现实世界,庄子是以不得已的方式,提出游世的策略。

"以无厚入有间,恢恢乎其于游刃必有余地矣。"(《养生主》)

此即为"游刃有余"的出处。此处的"游刃",意为刀刃可以自由地运作,"游刃有余"是有条件的,按庄子的说法,就是要"以无厚入有间",或者说要"缘督以为经",说白了就是按自然规律办事,不去做违背自然大道的事情,这样行事就不会受到阻碍。实际上,做事既要符合自然规律,也要考虑具体情况,尤其是现实社会中复杂的人际关系,否则,即便不违背自然规律,也不可能达到"游刃有余",因此荀子批评庄子"蔽于天而不知人",是很有道理的。或许,也可以说,庄子的"缘督以为经"和按自然大道的规律做事,在广义上也包含了对现实社会复杂人际关系的考量,这样庄子的"游刃有余"就具有普遍意义了。

上述关于"逍遥"的段落中,"游乎天地之一气"(《大宗师》)之"游","以游逍遥之墟"之"游","采真之游"之"游"(《天运》),其意均为自由自在、无拘无束、无所依凭、无所滞碍。

认真领会庄子的"游",或许对我们的人生修为大有裨益。

十四、庄子《逍遥游》探讨

《逍遥游》是《庄子》内七篇的首篇,也是三十三篇的首篇,《逍遥游》在整部《庄子》中占有极其重要的地位。"逍遥"一词也是庄子旷达人生的最主要标志。《逍遥游》篇章,一般分为三部分,第一部分自篇首"北冥有鱼"到"至人无己,神人无功,圣人无名",主要讲关于鲲鹏逍遥等寓言以及对逍遥的讨论;第二部分自"尧让天下于许由"至"窅(yǎo)然丧其天下焉",主要是通过几个寓言故事分别注解庄子前面提到的理想人格之"至人无己""神人无功""圣人无名";第三部分从"惠子谓庄子曰"至篇末"安所困苦哉",主要通过庄子与惠施辩论的寓言说明"用大"和"无用之用"。

关于庄子的"逍遥",研究者一般具有两种稍有对立的理解,主要是针对庄子的"大知小知""大年小年""小大之辩"是讲齐物还是讲境界是有区别的,庄子中的大鹏能否用"有待""无待"来衡量,以及庄子是推崇和赞扬大鹏并以大鹏作为得道者自喻还是批评大鹏仍未达到"无待"而逍遥的境界等,有所争议。笔者在此试图对这几个问题进行分析,其内容主要涉及《逍遥游》第一部分。

1. 首段"北冥有鱼",讲了一个关于鲲鹏展翅九万里的完整的寓言故事。

"北冥有鱼,其名为鲲,鲲之大,不知其几千里也。化而为鸟,其名为鹏。鹏之背,不知其几千里也;怒而飞,其翼若垂天之云。是鸟也,海运则将徙于南冥。南冥者,天池也。"

这一向被认为是《庄子》中最著名的、最美的、最逍遥的、最旷达的寓言故事。

2. 自"齐谐者"至"不亦悲乎"几段,征引《齐谐》这一古书,是庄子"三言"中的"重言",除说明"北冥有鱼"的寓言有古籍出处外,更重要的是,又进一步通过"水之积也不厚……风之积也不厚",说明了"积厚"才能逍遥的道理。

"齐谐者,志怪者也。谐之言曰:'鹏之徙于南冥也,水击三千里,抟扶摇而上者九万里。去以六月息者也。'野马也,尘埃也,生物之以息相吹也。天之苍苍,其正色邪?其远而无所至极邪?其视下也,亦若是则已矣。"

"且夫水之积也不厚,则其负大舟也无力。覆杯水于坳堂之上,则芥为之舟,置杯焉则胶,水浅而舟大也。风之积也不厚,则其负大翼也无力。故九万里,则风斯在下矣,而后乃今培风;背负青天而莫之夭阏者,而后乃今将图南。"

《齐谐》中的寓言讲到"去以六月息者也",此句西晋向秀、郭象以及后来的唐成玄英疏"息"为休息,解"六月息"为一飞六个月才休息(说明耐力好),实际上犯了臆测的错误。此处的"息"实为风,六月海上风最大,大鹏只有乘着六月的大风,才能做九万里的高飞,这也是接下来要讲的"积厚"的道理。论述"积厚"时讲的"培风"是"冯风""乘风"之意,前面"北冥有鱼"寓言中"海运"也是"海动",海上大风之意,沿海渔民仍有"六月海动"之说,这都直接说明"六月息"为"六月大风"。另外,紧接"六月息"之后的"生物之以息相吹也"的"息"只能解释为"风"或"气息",这里说的是世上万物都是气息(和风)鼓动的,这也正是解"息"为"风"的最好证明。"积厚"一段,是对《齐谐》寓言上半部分的解释和发挥。

《齐谐》寓言下半部分所讲的"蜩与学鸠笑之"的故事,说明了"蜩与学鸠"和"大鹏"完全相反的两种境界,意在为后面的"小大之辩"作铺垫。

"蜩与学鸠笑之曰:'我决起而飞,抢榆枋,时则不至而控于地而已矣,奚以之九万里而南为?'"

"适莽苍者"一段,也是进一步说明两种境界并为后面的"小大之辩"作铺垫。

"适莽苍者,三飡而反,腹犹果然;适百里者,宿舂粮;适千里者,三月聚粮。之二虫又何知!小知不及大知,小年不及大年。奚以知其然也?朝菌不知晦朔,蟪蛄不知春秋,此小年也。楚之南有冥灵者,以五百岁为春,五百岁为秋;上古有大椿者,以八千岁为春,八千岁为秋,此大年也。而彭祖乃今以久特闻,众人匹之,不亦悲乎!"

"莽苍""百里""千里""三飡(cān)""宿舂(chōng)粮""三月聚粮"和后面的"朝菌……晦朔""蟪蛄……春秋""众人""冥灵……五百""大椿……八千""彭祖(八百)"都是否定"小"而肯定"大",论证"小知不及大知,小年不及大年",与后文的"小大之辩"是一回事儿。

"之二虫"在向秀、郭象注中指鹏蜩,解释"之二虫又何知"句,是庄子"齐物"之意,则大错了。根据上下文,这里"之二虫"明显指蜩鸠。《庄子》内七篇,各自主题明确,并无杂乱交叉,《逍遥游》主要讲逍遥,不应穿插齐物之内容。

或许,"蜩与学鸠笑之"及"朝菌""蟪蛄""众人""冥灵""大椿""彭祖"等论述都与《齐谐》有关,已不可考。

3. 自"汤之问棘也是已"至"彼且恶乎待哉"又是另一重"重言",征引的是《列子·汤问》(不一定是今本的《列子》),进一步论证开篇讲的鲲鹏寓言。

"汤之问棘也是已。穷发之北有冥海者，天池也。有鱼焉，其广数千里，未有知其修者，其名为鲲。有鸟焉，其名为鹏，背若太山，翼若垂天之云，抟扶摇羊角而上者九万里，绝云气，负青天，然后图南，且适南冥也。"

"斥鴳笑之曰：'彼且奚适也？我腾跃而上，不过数仞而下，翱翔蓬蒿之间，此亦飞之至也。而彼且奚适也？'此小大之辩也。"

这里批评"斥鴳"，是直接从"小大之辩"的角度进行的，与前面"小知不及大知，小年不及大年"同义。此处庄子"小大之辩"明确是讲大和小是有区别的，境界绝然不同，小的境界可笑，而大的境界令人崇敬和向往。向秀、郭象等以为"小大之辩"谓无小无大，各安其天性，此则大误，正与庄子之意相反。向秀、郭象等释"小大之辩"为"齐大小""均异趣"，与他们释"之二虫"为鹏蜩，鹏和蜩都不知大道的境界，是五十步笑百步，是相关、相承的，其实向秀、郭象犯了极低级的错误。

后面"故夫知效一官"一段，从人事的角度，论证"小大之辩"，更清楚地说明境界高低的差别。

"故夫知效一官，行比一乡，德合一君而征一国者，其自视也亦若此矣。而宋荣子犹然笑之。且举世而誉之而不加劝，举世而非之而不加沮，定乎内外之分，辩乎荣辱之境，斯已矣。彼其于世未数数然也，虽然，犹有未树也。夫列子御风而行，泠然善也，旬有五日而后反。彼于致福者，未数数然也。此虽免乎行，犹有所待者也。若夫乘天地之正，而御六气之辩，以游无穷者，彼且恶乎待哉！"

"知效一官，行比一乡，德合一君而征一国者""宋荣子""列子"等形象，与"乘天地之正，而御六气之辩，以游无穷者"，讲的正是"小大之辩"。但这里与前面不同的是，讲了"有待""无待"的问题。因为这里讨论的是人，是有思想、有精神的人，讲到了境界，所以就存在"有待"和"无待"的区别。而前面主要是从动物性上论述（"彭祖""众人"也只是从寿命长短方面讲），因此不涉及精神层面（蜩鸠、斥鴳的想法不能上升到精神层面），故未明确涉及"有待""无待"，因此不能说保证大鹏九万里高飞的"海运""六月息"是"有待"，只能意味着"积厚"。

万物都是相互依存的，自然界是一体的，因此万物（客观事物）不存在"有待""无待"。而人，在物质方面要与外界发生诸多联系，必然依存自然（不称为"有待"）；但在精神层面，却有"有待""无待"两种层次。只有"无待"才是大的境界，才是懂得了大道，才能达到"逍遥"的境界。

因此，"庄子不是以大鹏自喻""庄子也在批评大鹏有待"之类的说法，显然是错解了庄子。"其自视也亦若此矣"，"此"明确指代蜩鸠、斥鴳等囿于一隅而沾沾自喜者。由于此处庄子明确批评"知效""行比""德合"者，因此批评蜩鸠、斥鷃等也是毫无疑问的，故而不存在"齐小大""齐鹏蜩""批评大鹏有待"之说。

4. "故曰：至人无己，神人无功，圣人无名。"

这是总结，是庄子提出的理想人格，各家对于该句的解释基本无异议。但鲜有人指出，此句不仅与"乘天地之正，而御六气之辩，以游无穷者"有关，也与"大知小知""大年小年""小大之辩"有关。

最后值得指出的是，在"汤之问棘也是已"后面，闻一多先生力主增加的"汤问棘曰：'上下四方有极乎？'棘曰：'无极之外，复无极也'"二十一字，实在是多余的。理由为：①要增加的二十一字意在讨论认识的无限性，而《逍遥游》篇讨论的主题是逍遥，涉及"积厚""无待"，根本无需涉及认识的无限性；"汤之问棘"事涉及关于认识论无限性的讨论和鲲鹏逍遥九万里的寓言，庄子在这里只引用有关大鹏的寓言即可，完全没有必要将"汤之问棘"事全部引用，天才如闻一多先生者也有糊涂之时；②《逍遥游》中还讨论了与"积厚""大知"相联系的"小大之辩"，而增加的二十一字与"小大之辩"无关，故也无需引用；③这里庄子并未讨论极限问题（也未讨论齐物问题），只讨论逍遥及其引出的小大之辩，"大"才能逍遥；④《列子·汤问》中还有一些也与逍遥无关的其他辩题，闻一多不引，独引同样与逍遥无关的"极限"辩题，可能是闻一多先生对"极限"问题有特殊兴趣，或者说他认为《逍遥游》中应该涉及"极限"？况且，闻一多先生此处增加的二十一字，并不是《列子·汤问》中的原文，而是闻一多先生的提炼总结与整合，作为引文，这样处理有时会背离原意，或有断章取义之嫌；⑤《列子·汤问》中涉及"大""小"的寓言还有很多，如"海上五神山""龙伯之国有大人""东北极有人长九寸""江浦之间生么虫""吴楚之国有大木"等，因其与逍遥的关系不如鲲鹏与逍遥的关系密切，庄子未引，闻一多先生若想求全，为何不多增加一些这样的文字呢？另外，《逍遥游》中引"汤问棘"的大鹏、冥灵、大椿、朝菌，并未严格按《汤问》中的顺序引用。（遗憾的是，当代著名学者陈鼓应先生也持与闻一多先生同样的观点。）

十五、"吹万不同"的"人籁""地籁""天籁"及"言非吹也"

（一）关于"三籁"

《庄子·齐物论》开篇即提出了著名的"三籁"——"人籁""地籁""天籁"。

"籁"是古代的一种箫,也指从孔窍里发出的声音,泛指声音。"天籁",词典里的解释是,"指自然界的声音,如风声、鸟声、流水声等。""天籁之音""天籁之声""犹如天籁",则是指种种凝聚天地、日月精华的声音;后世称诗歌不饰雕琢,得自然之趣者为天籁,通俗用法为形容声音好听。天籁就是来自天堂的声音,形容声音十分悦耳动听。至于"人籁""地籁",在《现代汉语词典》中未有解释。

《庄子·齐物论》中的"人籁""地籁""天籁",则具有哲学意义。庄子借南郭子綦之口详细解释了地籁之后,颜成子游总结说,"地籁则众窍是已,人籁则比竹是已。",南郭子綦接着点明,天籁则是"夫吹万不同,而使其自已也。咸其自取,怒者其谁邪!"意思是说,地籁是自然界的大风小风吹过大地时,万物的孔窍(包括山谷、山林等)发出的各种声音,尽管不同的大风小风等外界条件会使万物孔窍发出不同的声音,但归根结底这种声音是万物孔窍的本性所决定的;人籁是人们吹奏竹子等制作的乐器(其中很多是带孔窍的)时所发出的各种声音,尽管各人的吹奏技巧会使乐器发出不同的乐声,但归根结底乐器的声音是由乐器本身的性质决定的;至于天籁,则是各种外界条件作用于自然万物所产生的各种反应,尽管不同的外界条件会使其产生不同的反应,但归根结底这种反应是由物质本性决定的。

这些外界的条件——大小强弱不同的各种风、人的演奏技巧、各种外界条件对自然万物的作用等,庄子统称为"吹",这些"吹"作用于各种乐器、大自然的各种孔窍、自然界的各种物质,就分别形成了人籁、地籁、天籁,这些人籁地籁天籁是各不相同的,所以称为"吹万不同",但这些"吹万"都是符合自然规律的,是有定数的,不随人的思想而变动(固然乐器演奏技巧的发挥受思想情绪影响,但只要以同样的技巧施于乐器,则音乐效果是相同的)。所以说,人籁、地籁、天籁是统一的,都是真实的,都是符合自然大道的。

(二)慎言慎听

庄子又指出,"言非吹也,……故有儒墨之是非,以是其所非而非其所是。欲是其所非而非其所是,则莫若以明。"意思是说,语言和"吹万"是不同的。"吹万"发出的声音虽然各不相同,但都是自然、真实、没有成见、没有人为、没有私心的;语言也有各式各样,但各式各样的语言则不一定是真实的,或基本上都是不真实的(因为绝大多数人有成心、成见和私心,只有符合自然大道的语言,即庄子所谓的"卮言",才是真实的),因此有了是非之争,有了虚假的、人为修饰的、有成见的、有私心的语言。庄子提出解决的办法是"莫若以明",也就是按自然规律办事,不弄虚作假,大家都打开天窗说亮话。但在现实社会中,这真的可能吗?

因此,人们对待语言,一定要慎重。自己说话要慎重,听别人说话也要慎重,听别人的传言(风言风语、转述的别人在背后的议论等)尤其要慎重。

古时有"三音"的定义,古琴之音为天籁,土埙之音为地籁,昆曲之音为人籁。又,清代诗人李渔在《闲情偶寄》中说,声音之道,丝不如竹,竹不如肉,为其渐近自然。吾谓饮食之道,脍不如肉,肉不如蔬,亦以其渐近自然也。丝者,弦乐也;竹者,管乐也;肉者,声乐也。

十六、在老庄哲学背景下和现实生活背景中应追求怎样的生活状态

老子和庄子的哲学思想首先是极其深刻的、极其博大的。俄国著名文豪列夫·托尔斯泰曾评价过孔子和老子,他认为孔子是伟人,老子是超伟人,司马迁《史记》中赞誉庄子"其学无所不窥"。尽管《老子》和《庄子》中都反复强调,要趋于"道"的境域,就要"绝圣去知"和"去知",但无可否认,老庄哲学最具深刻性,而深刻性要求道家要海纳百川、要包罗万象、要博大精深,同时其深刻性和博大性又是老庄哲学之伟大性的充要条件。学习老庄哲学,要有智慧,要博学,要深刻,要涉猎多种知识,只是"术业有专攻"是不够的。

老庄哲学是讲道德的(虽与我们常说的"道德"不完全一致)。《老子》又名《道德经》,专讲道德自不待言,《庄子》虽然十分重视维护生命和个人自由,但《庄子》全篇充满着大道层面的道德。

《庄子》中的理想人格是"至人无己,神人无功,圣人无名"。无己、无功、无名的"三无",说起来简单,做起来极难,特别是在当代的现实生活中,几乎就是绝对达不到的境界,只能作为一种理想的追求,或者作为一种理想的标杆。

那么,在现实生活中,我们能做到什么?我们应该追求怎样的生活状态?

我以为,"游刃有余"(《庄子·养生主》)、"从心所欲而不逾矩"(《论语·为政》),应该是比较理想的状态,但其实这两种状态也很难达到,若能与之接近或许就不错了。我觉得,耳顺之年的我,感觉基本达到了此种状态,或者说,正在接近此种状态,因此也得到了心灵的极大满足。

"游刃有余"和"从心所欲而不逾矩",并不一定是任何障碍和困难都排除了,

庖丁解牛还要凝神静气、游走于筋节之间呢，孔子更是有所不得已，有所知其不可奈何而为之，只不过是这样的障碍和困难已经不再对他们造成困惑和伤害，庄子的"为善无近名，为恶无近刑"（《庄子·养生主》）也许就是这种"不得已"的写照。善恶难免，不碰触社会或不被社会打扰是不可能的，只要不碍大局，或许就已达到了"游刃有余""从心所欲而不逾矩"的状态了。

要之，在老庄哲学的语境下和现实生活的背景中，所要追求和可以达到的状态是，在智慧、博学和道德的基础上，"游刃有余""从心所欲而不逾矩""猖狂妄为，蹈乎大方"。某些人看似很洒脱，过着小资生活，也基本看似"游刃有余"，但若没有智慧和博学，则其行事难免受局限，其言行也难免表现浅薄；而若没有道德约束，终不会长久。

十七、老庄之道和荀子之儒随想

道家的基本思想是"无为"。为什么要"无为"呢？因为"无为而无不为"，也就是说只有"无为"才能"无不为"，其他的办法都是有局限性的，都不能达到"无不为"。

"无为"是不做事吗？不做事如何能达到"无不为"？

"无为"并不是不做事，而是要以一定的方式做事——以"无为"的方式做事。什么才是道家的"无为"方式呢？其实很简单，就是"该干什么就干什么去"。该干什么呢？该干的就是不违背大自然的、不违背大道的、不违背大自然规律的一切事情，这样做，就是"无为"；这样做，才能够"无不为"。或者说，不做违背大自然规律的事情，只做不违背大自然规律的事情，做一切不违背大自然规律的事情，就是"无为"。其中，"不做违背大自然规律的事情"是"无为"的基本要求，"无为"到极致，应该是"做一切不违背大自然规律的事情"，有了这个极致，才可以谈"无不为"。

老子的"道"，其核心内容就是"无为之道"。庄子继承了老子"无为之道"的精华，又进一步发展了"无待"的思想，"无待"才能逍遥，而"逍遥"在庄子思想中占有十分重要的地位。能达到"无为""无待"而"逍遥"，这就是庄子的理想人格——至人、神人、圣人——至人无己、神人无功、圣人无名（《逍遥游》）。

庄子的哲学思想的核心，由"无为之道"升华为"齐物论"，他认为从"道"的层面讲，万事万物都是齐一的，都是没有差别的，非但如此，各种言论、各种观点也都是齐一的，也都是没有差别的，因此庄子要齐一万物、齐一是非。在"齐物""齐论"的基础上，各种有心去做的事情都是无益的，因此只能"无为"——不做违背大自然规律的事情（《齐物论》）。

庄子极其重视和尊重生命，他的"重视和尊重"不是要处心积虑地汲汲以求各种养生术，而只是要"缘督以为经"，恰恰这一点是极难做到的。"缘督以为经"也可以理解为"无为"，不去减损，也不去增益，不伤身害命，也不强求延年益寿。在不违背自然之道的前提下，庄子的养生理论还是很丰富很完善的，是有史以来最合理、最科学、最系统的养生理论，高明的养生家不能不看庄子（《养生主》等篇章）。

"无待""逍遥"之境，是庄子的理想和向往，庄子也深知这种化境是很难达到的，不仅仅是个人修养的问题，客观世界的无奈处处存在，人生在世，根本达不到真正的"无待"，因此也就不能绝对地"逍遥"。面对客观世界的不能逍遥，庄子又有一整套积极而非消极的对策，这在《人间世》中有集中阐述，其他篇章中也多有涉及。翻看《庄子》，竟然发现还有许多的"不得已"，"不得已"在整部《庄子》中出现的几率很高。伟大如庄子，竟有如此多的无奈，包括现实生活的种种以及思想言论等方方面面。虽然，庄子还是很潇洒、很快乐的，因为他承认这些"不得已"，他也能正确地处理这些"不得已"。庄子不将这些"不得已"看作羁绊，承认这些"不得已"的合理存在，"安之若命""乘物游心""顺物自然"，不滞于物、去我顺物、因任自然、因势利导。在庄子那里，真正做到了没有任何羁绊，庄子是绝对自由的。

庄子思想体系的重要组成部分还包括道德论（《德充符》等）、道论和修道之论及理想人格（《大宗师》等）、无为政治论（《应帝王》等）。

荀子（约前325－前238）略晚于庄子，他批评庄子"蔽于天而不知人"，可谓切中要害。荀子说庄子太注重天道而相对忽视了对人的研究，因此荀子特别重视对人的研究。与孟子（前372－前289，与庄子同时代）的"性善论"不同，荀子主张"性恶论"，认为人性本恶，需要后天的教育修养，这就是"化性起伪"，这里的"伪"就是教化修养。从客观世界的情形来看，"性恶论"似乎比"性善论"更加符合现实。

孔子以后，儒分为八，荀孟各占其一。我们一般称"孔孟之道"，认为孟子继承了孔子的衣钵，孟子由此被称为"亚圣"。其实，真正继承孔子衣钵的却是荀子，正如佛教在释迦牟尼之后分化为大乘（拓展佛祖思想）、小乘（固守佛祖思想）一样。然而，正是由于孟子拓展修正了孔子的学说，才使得儒家思想更适合封建时代社会发展的需要，也才有了汉代董仲舒"废黜百家独尊儒术"的资本和条件。

宋代的朱熹和明代的王阳明，分别发展了理学和心学，成为儒家思想发展过程中的另外两个里程碑，其实这也是对孔孟之道的拓展和修正，这在当时和随后的一段时间里，也分别受到了传统儒家思想人物的抨击和抵制。

荀子的思想，非常有智慧，荀子不仅仅是继承孔子，更是将孔子的智慧加以发扬光大。在转型时代的今天，我们不妨再多注意一下荀子的智慧，或许会受益无穷。

十八、《列子》与《庄子》何为伪书献疑

列子名御寇，又作圄寇、圉寇，战国时期人；庄子名周，与梁惠王[①]、齐宣王[②]同时，战国中期人。二人均为道家重要代表人物，现存有《列子》《庄子》，均为我国古代重要的哲学著作。《庄子》自不必说，历代被奉为哲学经典，称为三玄之一；《列子》在中国哲学著作中也举足轻重，屡被称引，毛泽东《愚公移山》就是援引《列子》中的寓言故事的著名例子。列子生卒年不可考，有人说列子生活于郑穆公[③]时代或郑繻公[④]时代，但争议颇大。庄子生卒年尽管扑朔迷离，但还是有人考证出了大概，如马叙伦先生的考证为，庄子生活年代为前369—约前286。无论如何，根据前人的考证分析，列子当在庄子之前。

《庄子》一书中称引列子有数十次之多，而《列子》一书中无一处涉及庄子，或可作为列子早于庄子的证据。

《庄子》作为道家经典著作的地位是无容置疑的，《列子》的地位则要打一个折扣。然而人们发现，《庄子》和《列子》两书相互重复的作品竟约占《列子》102个寓言故事的四分之一。因此就有了是《列子》援引《庄子》还是《庄子》援引《列子》的问题，引申为今本《列子》《庄子》哪一个是伪书的问题。

[①] 梁惠王，前400—前319，魏武侯之子，魏文侯之孙，公元前369年即位，在位50年。
[②] 齐宣王，约前350—前301，齐威王之子。在位年前320—前301。
[③] 郑穆公，前648—前606，前628—前606年间在位。关于列子与郑穆公同时的说法，见中华书局版《诸子集成·列子》所附《列子书录·序》，此说存在很大问题。列子为老子后学已成定论，老子据传诞生于公元前571年，逝世于公元前471年，因此说列子与郑穆公同时代，即是说列子生活在公元前606年以前，这是荒谬的。况且《列子·黄帝》篇中还记载了晏婴的故事，晏婴，生活年代为公元前578—公元前500。另外《列子·杨朱》中有杨朱的记载，而杨朱晚于老子百余年，据此列子至少应该在公元前471年之后（这个推论的前提是《列子》是信史而不是伪书，或者《列子》中讲的杨朱的故事是真实的），因此列子与郑繻公同时代的说法或许有一定根据。
[④] 郑繻（xū）公，在位年为前425—前396。

有人认为，从布局谋篇的角度看，《列子》要比《庄子》严谨的多，这颇值得商榷。大家知道，人们对《庄子》的文章推崇备至，以庄（周）屈（原）、庄（子）孟（子）并称，金圣叹更誉之为"六才子书之首"，独不见人们如此推崇《列子》的言论。还有人论及，"《庄子》摘录《列子》一书的可能性大，从而也可以从另一个角度证明《列子》一书在战国时期就已经成书，并非出自魏晋人之手"[1]，由此论证现本《列子》不是伪书。这或许犯了逻辑混乱的错误，要证明今本《列子》成书于战国时期或证明今本《列子》不是伪书，应当有考证和事实的依据，决不能先定一"可能"，再由此"可能"去"证明"，这样证得的结论，肯定是荒唐的。

典籍中较早记载列御寇及其《列子》一书的有先秦时期的《战国策》《吕氏春秋》《尸子》《韩非子》、东汉时期的《汉书·艺文志》（以《七略》为依据）[2]等。直接记载《列子》一书的是西汉成帝时刘向[3]的《别录·列子书录·序》，刘向的儿子刘歆完成的《七略》[4]中也有著录，据研究，刘向所校的《列子》不仅篇目与今本《列子》完全一致，而且所依版本亦确凿有据，因此若相信刘向所校，则今本《列子》就不应该是伪书。但有一点值得注意，刘向亲自撰写的《列子书录·序》中，有"列子者郑人也，与郑穆公同时"（郑穆公，前649—前606），这显然没有注意到《列子》一书中多处引征老子和杨朱的言论，老子晚于秦穆公（？—前621年)，杨朱又晚于老子百余年，这就说明，刘向在《别录》中至少对《列子书录》的考证是不严谨的或者是错误的，刘向竟然未注意到《列子》中引征杨朱言论说明《列子》一书至少成书于杨朱之后。如果像刘向所言，列子与郑穆公同时，则刘向见到的《列子》就不会是列子本人所写，或者说刘向所见《列子》是一部伪书，把一部伪书当成信史来辑录，是刘向的失误；如果刘向所见《列子》是信史，那么刘向说列子与郑穆公同时代则是非常荒谬的，这同样说明刘向对列子的考证是不可信的。迄今为止的考证认为列子晚于老子，则列子与郑穆公同时代的说法是错误的，而这一点并不能说明刘向所见《列子》的真伪，但可以说明刘向的考证并不是绝对可信的。

典籍中较早记载庄子的是先秦时期的《荀子》、西汉武帝时期司马迁的《史记》，再到后来就是《汉书·艺文志》（仍以《七略》为依据，与司马迁所论一致）。再到以后一直到魏晋之前（期间曾有"数十家"注《庄》者但都佚失），再也没有人注意过庄子及其思想。魏晋以来，人们（崔譔、向秀、司马彪、孟氏、李颐、郭

---

[1] 张长法注译. 列子[M]. 郑州：中州古籍出版社，2010：前言.
[2][3][4] 参见本书上篇之"空前绝后的庄子"之脚注.

象等家）开始关注庄子，西晋郭象的庄子注对后世影响最大且流传至今。

比较《列子》和《庄子》的流传过程，两书的确凿依据都是西汉末年的刘向、刘歆父子的著述，但《庄子》一书在西汉武帝时期的司马迁所著《史记》中曾有较明确的论述，且与刘向、刘歆父子的记述高度吻合，因此《庄子》一书确凿流传的上限也可上推至司马迁时代。司马迁论述了大致和今本相同的《庄子》（由52篇减缩为33篇），但未见《列子》的论述。百余年以后，刘向、刘歆时代出现了与今本《列子》相同的论述，此时刘向、刘歆父子仍未否认《庄子》其书，只是未能解释二书的重合之处，仅说《列子》一书"且多寓言，与庄周相类"，又根据上述，刘向对《列子》的考证并不绝对可靠，而对《庄子》的考证基本是可信的。刘向、刘歆父子晚于司马迁百余年，又陷于王莽篡汉的闹剧，是有"污点"的人，后人一般觉得司马迁比刘向、刘歆父子更可信。

有人根据《庄子·逍遥游》中关于"大鹏"的故事有三处与《列子》惊人的"相类"或"相似"，就武断地说"显然，这三段文字是庄子从《列子》一书中摘录过来的"[①]，这也是值得商榷的。古人无论各家，或有假托圣人贤人著书的，或有依据自己的需要随意推衍的，但一般不会抄袭，因为抄袭容易被人发现，被人发现后是非常耻辱的，甚至会进入万劫不复的境地，古人还是非常重视名誉的。先秦百家和史籍中未发现有抄袭现象（有部分引用），说列子抄《庄子》，或说庄子抄《列子》，都不合古人情理，且列子早于庄子或略早于庄子而与之有交集，列子即便想抄袭《庄子》在时间上也是绝无可能的，况且《庄子》中某些篇章（其中有与《列子》"相类"的寓言）被认为是庄子后学所为。

列子、庄子即都不会做文抄公，则今本《列子》《庄子》总有一本是伪书——后人的伪书、假托之书——后人人心不古，造假的很多。

司马迁大概未见过《列子》，否则他会写在《史记》里，按司马迁的博学，没看到过《列子》，或可说明司马迁时代《列子》本不存在，只是到了百多年后的刘向时代，有《列子》存世。按这种推论，或者可以说，今本《列子》是伪书（大概在司马迁至刘向的百年间出现），而不能因为刘向没有说《列子》是伪书，就认为《列子》为列子本人所作，毕竟刘向、刘歆的《七略》中也有看不准的书目罗列。

《列子》中不仅多处与《庄子》暗合，而且很多地方也与《老子》暗合，而《庄子》中涉及《老子》哲学观点的，都是称引，注明了是老聃的思想。从这一点，似乎也可认为，《列子》不仅抄袭了《庄子》，同时也抄袭了《老子》等书。

---

① 张长法注译. 列子[M]. 郑州：中州古籍出版社，2010：前言.

本文并不考证《列子》《庄子》孰前孰后、孰真孰伪，只是提出一些疑问，并提出一点儿考证的方法，以就教于方家，谬误之处，还请指正。

十九、《庄子》非一人一时之作的明证——语句重出

《庄子》扑朔迷离，三十三篇看起来在某些地方比较散乱，有时说着这件事，突然就转到另一件事；有时在此处好似未说得很明确的，在另外一处又重新说起。因此一些学者往往认为是错签，不无好意地把一些词义相近的词句移到一起。例如，著名学者王孝鱼先生，言之凿凿地把杂篇《徐无鬼》中一段关于修养过程的话（"吾尝居山穴之中矣"），硬生生地移到内篇《齐物论》中南郭子綦论三籁一段文字的中间，把原文无比顺畅的文字弄得不伦不类。在我看来，这些不但大可不必，说得苛刻一点儿就是可笑。

《齐物论》篇首"南郭子綦隐机而坐，仰天而嘘，荅焉似丧其耦。颜成子游立侍乎前，曰：'何居乎？形固可使如槁木，而心固可使如死灰乎？'"，言"三籁""齐物""无为"。《徐无鬼》中有"南伯子綦隐几而坐，仰天而嘘。颜成子入见曰：'夫子，物之尤也。形固可使若槁骸，心固可使若死灰乎？'"叙述修炼过程"曰：'吾尝居山穴之中矣。当是时也，田禾一睹我而齐国之众三贺之。我必先之，彼故知之；我必卖之，彼故鬻之。若我而不有之，彼恶得而知之？若我而不卖之，彼恶得而鬻之？嗟乎！我悲人之自丧者；吾又悲夫悲人者；吾又悲夫悲人之悲者；其后日远矣！'"。《田子方》中也有"孔子见老聃，老聃新沐，方将被发而干，慹然似非人。孔子便而待之。少焉见，曰：'丘也眩与？其信然与？向者先生形体掘若槁木，似遗物离人而立于独也'。老聃曰：'吾游心于物之初。'"《庚桑楚》中，南荣趎"'能儿子乎！'儿子动不知所为，行不知所之，身若槁木之枝而心若死灰。若是者，祸亦不至，福亦不来。祸福无有，恶有人灾也！'"。

其实，《庄子》中看起来跳跃起伏、词义不接的行文方式，正是庄子汪洋恣肆的特征，也是他"不可与庄语"的无奈。至于类似或相同的事情在不同处反复说，一方面也是庄子"重言"的特点，以不同形式反复说明同一道理，加深说理性；另一方面,《庄子》三十三篇不是一人一时之作，各人对同一问题各作自己的论证，那是太正常不过的了。多数学者公认，内七篇为庄子本人所作，外篇、杂篇则大多不是庄子本人所作，所以"重言"更是在所难免了。

《庄子》中有很多寓言是重出的，最著名的就是首篇《逍遥游》中对鲲鹏寓言的叙述，反复地叙说鲲鹏展翅的豪迈场景，虽是重复但毫不感觉寡淡乏味。下

面再举数例《庄子》中语句重出的例子。

1.《应帝王》中,"阳子居见老聃曰:'有人于此,向疾强梁,物彻疏明,学道不倦。如是者可比明王乎?'老聃曰:"是于圣人也,胥易技系,劳形怵心者也。且曰虎豹之文来田,猿狙之便、执斄之狗来藉,如是者可比明王乎?'"《天地》中重出,"夫子①问于老聃曰:'有人治道若相放,可不可,然不然。辩者有言曰:离坚白,若县宇。若是则可谓圣人乎?'老聃曰:'是胥易技系劳形怵心者也。执留之狗成思,猿狙之便,自山林来。'"。

2.《大宗师》中,著名的赞美大道的一段,许由曰:"吾师乎,吾师乎,齑万物而不为义,泽及万世而不为仁,长于上古而不为老,覆载天地刻雕众形而不为巧,此所游已。"同篇,"在太极之先而不为高,在六极之下而不为深,先天地生而不为久,长于上古而不为老"。《天道》中几乎完全引用,"庄子曰:'吾师乎,吾师乎!齑万物而不为戾;泽及万世而不为仁;长于上古而不为寿;覆载天地、刻雕众形而不为巧。'"。

3.《天道》中,"知天乐者,其生也天行,其死也物化。静而与阴同德,动而与阳同波。故知天乐者,无天怨,无人非,无物累,无鬼责。故曰:'其动也天,其静也地,一心定而王天下;其鬼不祟,其魂不疲,一心定而万物服。'言以虚静推于天地,通于万物,此之谓天乐。天乐者,圣人之心以畜天下也。"庄子论天乐,"①与天和者,谓之天乐。②庄子曰:'吾师乎,吾师乎!齑万物而不为戾;泽及万世而不为仁;长于上古而不为寿;覆载天地、刻雕众形而不为巧。'此之谓天乐。故曰:'知天乐者,其生也天行,其死也物化。静而与阴同德,动而与阳同波。故知天乐者,无天怨,无人非,无物累,无鬼责。'故曰:'其动也天,其静也地,一心定而王天下;其鬼不祟,其魂不疲,一心定而万物服。'③言以虚静推于天地,通于万物,此之谓天乐。④天乐者,圣人之心以畜天下也。"《刻意》中,"故曰:圣人之生也天行,其死也物化。静而与阴同德,动而与阳同波。不为福先,不为祸始。感而后应,迫而后动,不得已而后起。去知与故,循天之理。故无天灾,无物累,无人非,无鬼责。其生若浮,其死若休。不思虑,不豫谋。光矣而不耀,信矣而不期。其寝不梦,其觉无忧。其神纯粹,其魂不罢。虚无恬惔,乃合天德。"

4.《至乐》中,"颜渊东之齐,孔子有忧色。"借孔子之口,曰:"昔者海鸟止于鲁郊,鲁侯御而觞之于庙,奏《九韶》以为乐,具太牢以为膳。鸟乃眩视忧悲,不敢食一脔,不敢饮一杯,三日而死。此以己养养鸟也,非以鸟养养鸟也。夫以

---

① 夫子:此处指孔丘。

鸟养养鸟者，宜栖之深林，游之坛陆，浮之江湖，食之鳅鲦，随行列而止，委蛇而处。"《达生》中"有孙休者，踵门而诧子扁庆子"，借扁子之口，曰："昔者有鸟止于鲁郊，鲁君说之，为具太牢要飨之，奏《九韶》以乐之。鸟乃始忧悲眩视，不敢饮食。此之谓以己养养鸟也。若夫以鸟养养鸟者，宜栖之深林，浮之江湖，食之以委蛇，则平陆而已矣。"

5. 《天运》中借师金之口，"今而夫子亦取先王已陈刍狗，聚弟子游居寝卧其下。故伐树于宋，削迹于卫，穷于商周，是非其梦邪？围于陈蔡之间，七日不火食，死生相与邻，是非其眯邪？夫水行莫如用舟，而陆行莫如用车。以舟之可行于水也，而求推之于陆，则没世不行寻常"。《山木》中，"孔子围于陈蔡之间，七日不火食"，"孔子问于桑雽曰：'吾再逐于鲁，伐树于宋，削迹于卫，穷于商周，围于陈蔡之间，吾犯此数患，亲友益疏，徒友益散，何与？'"，"孔子穷于陈蔡之间，七日不火食。左据槁木，右击槁枝，而歌猋氏之风，有其具而无其数，有其声而无宫角。木声与人声，犁然有当于人之心。"，同篇三出。《让王》中又出，"孔子穷于陈蔡之间，七日不火食，藜羹不糁，颜色甚惫，而弦歌于室。颜回择菜，子路、子贡相与言曰：'夫子再逐于鲁，削迹于卫，伐树于宋，穷于商周，围于陈蔡。杀夫子者无罪，藉夫子者无禁。弦歌鼓琴，未尝绝音，君子之无耻也若此乎？'"《盗跖》中，盗跖斥孔子"天下皆曰'孔丘能止暴禁非'，其卒之也，子路欲杀卫君而事不成，身菹于卫东门之上，是子教之不至也。子自谓才士圣人邪，则再逐于鲁，削迹于卫，穷于齐，围于陈蔡，不容身于天下。子教子路菹此患，上无以为身，下无以为人，子之道岂足贵邪？"。《渔父》中，渔父教孔子"孔子愀然而叹，再拜而起，曰：'丘再逐于鲁，削迹于卫，伐树于宋，围于陈蔡。丘不知所失，而离此四谤者，何也？'客凄然变容曰：'甚矣，子之难悟也！人有畏影恶迹而去之走者，举足愈数而迹愈多，走愈疾而影不离身，自以为尚迟，疾走不休，绝力而死。不知处阴以休影，处静以息迹，愚亦甚矣！子审仁义之间，察同异之际，观动静之变，适受与之度，理好恶之情，和喜怒之节，而几于不免矣。谨修而身，慎守其真，还以物与人，则无所累矣。今不修之身而求之人，不亦外乎！'"。

6. 《大宗师》中，得道之人"子祀、子舆、子犁、子来……孰能以无为首，以生为脊，以死为尻，孰知死生存亡之一体者，吾与之友矣。"《庚桑楚》中，"古之人，其知有所至矣。恶乎至？有以为未始有物者，至矣，尽矣，弗可以加矣！其次以为有物矣，将以生为丧也，以死为反也，是以分已。其次曰始无有，既而有生，生俄而死。以无有为有，以生为体，以死为尻。孰知有无死生之一守者，吾与之为友。是三者虽异，公族也。昭景也，著戴也；甲氏也，著封也：非一也。"

不同的是，《大宗师》中"以无为首，以生为脊，以死为尻，孰知死生存亡之一体者"为得道之人，《庚桑楚》中"以无有为有，以生为体，以死为尻。孰知有无死生之一守者"为第三等得道之人。

7.《徐无鬼》开篇两段都是讲徐无鬼慰劳魏武侯，角度不一，第一段讲徐无鬼为魏武侯讲解相狗相马之"真人之言"而武侯乐，第二段讲徐无鬼为魏武侯讲无为去累。"徐无鬼因女商见魏武侯，武侯劳之曰：'先生病矣，苦于山林之劳，故乃肯见于寡人。'徐无鬼曰：'我则劳于君，君有何劳于我！君将盈耆欲，长好恶，则性命之情病矣；君将黜耆欲，挚好恶，则耳目病矣。我将劳君，君有何劳于我！'武侯超然不对。少焉，徐无鬼曰：'尝语君吾相狗也：下之质，执饱而止，是狸德也；中之质，若视日；上之质，若亡其一。吾相狗又不若吾相马也。吾相马：直者中绳，曲者中钩，方者中矩，圆者中规。是国马也，而未若天下马也。天下马有成材，若恤其失，若丧其一。若是者，超轶绝尘，不知其所。'武侯大悦而笑。""徐无鬼见武侯，武侯曰：'先生居山林，食芋栗，厌葱韭，以宾寡人，久矣夫！今老邪？其欲干酒肉之味邪？其寡人亦有社稷之福邪？'徐无鬼曰：'无鬼生于贫贱，未尝敢饮食君之酒肉，将来劳君也。'君曰：'何哉！奚劳寡人？'曰：'劳君之神与形。'武侯曰：'何谓邪？'徐无鬼曰：'天地之养也一，登高不可以为长，居下不可以为短。君独为万乘之主，以苦一国之民，以养耳目鼻口，夫神者不自许也。夫神者，好和而恶奸。夫奸，病也，故劳之。唯君所病之何也？'武侯曰：'欲见先生久矣！吾欲爱民而为义偃兵，其可乎？'徐无鬼曰：'不可。爱民，害民之始也；为义偃兵，造兵之本也。君自此为之，则殆不成。凡成美，恶器也。君虽为仁义，几且伪哉！形固造形，成固有伐，变固外战。君亦必无盛鹤列于丽谯之间，无徒骥于缁坛之宫，无藏逆于得，无以巧胜人，无以谋胜人，无以战胜人。夫杀人之士民，兼人之土地，以养吾私与吾神者，其战不知孰善？胜之恶乎在？君若勿已矣！修胸中之诚以应天地之情而勿撄。夫民死已脱矣，君将恶乎用夫偃兵哉！'"

8.《庚桑楚》"吾语女：大乱之本，必生于尧、舜之间，其末存乎千世之后。千世之后，其必有人与人相食者也。"。《徐无鬼》"啮缺遇许由曰：'子将奚之？'曰：'将逃尧。'曰：'奚谓邪？'曰：'夫尧畜畜然仁，吾恐其为天下笑。后世其人与人相食与！'"

9.《则阳》中，"蘧伯玉行年六十而六十化，未尝不始于是之，而卒诎之以非也。未知今之所谓是之非五十九非也"。《寓言》中重出，"庄子谓惠子曰：'孔子行年六十而六十化。始时所是，卒而非之。未知今之所谓是之非五十九非也。'"

10. 《盗跖》中，"古者禽兽多而人少，于是民皆巢居以避之。昼拾橡栗，暮栖木上，故命之曰'有巢氏之民'。古者民不知衣服，夏多积薪，冬则炀之，故命之曰'知生之民'。神农之世，卧则居居，起则于于。民知其母，不知其父，与麋鹿共处，耕而食，织而衣，无有相害之心。此至德之隆也。'然而黄帝不能致德，与蚩尤战于涿鹿之野，流血百里。尧、舜作，立群臣，汤放其主，武王杀纣。自是以后，以强陵弱，以众暴寡。汤、武以来，皆乱人之徒也。今子修文、武之道，掌天下之辩，以教后世。缝衣浅带，矫言伪行，以迷惑天下之主，而欲求富贵焉。盗莫大于子，天下何故不谓子为盗丘，而乃谓我为盗跖？"，下段重出，"世之所高，莫若黄帝。黄帝尚不能全德，而战涿鹿之野，流血百里。尧不慈，舜不孝，禹偏枯，汤放其主，武王伐纣，文王拘羑里。此六子者，世之所高也。孰论之，皆以利惑其真而强反其情性，其行乃甚可羞也。"

读《庄子》，不必拘泥。

二十、也谈《庄子》是尊孔还是反孔

《庄子》一书在各方面都是扑朔迷离的，在对待圣人孔子的态度上，也存在着很多矛盾的地方，后人大多以庄子寓言具有随意性来解释，即，庄子想让孔子为自己代言就把孔子描绘为通晓大道的高人，想批评孔子就把孔子描绘得很可笑。

最早论及庄子对孔子态度的是司马迁，庄子"作渔父、盗跖、胠箧，以诋訾孔子之徒，以明老子之术。畏累虚、亢桑子之属，皆空语无事实"（《史记·老子韩非列传第三[①]》）。自此很长时间，人们都认同司马迁提出的庄子反对孔子的说法，一直到宋代，苏轼对司马迁的这一定论翻案，认为庄子其实是尊孔助孔的，"庄子之尊孔子，其功不在孟子下也"，某些看似取笑孔子的言论，实则是明贬暗褒，是对孔子的变相赞扬，并据此判定渔父、盗跖、胠箧等明显攻击孔子的篇章为伪作。此后，关于庄子是尊孔还是反孔，一直争论不休。近代梁启超、冯友兰、陈鼓应等也持庄子尊孔的观点。今人吴怡有另外的认识，他在肯定了庄子能逍遥、能超脱名利和死亡因而"有道德的修养，有学问的功夫"后，认为内七篇是庄子所为无疑，庄子在内七篇中是尊孔的，外、杂篇中反孔的言论是庄子后学中的异类所

[①] 《老子韩非列传》，司马迁《史记》中列出的篇章名，后人多称之为《老庄申韩列传》。盖司马迁认为老子是道家的代表，韩非是法家的集大成者，司马迁并不拟给庄周单独立传，而是列在《老子韩非列传》中老子传之后，实则是《老子本传》的"附记"，有人把这种"附记"性质作为《本传》看待，故将其擅改称《老庄申韩列传》，似不大精确。

为，不代表庄子本人的思想观点。①

下面笔者试着从《庄子》内七篇中涉及庄子对孔子的叙述部分来分析，得出稍有不同的观点。

①"瞿鹊子问于长梧子曰：'吾闻诸夫子，圣人不从事于务，不就利，不违害，不喜求，不缘道，无谓有谓，有谓无谓，而游乎尘垢之外。夫子以为孟浪之言，而我以为妙道之行也。吾子以为奚若？'长梧子曰：'是黄帝之所听荧也，而丘也何足以知之。……'"（《庄子·齐物论》）

在上面这段可以看出，庄子是贬抑孔子的。

②"颜回见仲尼，请行。曰：'奚之？'曰：'将之卫。'曰：'奚为焉？'曰：'回闻卫君，其年壮，其行独，轻用其国，而不见其过，轻用民死，死者以国量乎。泽若蕉，民其无如矣。回尝闻之夫子曰：治国去之，乱国就之，医门多疾。愿以所闻思其则，庶几其国有瘳乎！'仲尼曰：'嘻，若殆往而刑耳。夫道不欲杂，杂则多，多则扰，扰则忧，忧而不救。古之至人，先存诸己，而后存诸人。所存于己者未定，何暇至于暴人之所行！且若亦知夫德之所荡，而知之所为出乎哉？德荡乎名，知出乎争。名也者，相轧也；知也者，争之器也。二者凶器，非所以尽行也。且德厚信矼，未达人气；名闻不争，未达人心。而强以仁义绳墨之言，术暴人之前者，是以人恶有其美也，命之曰菑人。菑人者，人必反菑之。若殆为人菑夫。且苟为悦贤而恶不肖，恶用而求有以异？若唯无诏，王公必将乘人而斗其捷，而目将荧之，而色将平之，口将营之，容将形之，心且成之，是以火救火，以水救水，名之曰益多。顺始无穷，若殆以不信厚言，必死于暴人之前矣。且昔者桀杀关逢龙，纣杀王子比干，是皆修其身，以下伛拊人之民，以下拂其上者也。故其君因其修以挤之，是好名者也。昔者尧攻丛枝胥敖，禹攻有扈，国为虚厉，身为刑戮，其用兵不止，其求实无已，是皆求名实者也。而独不闻之乎，名实者，圣人之所不能胜也，而况若乎？虽然，若必有以也，尝以语我来。'颜回曰：'端而虚，勉而一，则可乎？'曰：'恶。恶可！夫以阳为充，孔阳，采色不定，常人之所不违，因案人之所感，以求容与其心，名之曰日渐之德不成，而况大德乎？将执而不化，外合而内不訾。其庸讵可乎！''然则我内直而外曲，成而上比。内直者，与天为徒。与天为徒者，知天子之与己，皆天之所子，而独以己言蕲乎而人善之，蕲乎而人不善之邪。若然者，人谓之童子。是之谓与天为徒。外曲者，与人之为徒也。擎跽曲拳，人臣之礼也，人皆为之，吾敢不为邪？为人之所为者，人亦无疵焉。是之谓与人为徒。成而上比者，与古为徒。其言虽教，谪之实也，古之有也，非吾有也。若然者，虽直而不病。是之谓与古为徒。若是则可乎？'仲尼曰：'恶，恶可！大多政，法而不谍，虽固亦无罪，虽然，止是耳矣，夫胡可以及化，犹师心者也。'颜回曰：'吾无以进矣，敢问其方？'仲尼曰：'斋，吾将语若。有而为之，其易邪？易之者，皞天不宜。'颜回曰：'回之家贫，唯不饮酒，不茹荤者数月矣。如此，则可以为斋乎？'曰：'是祭祀之斋，非心斋也。'回曰：'敢问心斋？'仲尼曰：'若一志，无听之以耳，而听之以心，无听之以心，而听之以气。听止于耳，心止于符，气也者，虚而待物者也。唯道集虚，虚者，心斋也。'颜回曰：'回之未

---

① 吴怡. 逍遥的庄子[M]. 桂林：广西师范大学出版社，2006：5-6.

始得使，实自回也。得使之也，未始有回也。可谓虚乎？'夫子曰：'尽矣。吾语若。若能入游其樊，而无感其名，入则鸣，不入则止。无门无毒，一宅而寓于不得已，则几矣。绝迹易，无行地难。为人使易以伪，为天使难以伪。闻以有翼飞者矣，未闻以无翼飞者也。闻以有知知者矣，未闻以无知知者也。瞻彼阕者，虚室生白，吉祥止止，夫且不止，是之谓坐驰。夫徇耳目内通，而外于心知，鬼神将来舍，而况人乎！是万物之化也，禹舜之所纽也，伏羲几蘧之所行终，而况散焉者乎！'"（《庄子·人间世》）

③"叶公子高将使于齐，问于仲尼曰：'王使诸梁也甚重。齐之待使者，盖将甚敬而不急。匹夫犹未可动，而况诸侯乎。吾甚栗之。子常语诸梁也，曰：凡事若小若大，寡不道以欢成。事若不成，则必有人道之患。事若成，则必有阴阳之患。若成若不成，而后无患者，唯有德者能之。吾食也执粗而不臧，爨无欲清之人。今吾朝受命而夕饮冰，我其内热与。吾未至乎事之情，而既有阴阳之患矣。事若不成，必有人道之患。是两也，为人臣者不足以任之，子其有以语我来？'仲尼曰：'天下有大戒二，其一命也，其一义也。子之爱亲，命也，不可解于心。臣之事君，义也，无适而非君也，无所逃于天地之间，是之谓大戒。是以夫事其亲者，不择地而安之，孝之至也。夫事其君者，不择事而安之，忠之盛也。自事其心者，哀乐不易施乎前。知其不可奈何而安之若命，德之至也。为人臣者，固有所不得已。行事之情而忘其身，何暇至于悦生而恶死。夫子其行可矣。丘请复以所闻。凡交，近则必相靡以信，远则必忠之以言。言必或传之，夫传两喜两怒之言，天下之难者也。夫两喜必多溢美之言，两怒必多溢恶之言。凡溢之类妄，妄则其信之也莫，莫则传言者殃。故法言曰：传其常情，无传其溢言，则几乎全。且以巧斗力者，始乎阳，常卒乎阴，大至则多奇巧。以礼饮酒者，始乎治，常卒乎乱，大至则多奇乐。凡事亦然，始乎谅，常卒乎鄙。其作始也简，其将毕也必巨。夫言者风波也，行者实丧也。风波易以动，实丧易以危。故忿设无由，巧言偏辞。兽死不择音，气息茀然，于是并生心厉。克核大至，则必有不肖之心应之，而不知其然也。苟为不知其然也，孰知其所终？故法言曰：无迁令，无劝成，过度益也。迁令劝成殆事，美成在久，恶成不及改，可不慎与！且夫乘物以游心，托不得已以养中，至矣。何作为报也？莫若为致命，此其难者。'"（《庄子·人间世》）

《人间世》主要论述人在社会上如何处理繁难的问题，第一部分主要讲了三个寓言，举出与暴君相处、受命出使、教导无德无行的暴虐太子三件最难处理的事，说明处世的方法和原则。其中前两件是孔子作为智者和得道者来解答的，第三件是蘧伯玉解答的，而蘧伯玉又是孔子极其推重的人（蘧伯玉是孔子心目中的君子："君子哉蘧伯玉！邦有道，则仕；邦无道，则可卷而怀之。"（《论语·卫灵公》）因此，即便不把《庄子》中的蘧伯玉视为孔子的化身，其描写蘧伯玉的文字也基本适用于孔子）。在这三个寓言中，庄子无疑是尊孔的。

④接下来的楚狂接舆讽歌笑孔丘：

"孔子适楚，楚狂接舆游其门曰："凤兮凤兮，何如德之衰也！来世不可待，往世不可追也。天下有道，圣人成焉。天下无道，圣人生焉。方今之时，仅免刑焉。福轻乎羽，莫之知载；祸重乎地，莫之知避。已乎已乎，临人以德；殆乎殆乎，画地而趋。迷阳迷阳，无伤吾行，吾行郤曲，无伤吾足。"（《庄子·人间世》）

这一寓言，或许实有其事，与《论语·微子》中所记基本相同（另外皇甫谧《高士传·陆通》也有同样记载）。这里说的是孔子尚未达至道。

⑤"鲁有兀者王骀，从之游者，与仲尼相若。常季问于仲尼曰：'王骀，兀者也，从之游者，与夫子中分鲁。立不教，坐不议，虚而往，实而归。固有不言之教，无形而心成者邪？是何人也？'仲尼曰：'夫子，圣人也。丘也直后而未往耳。丘将以为师，而况不如丘者乎？奚假鲁国，丘将引天下而与从之。'常季曰：'彼兀者也，而王先生，其与庸亦远矣。若然者，其用心也独若之何？'仲尼曰：'死生亦大矣，而不得与之变。虽天地覆坠，亦将不与之遗。审乎无假而不与物迁，命物之化而守其宗也。'常季曰：'何谓也？'仲尼曰：'自其异者视之，肝胆楚越也。自其同者视之，万物皆一也。夫若然者，且不知耳目之所宜，而游心乎德之和。物视其所一，而不见其所丧。视丧其足犹遗土也。'常季曰：'彼为己，以其知得其心，以其心得其常心。物何为最之哉？'仲尼曰：'人莫鉴于流水，而鉴于止水。唯止能止众止。受命于地，唯松柏独也在，冬夏青青。受命于天，唯舜独也正，幸能正生，以正众生。夫保始之征，不惧之实，勇士一人，雄入于九军。将求名而能自要者，而犹若此，而况官天地、府万物，直寓六骸，象耳目，一知之所知，而心未尝死者乎！彼且择日而登假，人则从是也。彼且何肯以物为事乎！'"（《庄子·德充符》）

此处孔子自称未达至道，还是方内之人，但表示向往方外之人，并借孔子之口对方外之人作了描述。这一段基本上还是肯定孔子的。

⑥后面的另一寓言：

"鲁有兀者叔山无趾，踵见仲尼，仲尼曰：'子不谨，前既犯患若是矣，虽今来何及矣！'无趾曰：'吾唯不知务而轻用吾身，吾是以亡足。今吾来也，犹有尊足者存，吾是以务全之也。夫天无不覆，地无不载。吾以夫子为天地，安知夫子之犹若是也？'孔子曰：'丘则陋矣。夫子胡不入乎，请讲以所闻。'无趾出，孔子曰：'弟子勉之，夫无趾，兀者也，犹务学以复补前行之恶，而况全德之人乎？'无趾语老聃曰：'孔丘之于至人，其未邪？彼何宾宾以学子为？彼且蕲以諔诡幻怪之名闻，不知至人之以是为己桎梏邪！'老聃曰：'胡不直使彼以死生为一条，以可不可为一贯者，解其桎梏。其可乎？'无趾曰：'天刑之，安可解？'"（《庄子·德充符》）

这则寓言中，孔子确实是浅陋的，以貌取人，追求外在的名誉，被称作遭受了天刑，几近无可救药。

⑦紧接着：

"鲁哀公问于仲尼曰：'卫有恶人焉，曰哀骀它。丈夫与之处者，思而不能去也。妇人见之，请于父母曰：与为人妻，宁为夫子妾者。十数而未止也，未尝有闻其唱者也，常和人而已矣。无君人之位以济乎人之死，无聚禄以望人之腹，又以恶骇天下。和而不唱，知不出乎四域，且而雌雄合乎前，是必有异乎人者也。寡人召而观之，果以恶骇天下。与寡人处，不至以月数，而寡人有意乎其为人也。不至乎期年，而寡人信之。国无宰，寡人传国焉，闷然而后应，氾而若辞。寡人丑乎，卒授之国，无几何也，去寡人而行。寡人恤焉若有亡也，若无与乐是国也。

是何人者也？'仲尼曰：'丘也尝使于楚矣，适见独子食于其死母者，少焉眴若，皆弃之而走。不见己焉尔，不得类焉尔。所爱其母者，非爱其形也，爱使其形者也。战而死者，其人之葬也，不以翣资。刖者之屦，无为爱之。皆无其本矣。为天子之诸御，不爪翦，不穿耳；娶妻者，止于外，不得复使。形全犹足以为尔，而况全德之人乎？今哀骀它未言而信，无功而亲，使人授己国，唯恐其不受也。是必才全而德不形者也。'哀公曰：'何谓才全？'仲尼曰：'死生存亡，穷达富贵，贤与不肖，毁誉饥渴寒暑，是事之变，命之行也。日夜相代乎前，而知不能规乎其始者也，故不足以滑和，不可入于灵府。使之和豫通而不失于兑，使日夜无郤，而与物为春，是接而生时于心者也，是之谓才全。''何谓德不形？'曰：'平者水停之盛也，其可以为法也。内保之而外不荡也。德者成和之修也，德不形者，物不能离也。'哀公异日以告闵子曰：'始也吾以南面而君天下，执民之纪而忧其死，吾自以为至通矣。今吾闻至人之言，恐吾无其实，轻用吾身而亡其国。吾与孔丘，非君臣也，德友而已矣。'"（《庄子·德充符》）

这里的孔子，又被描述为懂得大道的高人。

⑧"子桑户、孟子反、子琴张，三人相与为友，曰：'孰能相与于无相与，相为于无相为？孰能登天游雾，挠挑无极，相忘以生，无所终穷？'三人相视而笑，莫逆于心，遂相与为友。莫然有间，而子桑户死，未葬。孔子闻之，使子贡往侍事焉，或编曲，或鼓琴，相和而歌，曰：'嗟来桑户乎！嗟来桑户乎！而已反其真，而我犹为人猗。'子贡趋而进曰：'敢问临尸而歌，礼乎？'二人相视而笑，曰：'是恶知礼意！'子贡反以告孔子曰：'彼何人者邪？修行无有，而外其形骸，临尸而歌，颜色不变，无以命之。彼何人者邪？'孔子曰：'彼游方之外者也，而丘游方之内者也。外内不相及，而丘使女往吊之，丘则陋矣。彼方且与造物者为人，而游乎天地之一气。彼以生为附赘县疣，以死为决疣溃痈。夫若然者，又恶知死生先后之所在？假于异物，托于同体，忘其肝胆，遗其耳目，反覆终始，不知端倪。芒然彷徨乎尘垢之外，逍遥乎无为之业。彼又恶能愦愦然为世俗之礼，以观众人之耳目哉！'子贡曰：'然则夫子何方之依？'孔子曰：'丘，天之戮民也。虽然，吾与汝共之。'子贡曰：'敢问其方？'孔子曰：'鱼相造乎水，人相造乎道。相造乎水者，穿池而养给。相造乎道者，无事而生定。故曰：鱼相忘乎江湖，人相忘乎道术。'子贡曰：'敢问畸人？'曰：'畸人者，畸于人而侔于天。故曰：天之小人，人之君子；人之君子，天之小人也。'"（《庄子·大宗师》）

这里的孔子是懂得大道但未能施行的人。

⑨接着：

"颜回问仲尼曰：'孟孙才，其母死，哭泣无涕，中心不戚，居丧不哀，无是三者，以善处丧盖鲁国。固有无其实而得其名者乎？回壹怪之。'仲尼曰：'夫孟孙氏尽之矣，进于知矣。唯简之而不得，夫已有所简矣。孟孙氏不知所以生，不知所以死，不知就先，不知就后。若化为物，以待其所不知之化已乎。且方将化，恶知不化哉？方将不化，恶知已化哉？吾特与汝其梦未始觉者邪！且彼有骇形而无损心，有旦宅而无情死。孟孙氏特觉，人哭亦哭，是自其所以乃。且也相与吾之耳矣。庸讵知吾所谓吾之乎！且汝梦为鸟而厉乎天，梦为鱼而没于渊，不识今之言者，其觉者乎，其梦者乎？造适不及笑，献笑不及排，安排而去化，乃入于寥天一。'"

此处孔子以得道者的姿态出现。

⑩后面的寓言：

"颜回曰：'回益矣！'仲尼曰：'何谓也？'曰：'回忘仁义矣！'曰：'可矣，犹未也。'他日复见曰：'回益矣！'曰：'何谓也？'曰：'回忘礼乐矣！'曰：'可矣，犹未也。'他日复见曰：'回益矣！'曰：'何谓也？'曰：'回坐忘矣！'仲尼蹴然曰：'何谓坐忘？'颜回曰：'堕肢体，黜聪明，离形去知，同于大通。此谓坐忘。'仲尼曰：'同则无好也，化则无常也，而果其贤乎！丘也请从而后也。'"

此处表达的是孔子的虚心好学，看到自己的学生比自己强也能虚心学习。这倒是与实际情况比较吻合，孔子曾说过自己不如颜回。（"子谓子贡曰：'女与回也孰愈？'对曰：'赐也何敢望回，回也闻一以知十，赐也闻一以知二。'子曰：'弗如也，吾与女弗如也！'"《论语·公冶长》）

内七篇中的庄子思想绝不矛盾，观点始终如一，却仅示以草蛇灰线；思维严谨，结构缜密，但"不与庄语"，表达恢诡谲怪，塑造孔子形象尤其如此，忽儒忽道，时褒时贬，而这绝非庄子矛盾。但若视《庄子》内、外、杂篇均为庄撰，则庄子不免自相矛盾。

内七篇中有十处描述了孔子，可以看出①⑥中孔子实际上是不懂大道之人，但也并非一无是处；②③⑦⑧中孔子是得道高人；④⑤⑨⑩中孔子是没有完全得道的人或者未能施行大道的人，但他心向往之，还算是一个正面形象。如果说在②③④⑤⑦⑧⑨⑩中都是尊孔助孔基本上没有异议，但在①⑥中"而丘也何足以知之"及"无趾语老聃曰：'孔丘之于至人，其未邪？彼何宾宾以学子为？彼且蕲以諔诡幻怪之名闻，不知至人之以是为己桎梏邪！'老聃曰：'胡不直使彼以死生为一条，以可不可为一贯者，解其桎梏。其可乎？'无趾曰：'天刑之，安可解？'"则绝不能认为是尊孔助孔的，这应该是庄子对孔子的批判，只是并未对其完全否定而已。

在全部外、杂篇26篇中，有17篇共41次提到孔子，绝大部分是负面形象，尤其在《盗跖》篇中，孔子被盗跖骂了个狗血喷头，十分狼狈；在《外物》篇中，描述"儒以《诗》《礼》发冢"，更是对孔子儒家的无情鞭挞。综观外、杂篇，基本上是反孔的，很多还是非常强烈地反孔。

由上分析可得出结论：《庄子》本身（内七篇）对孔子基本上持肯定态度，时褒时贬以褒为主，有时反孔但不强烈。其后学（外、杂篇大部分）又分为两类，一种尊孔只占少数，另一种强烈反孔却占大多数。大部分庄子后学，在对待孔子的态度上，都产生了强烈的异化。也难怪，连司马迁对庄子本人的孔学观点都产生了误解（将庄子后学的观点认作是庄子本人的观点）。

二一、顺其自然与循序渐进 急于求成与揠苗助长

"知人者智，自知者明。胜人者有力，自胜者强。知足者富，强行者有志，不失其所者久，死而不亡者寿"（《老子·三十三章》）。我们都认为老子是智慧的，有时老子还被称为"万世阴谋之祖"，因为搞阴谋也是需要智慧的，《老子》中确有很多智慧类似于阴谋；或者说许多老子智慧被阴谋者所利用；或者说得更难听一点，许多老子的智慧本身就是为政、为争、为己、为私的阴谋之论，虽然老子是主张素朴自然和无为无争的。

一般讲，庄子继承了老子的学说。但实际上，庄子思想与老子思想有着很大的不同，在"道"的表达上有很多不同，老子重自然而庄子顺自然，在具体的方法上差别更大，老子重原则而庄子讲顺应。相比较而言，庄子较老子更顺、更柔。老子一方面强调无为，另一方面主张心灵要强大；庄子也主张无为，但更强调无用，更是以"知其不可奈何而安之若命，德之至也。"（《庄子·人间世》）"知不可奈何而安之若命，唯有德者能之。"（《庄子·德充符》）为最高原则和最高修养。

"中山公子牟谓瞻子曰：'身在江海之上，心居乎魏阙之下，奈何？'瞻子曰：'重生。重生则利轻。'中山公子牟曰：'虽知之，未能自胜也。'瞻子曰：'不能自胜则从，神无恶乎！不能自胜而强不从者，此之谓重伤。重伤之人，无寿类矣！'魏牟，万乘之公子也，其隐岩穴也，难为于布衣之士，虽未至乎道，可谓有其意矣！"（《庄子·让王》）上面老子强调要"自胜"，只是"胜人"算不上强大，只能勉强说是"有力"，只有能够"自胜"的人，才是真正的强者。"自胜"就是克制自己，克制自己的欲念，我们现在所说"战胜自己是最难的"，其中还包含了"突破自己的以往"的意思，这就有点儿强为的意味。而庄子借瞻子之口告诫中山公子牟（魏牟）的是，不能"自胜"时，就不要强为，要顺着自己的内心，若强要"自胜"，违逆本心而强为，则要受到双重伤害，受到双重伤害的人就不会长久不会长寿，就是短命的。当然，庄子这里也隐含着做事要循序渐进的意思，不要揠苗助长，不要急于求成，若条件不具备而硬要做，则会适得其反，后果比不做还要惨得多，这与孔子的"过犹不及"有异曲同工之妙。

"以二缶钟惑，而所适不得矣。而今也以天下惑，予虽有祈向，其庸可得邪！知其不可得也而强之，又一惑也！故莫若释之而不推。不推，谁其比忧！厉之人，夜半生其子，遽取火而视之，汲汲然唯恐其似己也。"（《庄子·天地》）说的是"是

非"难辨，缶和钟哪种容量大都会争论不休，现在天下是非混乱，要想分辨清楚是不可能的。明知是非没有一定标准还硬要分辨出是非来，只能更加迷惑，最好的办法就是不去争辩是非，那样大家都没有忧烦、没有郁闷、没有纠结、没有迷惑。（儿子已经出生了，再去焦虑儿子是否像自己那样长得难看，不是太愚蠢了吗？）

顺其自然，循序渐进，不去急于求成，不去揠苗助长，不去做那些无用的事，不也是很智慧的吗？

二二、《庄子·天下》篇论百家为何不言儒家

《庄子·天下》篇被誉为史上第一篇学术史论文，对先秦百家学说中有代表性的学术流派进行了评述，后世学者认为非常精准、非常客观、非常到位，而且文章结构严谨、文辞优美，史上不可多得，学术价值极大，虽可断定不是庄子亲为，但其文风绝类庄子，非有大手笔不能为之。

《天下》篇首先对自古完美的道术进行了阐述，指出后世百家的学者皆未能全面继承道术而只是发展了其中的某一个方面，因此形成了百家的方术。文章主要对墨翟、禽滑离（墨家），宋钘、尹文（稷下学派），彭蒙、田骈、慎到（法家），关尹、老聃（老子道家），惠施、桓团、公孙龙（名家）以及庄周门派（庄子道家）的学说进行了评述。令历来的庄学研究学者不解的是，《天下》篇为何不对儒家学说进行评述？一些学者认为，儒家学说实际上是综合了各门学派的观点，因此在《天下》篇作者看来，儒家可不作为一个独立的学派，此说应该说具有一定的道理。

《天下》篇开篇提出道术概念后，马上有一段文字，"不离于宗，谓之天人。不离于精，谓之神人。不离于真，谓之至人。以天为宗，以德为本，以道为门，兆于变化，谓之圣人。以仁为恩，以义为理，以礼为行，以乐为和，薰然慈仁，谓之君子。以法为分，以名为表，以参为验，以稽为决，其数一二三四是也，百官以此相齿，以事为常，以衣食为主，蕃息畜藏，老弱孤寡为意，皆有以养，民之理也。古之人其备乎！配神明，醇天地，育万物，和天下，泽及百姓，明于本数，系于末度，六通四辟，小大精粗，其运无乎不在。其明而在数度者，旧法、世传之史尚多有之；其在于《诗》《书》《礼》《乐》者，邹鲁之士、缙绅先生，多能明之。《诗》以道志，《书》以道事、《礼》以道行，《乐》以道和，《易》以道阴阳，《春秋》以道名分。其数散于天下而设于中国者，百家之学时或称道之"，学者对其文意的理解没有太大出入，而对其论述的对象有不同的认识。

自"不离于宗，谓之天人"至"皆有以养，民之理也"，语句结构相同，应为

排比而下的论述，一些学者却把这几句分割了。例如，有的学者认为"以仁为恩，以义为理，以礼为行，以乐为和，薰然慈仁，谓之君子"是描述的儒家，而"以法为分，以名为表，以参为验，以稽为决，其数一二三四是也，百官以此相齿"描述的是法家，笔者认为有失偏颇。从文意上来讲，上述两段确实与儒家和法家的某些特征吻合，但不能以此断定是在评论儒家和法家。首先，后文中对彭蒙、田骈、慎到的评述，无疑是对法家的剖析，已经比较全面精到，若开头仍对法家描述则极不合理。其次，其他各派都有全面的评述，如果对影响极大的"儒家"学派，仅以"以仁为恩，以义为理，以礼为行，以乐为和，薰然慈仁，谓之君子"几个词语描述，并且连孔子这样的儒家圣人都不提及，也是极不合理的。若视"儒家"为一学派，按其在战国末期的巨大影响，应该用更多的笔墨评述才对。其实，接着对百官和平民的陈述，不仅符合"儒家"的道德要求，实际上也反映了社会对各个阶层的道德要求。之后对道德完备的"古之人"的描述，实际上是概括了天人、至人、圣人、君子、百官、平民等阶层应守的本分和特质。

实际上，庄子此处是对当下社会中天人、至人、圣人、君子、百官、平民等各个阶层应有状态的描述。天人、至人、圣人、君子、百官、平民各安其位，各有诉求，满足这些，是道术的要求，如此，这个社会就安宁了。这段文字的大意是：没有脱离自然本质和纯真道术的叫做天人；没有脱离淳粹精气和纯真道术的叫做神人；没有脱离真实本性和纯真道术的叫做至人；把天、自然和道术作为宗主，把德作为根本，把道作为方法和门户，在曲尽变化之前就见出预兆的叫做圣人；按仁来布施恩惠，按义来建立条理治理国家，以礼来约束行为，以乐来调和性能陶冶性情，表露出一种温和而慈爱的状貌的叫做君子；按法度来划定分位和职守，用名来做出标识，由参伍变化和比较来做验证，根据考核检查来做决定，处理事情像一二三四那样条理分明，百官就应按照这些准则来定职位的次序；把准备日用事物作为经常性的工作，把食物当作主要的努力收获，加以繁殖、生息、蓄积、储藏，把老弱孤寡时时放在心上，使他们都得到抚养，这些都是人民生存的道理。

后面的"古之人其备乎！配神明，醇天地，育万物，和天下，泽及百姓，明于本数，系于末度，六通四辟，小大精粗，其运无乎不在。"，是对掌握古之道术的古人的描述和赞誉，古代圣人的道德是最完备的，所以能够配合神明，同天地一样精淳，养育万物，调和天下，恩惠布施到百姓。他们既明白道的根本，又能联系到礼法刑名等的具体措施，所以无论在上下四方的六合之中还是春夏秋冬的四时之间，或小或大或精或粗，那种随机运用的情形，是没有一处不存在的。

后面几句，"其明而在数度者，旧法、世传之史尚多有之。其在于《诗》《书》《礼》《乐》者，邹鲁之士、缙绅先生，多能明之。《诗》以道志，《书》以道事，《礼》以道行，《乐》以道和，《易》以道阴阳，《春秋》以道名分。其数散于天下而设于中国者，百家之学时或称而道之"，说的是道术还存在的一些载体，主要是旧法、世传之史以及《诗》《书》《礼》《乐》《易》《春秋》和百家之学。大意是，道术明显表现在各种具体措施上的，如旧时的法制规章，世世代代流传了一些史书上也还有许多记载。那些留在《诗》《书》《礼》《乐》当中的，邹鲁各地的学者和做官的先生们大多能够通晓。《诗》是讲述心情意志的，《书》是讲述政事和办事规则的，《礼》是讲述行为规范的，《乐》是讲述调和性情和人际关系的，《易》是讲述阴阳变化和自然规律的，《春秋》是讲述尊卑名分和国家秩序的。这些具体措施中散布在天下、施行在中国的，在百家的学说中时常称引到、讲述到。

在这里可以看到，《天下》篇作者并未将《诗》《书》《礼》《乐》《易》《春秋》这些后世奉为儒家经典的典籍看作是"儒家"专有，士阶层（知识分子和做官的）都能传承。非但如此，在这里还可以看到，《天下》篇作者是将《诗》《书》《礼》《乐》和《易》《春秋》分开讲的，而非后世所讲的"儒家"六经（五经），《易》和《春秋》不仅士阶层能够传承讲述，社会其他阶层也可以传承讲述。

确实《诗》《书》《礼》《乐》《易》《春秋》也不是孔子自家创立的学说，孔子述之，述而不作，不像其他百家各有自己的独创发挥、标新立异。因此《天下》篇作者不将"儒家"视为一门独立的学说也是有道理的。《诗》《书》《礼》《乐》《易》《春秋》原本不是儒家特有的经典而是全社会的共同财富，儒家将其窃取了以粉饰自身，只有后来的《四书》——《论语》《大学》《中庸》《孟子》，才是真正的儒家独有的经典。

主要参考书目

[1] 刘文典. 庄子补正（上）[M]. 昆明：云南人民出版社，1980.

[2] 刘文典. 庄子补正（下）[M]. 昆明：云南人民出版社，1980.

[3] 钱穆. 庄老通辨[M]. 北京：生活·读书·新知三联书店，2005.

[4] 崔大华. 庄学研究[M]. 北京：人民出版社，2005.

[5] 刁生虎. 庄子的生存哲学[M]. 北京：中国传媒大学出版社，2007.

[6] 庄周. 庄子[M]. 纪琴译著. 北京：中国纺织出版社，2007.

[7] 奥修. 庄子心解[M]. 谦达那译. 西安：陕西师范大学出版社，2007.

[8] 梁启超，章太炎，闻一多等著. 国学大师说老庄及道家[M]. 昆明：云南人民出版社，2009.

[9] 颜世安. 庄子评传[M]. 南京：南京大学出版社，1999.

[10] 秦榆. 庄子学院[M]. 北京：中国长安出版社，2006.

[11] 王博. 庄子哲学[M]. 北京：北京大学出版社，2004.

[12] 扬帆. 庄子心通[M]. 武汉：长江文艺出版社，2003.

[13] 陈鼓应. 老庄新论[M]. 上海：上海古籍出版社，1992.

[14] 邵汉明. 名家讲解庄子[M]. 长春：长春出版社，2007.

[15] 高谈文化. 教你看懂庄子及其寓言故事[M]. 北京：当代世界出版社，2007.

[16] 张默生. 庄子新译[M]. 张翰勋校补. 北京：新世界出版社，2007.

[17] 姜城. 那一个庄子：在质朴无为中逍遥的处世智慧[M]. 北京：中国华侨出版社，2007.

[18] 刘冬颖. 庄子看人生[M]. 北京：东方出版社，2007.

[19] 南怀瑾. 南怀瑾选集（典藏版）：第三卷庄子諵譁[M]. 上海：复旦大学出版社，2013.

[20] 徐林旗. 老庄之道书法艺术卷[M]. 北京：中国纺织出版社，2014.

[21] 陈栎宇. 庄子智慧讲堂：道家之逍遥自由[M]. 北京：中国长安出版社，2007.

[22] 中国社会科学院哲学研究所中国哲学史研究室. 老子·庄子精译[M]. 北京：文化艺术出版社，2004.

[23] 吕叔春. 庄子大智慧全集[M]. 北京：中国言实出版社，2006.

[24] 陆永品. 庄子通释[M]. 北京：中国社会科学出版社，2006.
[25] 吴怡. 逍遥的庄子[M]. 桂林：广西师范大学出版社，2006.
[26] 王孝鱼. 庄子内篇新解：庄子通疏证[M]. 北京：中华书局，2014.
[27] 李乃龙译析. 庄子选译：图文本[M]. 桂林：漓江出版社，2005.
[28] 流沙河. 庄子现代版：增订本[M]. 上海：上海古籍出版社，2000.
[29] （美）爱莲心. 向往心灵转化的庄子：内篇分析[M]. 南京：江苏人民出版社，2006.
[30] 鸣皋. 《庄子》品读[M]. 北京：朝华出版社，2010.
[31] 罗安宪. 老庄论道[M]. 沈阳：沈阳出版社，2012.
[32] 王葆玹. 黄老与老庄[M]. 北京：中国人民大学出版社，2012.
[33] 郭志坤，陈雪良. 提问庄子[M]. 上海：上海文艺出版集团，2012.
[34] 熊华堂. 逍遥的秘密：和你一起读《庄子》[M]. 北京：中国物资出版社，2012.
[35] 邱永山. 老子庄子妙语[M]. 天津：百花文艺出版社，2005.
[36] 黄正雨. 自然的箫声：庄子[M]. 昆明：云南人民出版社，1999.
[37] 王蒙. 庄子的享受[M]. 合肥：安徽教育出版社，2010.
[38] 李耳，庄周. 老子·庄子[M]. 北京：北京出版社，2006.
[39] 庄周，张震. 老子·庄子·列子[M]. 长沙：岳麓书社，1998.
[40] 庄周，陈鼓应. 庄子今注今译：上册[M]. 北京：中华书局，1994.
[41] 庄周，李耳，雷宏基. 老子·庄子：上、下[M]. 北京：中央民族大学出版社，2004.
[42] 江文，莫秀清. 老庄的逍遥[M]. 北京：北越文艺出版社，2009.
[43] 李振纲. 老庄易"三玄"浅解[M]. 北京：人民出版社，2016.
[44] 庄周，李耳，吴兆基. 老子·庄子：上、下[M]. 吉林：时代文艺出版社，2005.
[45] 庄周，刘建生. 庄子精解[M]. 北京：海潮出版社，2012.
[46] 庄周，郭庆藩，王孝鱼. 庄子集释：第一册[M]. 北京：中华书局，1982.
[47] 庄周，郭庆藩，王孝鱼. 庄子集释：第三册[M]. 北京：中华书局，1982.
[48] 段建海. 美和自由的人生——庄子寓言新解[M]. 北京：社会科学文献出版社，2005.
[49] 王扉. 化蝶——庄子的密码[M]. 桂林：广西师范大学出版社，2012.
[50] 陈绍燕，孙功进. 庄子哲学的批判[M]. 山东：山东大学出版社，2009.

[51] 朴松花. 庄子选译[M]. 北京：北京理工大学出版社，2009.
[52] 钱宪民.《庄子》选评[M]. 上海：上海古籍出版社，2004.
[53] 赵又春. 我读庄子[M]. 长沙：岳麓书社，2013.
[54] 钱穆. 庄子纂笺[M]. 北京：生活·读书·新知三联书店，2014.
[55] 于丹. 于丹《庄子》心得[M]. 北京：中国民主法治出版社，2007.
[56] 陈栎宇. 庄子智慧讲堂：道家之逍遥自由[M]. 北京：中国长安出版社，2007.